高等院校应用型人才培养"十四五"规划旅游管理类系列教材

休闲度假管理概论

主　编◎陈海明
副主编◎陈　芳　唐　颖　杨小艳

Xiuxian Dujia Guanli Gailun

中国·武汉

内 容 提 要

度假旅游是当今国际旅游业发展的一大趋势。随着人们生活水平的提高和闲暇时间的增多,人们对旅游的需求也逐渐从低层次的纯观光旅游走向以度假为主的高层次综合旅游活动。本书的主要内容为休闲度假理论介绍、休闲度假资源与业态、休闲度假村选址与规划、休闲度假产品与营销等。

全书由十三章构成:第一章为休闲度假概述;第二章为现代休闲度假旅游的发展;第三章为休闲度假发展问题、机遇与趋势;第四章为休闲度假资源及其分类;第五章为自然度假资源及其业态;第六章为人文度假资源及其业态;第七章为人造度假资源及其业态;第八章为可移动度假资源及其业态;第九章为微度假业态;第十章为休闲度假村选址与规划;第十一章为休闲度假产品管理;第十二章为休闲度假服务与活动管理;第十三章为休闲度假村市场营销。

图书在版编目(CIP)数据

休闲度假管理概论/陈海明主编. —武汉:华中科技大学出版社,2022.7
ISBN 978-7-5680-8234-1

Ⅰ.①休… Ⅱ.①陈… Ⅲ.①休闲旅游-旅游经济-经济管理-概论 Ⅳ.①F590.71

中国版本图书馆 CIP 数据核字(2022)第 112284 号

休闲度假管理概论　　　　　　　　　　　　　　　　　　　陈海明　主编
Xiuxian Dujia Guanli Gailun

策划编辑:李家乐
责任编辑:王梦嫣　李家乐
封面设计:原色设计
责任校对:曾　婷
责任监印:周治超
出版发行:华中科技大学出版社(中国·武汉)　　电话:(027)81321913
　　　　　武汉市东湖新技术开发区华工科技园　　邮编:430223
录　　排:华中科技大学惠友文印中心
印　　刷:武汉市籍缘印刷厂
开　　本:787mm×1092mm　1/16
印　　张:11.75　插页:2
字　　数:289 千字
版　　次:2022 年 7 月第 1 版第 1 次印刷
定　　价:49.90 元

本书若有印装质量问题,请向出版社营销中心调换
全国免费服务热线:400-6679-118　竭诚为您服务
版权所有　侵权必究

Introduction 出版说明

党的十九届五中全会确立了到 2035 年建成文化强国的远景目标,明确提出发展文化事业和文化产业。"十四五"期间,我国将继续推进文旅融合,实施创新发展,不断推动文化和旅游发展迈上新台阶。国家于 2019 年和 2021 年先后颁布的《关于深化本科教育教学改革 全面提高人才培养质量的意见》《国家职业教育改革实施方案》《本科层次职业教育专业设置管理办法(试行)》,强调进一步推动高等教育应用型人才培养模式改革,对接产业需求,服务经济社会发展。

基于此,建设高水平的旅游管理专业应用型人才培养教材,将助力旅游高等教育结构优化,促进旅游专业应用型人才的能力培养与素质提升,进而为中国旅游业在"十四五"期间深化文旅融合、持续迈向高质量发展提供有力支撑。

华中科技大学出版社一向以服务高校教学、科研为己任,重视高品质专业教材出版。"十三五"期间,在教育部高等学校旅游管理类专业教学指导委员会和全国高校旅游应用型本科院校联盟的大力支持和指导下,在全国范围内特邀中组部国家"万人计划"教学名师、近百所应用型院校旅游管理专业学科带头人、一线骨干"双师双能型"教师,以及旅游行业界精英等担任顾问和编者,组织编纂出版"高等院校应用型人才培养'十三五'规划旅游管理类系列教材"。该系列教材自出版发行以来,被全国近百所开设旅游管理类专业的院校选用,并多次再版。

为积极响应"十四五"期间我国文旅行业发展及旅游高等教育发展的新趋势,"高等院校应用型人才培养'十四五'规划旅游管理类系列教材"应运而生。本套教材依据文旅行业最新发展和学术研究最新进展,立足旅游管理应用型人才培养特征进行整体规划,对高水平的"十三五"规划教材进行修订、丰富、再版,同时开发出一批教学紧缺、业界急需的教材。本套教材在以下三个方面做出了创新:

一是紧扣旅游学科特色,创新教材编写理念。本套教材基于旅游高等教育发展新形势,结合新版旅游管理专业人才培养方案,遵循应用型人才培养的内在逻辑,在编写团队、编写内容与编写体例上充分彰显旅游管理应用型专业的学科优势,有利于全面提升旅游管理专业学生的实践能力与创新能力。

二是遵循理实并重原则,构建多元化知识结构。在产教融合思想的指导下,坚持以案例为引领,同步案例与知识链接贯穿全书,增设学习目标、实训项目、本章小结、关键概念、案例解析、实训操练和相关链接等个性化模块。

三是依托资源服务平台,打造新形态立体教材。华中科技大学出版社紧抓"互联网+"时代教育需求,自主研发并上线的华中出版资源服务平台,可为本套教材作立体化教学配套服务,既为教师教学提供便捷,提供教学计划书、教学课件、习题库、案例库、参考答案、教学视频等系列配

套教学资源,又为教学管理提供便捷,构建课程开发、习题管理、学生评论、班级管理等于一体的教学生态链,真正打造了线上线下、课内课外的新形态立体化互动教材。

  本编委会力求通过出版一套兼具理论与实践、传承与创新、基础与前沿的精品教材,为我国加快实现旅游高等教育内涵式发展、建成世界旅游强国贡献一份力量,并诚挚邀请更多致力于中国旅游高等教育的专家学者加入我们!

华中科技大学出版社

2021 年 11 月

前言 Preface

　　习近平总书记在党的十九大报告中指出:"中国特色社会主义进入新时代,我国社会主要矛盾已经转化为人民日益增长的美好生活需要和不平衡不充分的发展之间的矛盾。"十九大报告关于我国社会主要矛盾转化的重大判断是对我国国情的新认识,对我国全面建成小康社会,顺利推进社会主义现代化建设,实现中华民族伟大复兴具有全局性、历史性意义。对"人民日益增长的美好生活需要"的判断,有助于党和国家更加全面地分析和把握多方面、多样化、个性化、多变性、多层次的人民需要,更好地坚持以人民为中心的发展思想,不断满足人民群众追求美好生活的各项需求。休闲旅游产业是满足人们追求美好生活的主要幸福产业,当前,随着人们收入水平的提升,传统旅游已经向休闲度假等更高端的消费形式转型升级。

　　休闲度假是人们利用假日外出,以休闲为主要目的和内容,进行令精神和身体放松的休闲方式。随着中国经济的持续发展,中国人均GDP已于2019年达1万美元,在此基础上,中国的休闲度假旅游需求旺盛,强烈的程度超过了日韩当年人均GDP 1万美元时的水平,甚至表现出发达国家人均GDP 2万美元时的特征,休闲度假市场规模快速增加,休闲度假产业成为满足人民日益增长的美好生活需要的主要供给。同时,人们的旅游观念也发生了重大改变,越来越多的人厌倦了走马观花式的观光旅游,转而开始爱上以休闲、放松和娱乐为主的休闲度假旅游。休闲度假旅游成为当今国际旅游业发展的一大趋势,它是随着人们生活水平的提高和闲暇时间的增多,人们对旅游的需求逐渐从低层次的纯观光旅游走向以度假为主的高层次综合旅游活动。休闲度假是旅游产业发展到一定阶段的必然趋势和选择,是旅游业走向转型升级的必然。

　　未来人们将更加热衷于一站式休闲和目的地度假旅游消费,享受慢旅游的体验和身心康养。旅游业态尤其是国内游产品和旅游产业将持续向休闲度假转型升级,但是有关休闲度假的理论、操作和实践研究目前还较少,不能适应旅游产业向休闲度假转型升级的发展需求。本书基于传统旅游观光产业向休闲度假转型升级的背景,归纳总结了国际学术界著名的休闲理论,对休闲度假的理论、操作和实践方面开展了研究,填补了休闲度假领域学术空缺,为产业升级转型提供理论知识和管理实践引导,并为高校休闲旅游和服务业专业课程教育提供教材指引。

　　本书的创新点在于适应传统旅游产业向休闲度假转型升级的新趋势,开展休闲度假有关理论、操作和管理实践的学习研究,顺应产业人才需求和市场供给升级要求,填补休闲度

假相关课程教材的短缺和不足。一是系统介绍了国际上著名的休闲理论,揭开了休闲度假消费趋势升级的理论依据和理论规律;二是全面系统地分析了度假资源及其业态,并提供了大量的现实案例;三是在深度分析休闲度假产业与传统旅游产业差异的基础上,全面介绍了休闲度假产品特点与活动组织要求、新媒体营销知识。

本书基于休闲理论基础,针对新时期休闲度假产业发展形势和最新特点进行编写,其知识体系涵盖理论、操作和实践管理等方面,其内容体系涵盖休闲理论、休闲度假业态、休闲资源与产品、项目规划与筹建、活动策划与管理、市场营销等休闲度假关键领域。同时,重点介绍了当前以内循环为主的经济格局下的主流度假——微度假产业,并介绍了度假村的多种商业模式,为读者呈现完整的、全面的、深度的知识体系和内容体系。

鉴于本书融合休闲度假理论、操作和实践管理的知识研究,其目标读者比较广泛。本书可以作为全国高校旅游管理和酒店管理专业师生的教材教辅读本,也可以作为文化旅游、康养度假、休闲产业等方面从业人员的进修和学习读本。本书是高等教育中的旅游、酒店与现代服务业等相关专业急需的适应休闲度假产业转型升级的理论读本,可以帮助高校培养更多适应产业发展的应用型人才,并为相关产业应对市场升级后的休闲度假市场需求分析和产品设计提供理论指导。

编者
2022 年 1 月

目 录 Contents

第一章 休闲度假概述 ... 1
第一节 休闲及其主要理论发展 /1
第二节 度假与度假旅游 /6
第三节 度假区 /11

第二章 现代休闲度假旅游的发展 ... 19
第一节 国外度假旅游发展历程 /19
第二节 国内休闲度假发展历程 /22
第三节 我国现代度假旅游发展特征 /25

第三章 休闲度假发展问题、机遇与趋势 ... 30
第一节 我国度假旅游发展存在的问题 /30
第二节 我国休闲度假发展背景与机遇 /32
第三节 我国休闲度假发展趋势 /34

第四章 休闲度假资源及其分类 ... 40
第一节 度假资源的概念、特点 /40
第二节 度假资源的分类 /41

第五章 自然度假资源及其业态 ... 45
第一节 地貌类度假资源与度假业态 /45
  案例教学 建在沙漠里的绝美度假酒店——美国犹他州安缦度假酒店 /46
第二节 水文类度假资源与度假业态 /47

案例教学　北有钓鱼台，南有西湖国宾馆　　　　　　　　　　　　/53
　第三节　气候类度假资源和度假业态　　　　　　　　　　　　　　/53
　　案例教学　中国第一代滑雪度假区：长白山国际旅游度假区　　　/56
　第四节　生物类度假资源与度假业态　　　　　　　　　　　　　　/57

60　第六章　人文度假资源及其业态

　第一节　历史古迹类度假资源与度假业态　　　　　　　　　　　　/60
　　案例教学　安缦度假酒店——人类文化与自然度假巅峰之作　　　/61
　第二节　民族文化类度假资源与度假业态　　　　　　　　　　　　/61
　第三节　宗教文化类度假资源与度假业态　　　　　　　　　　　　/62
　　案例教学　以佛教文化作为度假资源的拈花湾度假区　　　　　　/63
　第四节　城乡风貌类度假资源与度假业态　　　　　　　　　　　　/63
　　案例教学　"网红"城市——长沙　　　　　　　　　　　　　　/64
　　案例教学　国家级"乡村振兴"标杆：鲁家村　　　　　　　　　/68
　　案例教学　袁家村：靠小吃餐饮振兴的乡村振兴典范　　　　　　/69

72　第七章　人造度假资源及其业态

　第一节　主题公园度假资源与度假产品　　　　　　　　　　　　　/72
　　案例分析　珠海横琴长隆国际海洋度假区　　　　　　　　　　　/73
　第二节　旅游综合体　　　　　　　　　　　　　　　　　　　　　/73
　　案例分析　深圳东部华侨城度假区　　　　　　　　　　　　　　/74
　第三节　娱乐型度假资源　　　　　　　　　　　　　　　　　　　/77

82　第八章　可移动度假资源及其业态

　第一节　野奢度假　　　　　　　　　　　　　　　　　　　　　　/82
　第二节　房车营地　　　　　　　　　　　　　　　　　　　　　　/85
　第三节　帐篷酒店　　　　　　　　　　　　　　　　　　　　　　/88
　　案例教学　安吉帐篷客溪龙茶谷度假酒店　　　　　　　　　　　/89
　　案例教学　康藤帐篷营地——深度自然与文化体验　　　　　　　/90

92　第九章　微度假业态

　第一节　微度假的概念与产生背景　　　　　　　　　　　　　　　/92
　第二节　微度假特征与选址　　　　　　　　　　　　　　　　　　/95
　第三节　微度假产品类型　　　　　　　　　　　　　　　　　　　/98

　　　　案例教学　莫干山民宿与民宿群　　　　　　　　　　　　　/99
　　　　案例教学　云奢树屋酒店　　　　　　　　　　　　　　　　/101
　　　　案例分析　江苏计家墩乡村度假开发　　　　　　　　　　　/104
　　　　案例分析　广东省肇庆市岩前村文创民宿街　　　　　　　　/105

109　第十章　休闲度假村选址与规划

　　　第一节　休闲度假村规划设计相关理论　　　　　　　　　　　/109
　　　第二节　休闲度假村选址　　　　　　　　　　　　　　　　　/111
　　　第三节　休闲度假村规划设计任务和类型　　　　　　　　　　/114
　　　第四节　休闲度假村规划设计流程与内容　　　　　　　　　　/116
　　　　案例教学　亚龙湾国家旅游度假区的选址和规划管理　　　　/127

129　第十一章　休闲度假产品管理

　　　第一节　休闲度假产品概念与形态　　　　　　　　　　　　　/129
　　　第二节　度假产品构成与层次　　　　　　　　　　　　　　　/132
　　　第三节　度假产品的特点　　　　　　　　　　　　　　　　　/134
　　　第四节　不同类型的度假产品特征　　　　　　　　　　　　　/136

142　第十二章　休闲度假服务与活动管理

　　　第一节　服务营销　　　　　　　　　　　　　　　　　　　　/142
　　　第二节　服务质量管理　　　　　　　　　　　　　　　　　　/145
　　　第三节　休闲度假村活动管理　　　　　　　　　　　　　　　/151

156　第十三章　休闲度假村市场营销

　　　第一节　市场调查　　　　　　　　　　　　　　　　　　　　/156
　　　第二节　市场环境分析　　　　　　　　　　　　　　　　　　/158
　　　第三节　STP战略　　　　　　　　　　　　　　　　　　　　　/164
　　　第四节　营销理论　　　　　　　　　　　　　　　　　　　　/167
　　　第五节　数字化营销　　　　　　　　　　　　　　　　　　　/169

175　参考文献

第一章

休闲度假概述

学习目标

掌握休闲和深度休闲的概念,了解深度休闲的持久效益;掌握后"休闲时代"的主要休闲理论;掌握休闲背景下的幸福感的含义和理论;掌握度假或度假旅游的概念,了解度假旅游与传统旅游的主要区别;掌握度假区和度假村的概念、类型;掌握中国国家旅游度假区和国家级旅游度假区的历史背景和发展现状。

第一节 休闲及其主要理论发展

现代休闲研究源于工业文明兴起后的西方世界,人们逐渐从劳动中解放出来,有了一定的闲暇时间。休闲的研究是一个逐渐深入推进的过程,到21世纪初,西方休闲研究已经非常丰富,并集大成为"深度休闲观"。中国的休闲研究是20世纪末自西方学术界引入,并随着中国休闲产业和休闲行为的发展开始不断丰富起来,在"幸福感"等成为在中国特色社会主义新时代民生建设的奋斗目标后开始推向高潮。

一、休闲的先导思想

休闲的研究在西方国家已经开展了长达百余年时间,休闲作为人的一种存在方式和生命状态,渗透于人类文明演进的全过程。1000多年前古希腊学者亚里士多德曾经提出,"休闲是一切事物环绕的中心""是哲学、艺术和科学诞生的基本条件之一"。近代工业文明极大地促进了社会生产力的提高,并带来劳动力的适当解放,休闲意识和行为便诞生在工人阶级的日常生活中。马克思在透视工业革命后社会发展内在逻辑的前提下,把"休闲"与"人的自由而全面的发展"联系在一起进行了研究,为早期休闲学的诞生奠定了研究基础。

二、现代休闲研究的开端

美国学者 Veblen 于 1899 年出版了 *The Theory of the Leisure Class*，这标志着现代休闲研究的开始。该书认为，休闲是人的一种生活方式和行为方式，并已成为一种社会建制。这也就是说，休闲已经成为人类现代文明的重要构成部分，是人类社会进步的重要标志，必将在很长一段时间内成为人们追求的理想生活形态。

三、休闲概念

20 世纪中叶，随着西方社会市场化导向的休闲发展方式和社会福利政策的不断刺激，休闲研究的制度环境和知识氛围发生了变化，文献数量迅速增加，有关休闲概念和休闲理论的研究也随之活跃起来。休闲概念在这些研究中得到了不断完善。

1946 年，Baker 提出，休闲是人们真正追求的活动，而不仅是简单的辛劳之余的恢复精力之举。休闲本身就是一种活动，而且是最高形式的活动，是合乎理性的精神活动的一部分。他将休闲从一种生活方式升华为一种"人们真正追求的精神活动"，首次明确了休闲的精神属性。

1960 年，Brightbill 在其著作 *The Challenge of Leisure* 中提出，休闲是去掉生理必需时间和维持生计所需的时间后自己可以自由支配的时间。这一概括将休闲从广泛的"生活方式"和"活动追求"概括中提取出"自由支配"的特性。

1963 年，Pieper 在其著作 *Leisure: The Basis of Culture* 中提出，休闲是一种思想或是一种高尚的态度，不是外部因素作用的结果，也不是空闲时间的结果，更不是游手好闲的结果，而是人们的一种精神的态度，即人们保持的平和宁静的态度，也是人们为了使自己沉浸在平和心态中感受生命的快乐和幸福。Pieper 在 Baker(1946)提出的休闲"精神属性"的基础上，进一步将其界定为"高尚的"精神态度，并表现出"平和宁静"，首次提出休闲的"快乐"和"幸福"特征。

四、休闲研究进入"生命状态"

Gist 和 Feva(1964)认为，休闲可以自由地放松、转换心情，是取得成就并促进个人发展的可利用的时间。这种促进个人发展的观点使得人们对休闲的效能产生更进一步的认识。随后，Dumazedier(1967)在此基础上的研究表明，休闲可以发挥自由的创造力。Kelly(1982)认为休闲是一种"成为人"的过程，是完成个人与社会发展任务的存在空间，是人的一生中一个持久的、重要的发展舞台。自此，休闲研究更注重生命状态和效能的研究。

综上所述，休闲的概念可以总结为，人们利用可以自由支配的时间所真正追求的精神活动，是人们保持平和宁静的态度，使自己沉浸在平和心态中感受生命的快乐和幸福，取得成就并促进个人发展的可利用的时间。

五、Stebbins 开启深度休闲研究时代

随着休闲研究的推进，人们发现不同的休闲行为的效能存在差异，并非所有的休闲行为都能获得正面的效能。于是人们开始尝试将休闲的类型进行分类，以便更好地选择休闲行

为。1982年,Stebbins首次提出了"深度休闲"(Serious Leisure)的概念,并认为深度休闲是一种对业余爱好者或志愿者活动的系统追求,参与者以专注的态度投入这些活动,可以由此获得特殊技能、知识和经验,并且从投入活动的过程当中,获得有趣且充实的感觉。

之所以采用"深度"(Serious)一词,是因为Stebbins认为其强调的是对所参与的休闲活动抱有的坚定信念、持久参与和坚持不懈。他还将深度休闲概括出三种类型、六个特征。三种类型是业余、嗜好、志愿活动,这三种类型的列举实际上是方便人们对深度休闲进行辨认和理解。现实中,我们身边常见到的比较沉浸的嗜好包括摄影、钓鱼、跳广场舞等,当然这些活动都必须是业余的,近年来广泛普及的志愿服务,也能让人获得较好的休闲体验和效能,就像20世纪初流行的"义教""劳动假期"和"以工换宿"等活动。深度休闲即系统地、有计划地从事业余、嗜好或志愿者的活动。

深度休闲的六个特征分别是:①坚持不懈,即使面临各种困难和内外环境阻碍时,参与者仍会积极持续参与活动。②职业生涯,即参与者有长期参与的经历。一方面,他们将这项活动视为自己日常生活的重要一环;另一方面,他们会对这项活动投入时间和精力,就像对待自己的职业一样。③个人的巨大努力,即参与者在获得相关知识和技能方面的努力。④持久的个人利益,即从参与该活动中持续受益。⑤独特价值观,即具有独特的价值观,与其他人有着不同的社交生活,且拥有与所参与深度休闲活动的价值、信念、传统、道德观与行为准则。⑥认同感,即对所选择的活动具有强烈的认同感,他们会很自豪、兴奋、多次地与其他人讨论所从事的活动。因此,在深度休闲活动中,休闲者会给自己设定一定的目标,并通过持续不懈的努力、克服困难和阻碍以实现目标,从中收获休闲乐趣,并获得成就感等持久性效益。在深度休闲活动中,休闲者对于自己喜好的事,往往持有一种认真的态度,能深度投入并愿意承诺。休闲者会投入如事业一般的专注,希望获得及展现特殊的技巧、知识及经验,并能乐在其中,其活动表现在具有相当的组织性与系统性,会有规律地安排练习时间与进度表。如今,深度休闲的六个特征已被研究者们广泛用来评估个体的深度休闲特征水平。

Stebbins围绕深度休闲开展的一系列著名研究在休闲研究领域主导了很长一段时间。这一研究差不多持续了40多年且热度不减,并在这一漫长的研究过程中形成了深度休闲观(Serious Leisure Perspective,SLP)。多年来,Stebbins和其他许多学者利用这一视角进行了大量的实证研究,使其成为休闲研究领域中颇具影响力的存在,SLP已被作为"既定理论",为所有休闲活动和体验提供分类和解释。

深度休闲观最具价值的研究当属围绕深度休闲界线划定的三个休闲等级。第一等级被定义为"随性休闲"(Casual Leisure),指的是一种参与者在短时间内从事的愉快活动,可立刻达到内在所需的愉快体验和正向的感觉,基本不需要任何训练和学习。这种休闲活动在我们的日常生活中常见的有刷视频、聊微信、看电影等。这些随兴休闲活动难以提供给参与者深度体验,休闲收益相对较低,瞬息即逝,而且容易使参与者产生无聊感或无力感(王苏、龙江智,2011),甚至会产生一些负面效应。第二等级的休闲被认定为"主题计划性休闲"(Project-based Leisure),指的是参与者需要一定的计划、努力和意志,有时还需要些许技术和知识才能参与,多为短暂性活动,此类活动若长时间地持续参与,会使参与者感到无聊而放弃。第三等级的休闲便是深度休闲,深度休闲由于其持续的正面效益和符合人类永续发展的特征,被认为是"最佳休闲方式"。

人们参加不同休闲游憩活动的收效也各有高低。Stebbins(1992)提出,深度休闲活动是追求更具吸引力、更具挑战性和更具意义的休闲活动,可以让人系统地专注于某一活动和爱好,通过坚持不懈的个人努力实现一定的目标,获得持久的效益,达到休闲娱乐、充实自我、实现自我的目的,并能使人更具成就感和社会认同感,是一种深层的满足感及存在感。深度休闲活动是将休闲活动视为生活的一部分,以自由自在的心情去从事活动,以极大的乐趣而非压力去实现自定的目标。深度休闲带来的自我充实、自我享受、自我实现、自我提升、自我满足、自我成就、社会交往等持久性利益,能够使人获得更大的心理满足,提升生活满意感和促进个人身心健康与成长,有更高的休闲满意度和幸福感,可以体验到"最幸福的时刻",还可以促进个人更好地与他人精诚合作以及分享成就和乐趣,有利于形成相互认同的小团体,促进个人的社会交往。因此,深度休闲被认为是一种"最佳休闲生活方式"。

六、后"深度休闲"时代休闲理论的发展

(一)沉浸体验

休闲产业者或心理学家总设法去了解是什么样的高度诱因,让人们愿意花费更多的时间与投入在某些休闲活动上。相关研究发现,当人们参与某项游憩活动时经常完全沉浸其中,没有自我反思意识,但有很强的控制感。深度休闲能使人学习到克服高度挑战性的任务技巧并产生沉浸体验的状态,因此,深度参与者会继续参与休闲活动。这是因为他们在参与选择的休闲活动时体验到沉浸的乐趣。沉浸是一个能吸引人们不断参与活动的重要动机因素,积极的沉浸体验会促进参与和提高对活动的忠诚度。沉浸被认为是"休闲体验的核心"和"高阶状态"。

上述这种体验状态被 Csikszentmihalyi 界定为沉浸体验(Flow Experience),在这种状态下,人们会全身心地投入一项活动,其他一切似乎都无关紧要。Csikszentmihalyi(1997)确定了沉浸的八个特征:一是挑战与技巧,即活动在人的技能水平和所面临的挑战之间具有一致性,沉浸发生在一个人的技能完全可以克服挑战,如果挑战水平太低,一个人可能感到无聊,反之则可能会经历焦虑;二是目标与回馈,即活动必须有明确的目标,并且绩效能实时回馈;三是身心合一,即行动和意识合并,在沉浸的过程中,一个人的注意力完全被如此强烈的活动所吸引,除了手上的活动,没有意识到要考虑其他任何事情;四是全神贯注,人们高度专注于手上的工作,暂时进入沉浸状态的人群会放下他们的担忧;五是丧失自我意识,即在沉浸状态下,没有机会思考自己;六是完全掌控,即在沉浸的过程中,有一种被控制的感觉;七是时间改变,即在沉浸状态下时间似乎过得更快;八是自成性经验,即沉浸是一种自我体验,从而使参与者认为该活动值得去做,或为自己着想,而不是为了一些外在的利益或奖励。

沉浸理论是一种已被定性和定量研究支持的休闲理论。沉浸理论中所描述的"全身心地投入和忘记周围一切"的体验被认为是一种最佳体验或享受。也就是说,沉浸体验是一种令人感到非常愉快的活动,这种活动可以加速人们对时间的感知。因此,沉浸有助于心理健康、减轻压力和改善日常生活质量。沉浸的概念为人们在日常生活中如何获得最佳体验提供了深刻的见解,它澄清了活动如何和为什么变得有意义。

(二)游憩专门化

相比深度休闲而言,游憩专门化被理解为一些深度休闲活动追求的表现形式或结果,因

为在深度休闲的情形下，参与者会获得更高水平的技巧知识与经验。深度参与者会尽其所能地避免将一项消遣变得简单或无聊，参与者透过发展先进的技能与知识来迎接并寻求新的挑战。Scott 和 Shafer(2012)的研究说明，深度休闲的持久效益与游憩专门化存在直接的正相关。Tsaur 和 Liang(2008)发现深度休闲的参与者会表现出更为明显的持续性投入活动的专门化行为，这说明两者具有相当程度的关联性。Ditton 等人(1992)提出，随着人们在休闲活动中的进步，他们的动机、资源偏好、友谊的选择以及对管理实践的态度可能发生变化，在某些情况下，进入高级参与阶段可能导致人们围绕他们所选择的追求来组织自己的生活和身份。

由于认识到游憩活动参与者在承诺和兴趣等方面的多样化特征，学术界开始强调将其划分为有意义的同质分组的重要性。在此基础上，Bryan 提出了游憩专门化（Recreation Specializeation）的概念，并将其定义为一种从一般到特殊的行为连续，这一连续性直接反映在游憩活动所使用的设备和技能上的设置偏好，以作为该类参与者识别、描述和规划游憩活动的重要方式。这个连续行为致力于既定活动中使用更复杂方法的热心参与者，将不断提高技能、装备、参与和投入，从而达到更进一步的阶段，即游憩参与者随着参与程度的深入，影响排练和表演活动相关的技能与知识越来越丰富，乐器、道具设备的使用程度及更换频率也会逐渐提高，该行为态度使得他们对活动越来越重视，坚持连续性参与，并且形成相关的休闲社交圈，从而达到游憩专门化程度。

有关专门化的研究已有一段较长的使用定量方法的历史。游憩专门化提高了人们对各种活动群体多样性的理解，比如远足者、垂钓者、划船者、观鸟者等。许多研究已经检验了专门化和相关概念之间的关系，包括涉入、依恋、深度休闲等方面。有关游憩专门化的测量方面，Bryan 建议使用"可用设施""技能""承诺""环境偏好"和"过去活动的经验"作为基准，评估参与者所展示的"游憩专门化"的各个维度。

七、国民休闲与幸福感研究

虽然休闲早在 1946 年就由 Pieper 在 Baker 等人的研究基础上概括出"快乐"和"幸福"的属性，但真正将这一属性的研究推向高潮的学术潮流发生在近几年的中国。这是因为随着中国全面建成小康社会，中国特色社会主义进入新时代，我国社会主要矛盾已经转化为人民日益增长的美好生活需要和不平衡不充分的发展之间的矛盾。习近平总书记在党的十九大报告中指出，加强和创新社会治理，使人民获得感、幸福感、安全感更加充实、更有保障、更可持续。幸福感、获得感和安全感的提出是人民日益增长的美好生活需要在当代中国社会建设领域的集中体现和理论概括，也是未来我国保障和改善民生的重要任务。因此，学界开始围绕这一新时代的重要发展任务开展深入和丰富的研究。

幸福感通常从生活质量和心理健康两个方面被人们认识。生活质量方面的认知是因为人类社会物质生活水平从整体上看在不断提高，人类曾梦寐以求的"丰裕社会"正成为现实，于是一些社会学和心理学研究者在尝试建构生活质量的主观指标体系过程中，发展了生活质量意义上的主观幸福感测量（邢占军，2002）。生活质量上的主观幸福感测量研究，一般将主观幸福感界定为人们对自身生活满意程度的认知评价。研究者们选取的主观幸福感维度主要包括总体生活满意感和具体领域满意感。中国进入新时代，一个更高层次的幸福社会呼之欲出，学者们基于我国国情的幸福感研究多集中于生活质量视角。因为更高层次的幸福社会意味着，决策者不仅要致力于创造能够满足人民美好生活需要的客观条件，还要关注人民能否从这类客观条件中体验到更多的幸福感（邢占军、张干群，2019）。

幸福感的另一个研究取向，是源于心理学界一个新兴研究领域——积极心理学的范畴。这一领域的诞生，以 Seligman 和 Csikzentmihalyi 在 2000 年发表的《积极心理学导论》为重要标志。积极心理学主张心理学应研究人的积极品质，以促使正常人获得幸福为目的。积极心理学所关注的焦点问题之一便是对心理健康的评价与测量。一些研究者认为，人们的幸福感状况取决于一定时期内积极情感和消极情感的权衡。如果人们较多体验到愉快的情感而较少体验不愉快的情感，便可推定他们是幸福的。从这个角度看，幸福感是个体对自身生存与发展状况的一种积极的心理体验，它是满意感、快乐感和价值感的有机统一（邢占军，2011）。

亚里士多德是较早对幸福进行系统研究的学者，他认为"幸福孕育于休闲之中"这一思想让模糊的幸福感在现实生活中找到了实现载体。休闲时间在人的生命中占有越来越大的比重，因此，休闲方式的选择对人们的生活质量和幸福感产生越来越重要的影响。在休闲活动中，人们可以保持一种平和与放松的精神状态，脱离束缚，甚至会更具主动性与创造性，以实现自我完善与个人发展。Kleiber、Samdahl 和 Scott（2000）等人指出，个人感受到的放松状态是现代休闲的核心。因此，休闲及休闲活动表征的是一种相对自由的、摆脱了束缚的生命状态，必然与个体的幸福感相关（王心蕊、孙九霞，2019）。

第二节　度假与度假旅游

随着我国经济的持续高速增长，人们可自由支配收入增加、闲暇时间增多、休闲娱乐需求日益增加，旅游业正逐步从传统的大众观光旅游向度假旅游转变。经过近十几年的发展，我国度假旅游产品在旅游产品结构中的比重有着显著的提升。

一、度假

度假即度过一段假期，度假的本质就是一种令精神和身体放松的休闲方式，它不一定要游山玩水，过一段属于自己的休闲时光也是度假，即让自己的身心找到一个快乐而安静的休憩的地方（宋飞，2013）。Strapp（1988）认为度假是利用假日外出进行令精神和身体放松的康体休闲方式。

与观光旅游相比，休闲度假更加强调丰富的休闲生活和高品质的旅游服务。休闲度假是人的一种存在方式和自由生命状态，它充分体现人的本质，是对人性的一种回归，更是人们对自由的追求、对人性的发展，并逐渐成为人的一种生活方式。让身心放松是度假旅游的基本要求。休闲度假就是要在一种"无所事事"的境界中获得充分的休息。因此，人们在紧张的工作后会到心仪的度假地度假，或游泳，或阅读，或徜徉于海滨，或踯躅于森林草原，或置身于温煦的日光下，人的身心得到完全放松。这种放松完全有别于日常的工作节奏，是一个身心调整的过程。

二、度假旅游

（一）度假旅游

度假旅游是以度假为目的的旅游形式。吴必虎（2001）认为，度假旅游是指利用假期在一地相对较少流动性地进行休养和娱乐的旅游方式。唐继刚（2002）认为，度假旅游是以休闲、健身、疗养及短期居住度假为目的的旅游活动，它是随着带薪假期的增多而出现的，与传统观光旅游相比，更强调安全宁静的环境和丰富多彩的生活，能增进身心健康和获得高质量的服务，以达到休闲健身的目的，使身心得到愉快的享受。徐菊凤（2008）认为，度假旅游是指人们利用假日在常住地以外的地方所进行的较少流动性的，达到令精神和身体放松目的的休闲性旅游方式。马勇（2008）认为，度假旅游更加侧重于旅游活动的行为或心理取向，是一种由"放松心情、康体健身、休闲娱乐"等主观意识所支配的旅游消遣行为。肖光明（2005）认为，度假旅游是人们为了实现放松身心、疗养身体、消除疲劳、避暑避寒等目的，利用闲暇时间到环境优越或风景优美的地方做短暂休息的综合性消遣娱乐活动。

因此，度假旅游的概念可以总结为，是利用假日外出、以较少流动的方式进行令精神和身体放松的康体休闲；是以休闲、健身、疗养及短期居住度假为目的的旅游活动，与传统观光旅游相比，更强调安全、宁静、优美的环境和综合性消遣娱乐活动，能增进身心健康和体验高质量的服务，以达到休闲健身的目的，使身心得到愉快的享受。

（二）度假与度假旅游

不少观点认为度假和度假旅游是不同的形式，但实际上广义的度假是指需要离开自己常住地的一种非谋生的休闲行为，而度假旅游需要借助一定的硬件接待设施才能完成，即存在接待目的地的条件。因此，度假和度假旅游并没有实质上的区别（李雪峰，2010），本书对度假和度假旅游不做进一步的学术上的差异探讨。

（三）度假旅游特征

1. 修身养性

修身养性是度假旅游的基本要求。度假旅游即在紧张工作后到心仪的度假地度假，使身心完全放松，完全有别于日常的工作节奏，是一个身心调整、放松的过程。

2. 目的地重复

度假旅游具有一个显著的特点，就是游客对其认同的度假地具有持久的兴趣和稳定的忠诚度，甚至对一家自己喜欢的度假酒店也有非常稳定的忠诚度。有的游客一生中的度假地可能只有一个或少数几个地方，一个度假地一生中可能去很多次，因为游客对度假地带来的熟悉感、亲切感非常在意，往往很关注外出度假的感觉和在家里生活的感觉的内在联系。因此，度假地就会拥有一批稳定的回头客群体，这一群体越庞大，度假地服务的针对性就越强，针对该群体提供服务的人性化程度就越高。度假地重复这一特点意味着其在经营方面须培育和保护游客的忠诚度，努力争取每一个游客，使其变为回头客，提高游客对该度假地的忠诚度，使其成为该度假地的终生客人。

3. 消费能级高

随着人们收入水平的提高、闲暇时间的增多和文化品位的提升，休闲度假旅游在一些发

达地区的高收入人群中逐渐兴起,这种情形决定了休闲度假者的消费能级较高,且相对于观光旅游而言,在目的地停留的时间比较长,而且会产生重复消费,是一个很值得开发的市场。

4. 在一地停留时间长

度假旅游对目的地的指向比较集中。与观光旅游所追求的"多走多看"的价值观不同,休闲度假者往往在一个地方停留较长的时间,而且消费的目的性非常明确。目前,国内虽然仍以观光旅游为市场主体,但由观光向休闲度假过渡的现象已经出现,休闲游的市场开始逐步形成。例如,以前游客到海南旅游主要是观赏热带、海滨景观,现在逐步转变为投身于椰风海韵的情境中,并获得放松身心的享受。

5. 交通便捷

与观光旅游更加关注经济成本相比,休闲度假旅游更加关心时间成本,即追求从客源地到目的地交通上的低时间成本和快捷性。因为度假旅游并不主要关心旅游交通过程中的观赏效应,而更关心能否尽快进入休闲度假状态,提高度假的质量。因此,度假目的地与客源地的距离不应太遥远,一般追求"点对点"的直接交通方式。比如西班牙之所以成为欧洲游客首选的度假地,除阳光、沙滩营销出色外,优越的地理位置和便捷的交通也是重要因素之一。

6. 自助、半自助方式和以亲友为单位的出游居多

和观光旅游的组团出行不同,休闲度假游更偏好于自助式旅游或半自助式旅游(预订和安排相对较为简单)。在出游单位上,与亲友出游的比例明显更高。这就对现有旅游企业的经营提出了更高的要求。

7. 层次丰富

度假游客群体的产生是从观光客群体中逐渐成熟转变而来的,度假游客旅游消费的进一步成熟会产生更高的文化需求,这是因为游客的体验已不仅是到森林度假区呼吸新鲜空气,或是去温泉度假区洗温泉浴,而是更加追求度假地的文化氛围和内涵。因此,如果度假地经营能够在文化层次上满足游客的多方要求,度假地的度假文化就会逐步成熟,从而成为巩固游客对目的地忠诚度的驱动力。

(四)度假旅游者行为特征

王莹(2006)的研究结果表明,休闲度假过程追求舒适、轻松与愉悦这一特征体现在以下几个方面:①喜欢与朋友和家人一起度假;②在度假地选择时,更看重其自然环境;③愿意住在市区内与度假区内的宾馆;④追求在与常住地有一定环境差异的中小尺度的度假地进行休闲度假。

冉燕(2021)研究得出休闲度假旅游者的行为特征表现如下:

(1)休闲度假旅游者的消费主体主要是中产阶层。

中产阶层一般拥有比较稳定的工作或收入来源。休闲度假旅游正以中产阶层为基础和先导,逐渐向普通大众蔓延,休闲度假旅游作为较高层次的旅游消费行为,遵循"从少数到大众普及化再到惯常生活方式"的发展规律。

(2)休闲度假客源市场主要以家庭为主。

休闲度假客源市场主要以家庭为主,休闲度假市场主要的组织方式是以家庭为单位,或

朋友散客式组合。以家庭为单位的休闲度假市场是主要的目标市场,家庭集体外出度假正成为一种新潮流和一种时尚的生活方式。

(3) 休闲度假旅游者追求活动的参与性。

在活动内容方面,度假生活常伴随康乐、养身、户外运动、社交等带有体验性和参与性的活动,以放松心情、修养身心、享受惬意生活为主要目的。

随着社会经济的发展,国内旅游业持续快速发展,旅游者消费需求和消费喜好都在发生着巨大的变化,度假旅游市场的兴起成为一个显著标志。休闲度假游客往往不急于游山玩水,而是住下来慢慢享受度假地的生态休闲环境、特色餐饮,参与新奇的康体、娱乐、社交等活动,度过一段慢节奏的休闲时光。

杨振之等人(2017)研究认为度假者具有如下七大行为特征。

(1) 度假的主体是中产阶层,中产阶层度假时代的到来是度假成熟的标志。

从全球视域来看,世界上许多现代化发达国家的社会结构是"橄榄型"结构。位于高收入与低收入者之间的中等收入的中产阶层大都受过中等或以上的教育,以自己的知识与技能作为资本参与市场竞争,并取得竞争优势。

因此,对度假主体中产阶层的培育是与一国的经济发展水平及社会阶层发育相联系的。"橄榄型"结构的西方国家,正是随着其中产阶层的人均收入超过3000美元,而成为西方社会度假的主力,率先进入度假时代。根据中国社会科学院社会学研究所"社会结构变迁研究"课题组的研究成果,随着中国经济的发展,中国会产生更多的中产阶层。

(2) 在消费水平上,度假消费有着中高端的消费特征。

中高端消费特征表现在度假者对度假地的设施水平和饮食、住宿、娱乐等接待服务的要求较高,在目的地会长时间停留,从而提升度假的整体消费水平。

(3) 在行为方式上,度假有着"点对点、以度假目的地为大本营的轮轴式"的度假行为模式。

度假者行为目标明确,直接从居住地出发到达度假目的地开展度假活动,呈现出"点对点"的直线特征,在居住地与度假地之间甚少停留。到达度假地后,度假者的行为特征往往呈现出以住宿地为中心向四周进行辐射状空间位移的特点。

(4) 度假市场以家庭为主。

度假的主要组织方式为家庭、朋友式散客,家庭是度假旅游主要的目标市场。近年来团建或团体活动也成为度假旅游的目标市场。

据《美国运通消费与储蓄追踪》(*American Express Spending & Saving Tracker*)调查数据显示,家庭式出游是最受欢迎的旅游方式。家庭集体外出旅游与度假正成为一种主流。而欧洲的许多度假地供给的住宿旅游产品中,以家庭度假游客为目标客户的家庭公寓、别墅等住宿产品占了大部分,这也充分反映了度假市场的动态。

(5) 在活动内容方面,度假的康乐活动往往多为丰富的自助活动项目。

康乐活动与纯粹的娱乐消遣有别,真正的康乐活动是以增进健康快乐为目的的。因此,度假往往与健身、养生、户外运动这些活动密不可分。

(6) 在服务水平上,度假地服务和度假活动有着较高的专业化特征。

从狭义的意义上来理解,度假本是一种在异地短暂的专业化的生活方式。度假者离开

常住地,为了获得新的生活体验,会选择异于其日常生活的度假地,且与日常生活相比要有较高的专业化活动和专业化服务水平。度假地服务的专业化表现在度假产品的专业化与度假服务的专业化两方面。而度假生活的深度体验往往也与专业化的装备相关联。

(7) 在交通运输方面,度假者要求具有无缝对接的综合交通体系,这是度假的有力支撑。

无缝对接的综合交通体系应当同时实现交通运输方式的无缝对接,以及交通运输机制和运营管理的无缝对接。

综上所述,随着社会经济的发展,休闲度假消费者往往不急于游山玩水,而是喜欢与亲友一起,住下来慢慢享受度假地的生态休闲环境、特色餐饮,参与新奇的康体、娱乐、社交等活动,度过一段高品质和慢节奏的休闲时光。

三、度假旅游与传统旅游形式的区别

实际上,度假旅游与传统旅游形式是存在明显不同的。度假旅游是指人们利用假日在常住地以外的地方所进行的较少流动性的,达到令精神和身体放松目的的休闲性旅游方式(徐菊凤,2008);是在异地度假区或度假村、度假酒店而非城区商务酒店过夜的旅游行为。度假旅游在度假区或度假村的逗留时间较长,对各种休闲、娱乐、康体设施和服务综合配套要求较高,在日程安排上也较宽松,选择的自由度和随意性较大(宋飞,2013)。孔繁嵩(2008)从心理学剖析旅游需求,指出传统旅游追求的是"刺激",即通过旅游获得与日常生活全然不同的体验;而度假旅游的根源就是"刺激"过度影响身心平衡,因此,度假旅游所追求的是"放松",通过各种方式和活动获得生理和心理的"放松",从而恢复正常的生理机能和心理平衡。

度假旅游与传统旅游的不同之处可以归纳为以下几点:

一是动机方面的差异。度假旅游的动机是"推力"(Push)作用的结果,多出自人的内在需求,包括生理和心理的放松、康复需求,活动的目的是康体休闲;观光旅游的动机是"拉力"(Pull)作用的结果,是受旅游地新、奇、独、特、异方面的吸引力拉动而形成的,活动目的是增长见识。

二是度假旅游以休息和放松为目的,集中在一地,相对较少流动,通常集中在特定的度假区范围内。正如吴必虎(2001)的观点,度假旅游是利用假期在一地相对较少流动性地进行修养和娱乐的旅游方式,而传统旅游活动的范围相对较大,且强调流动的游乐过程,在体力上消耗较大。

三是度假旅游是度过自己的闲暇时间,日程安排较为宽松,在一地的停留时间较长,而传统旅游活动强调目的地的内容体验。

四是度假旅游重游率高,即人们会因为度假的舒适性等积极休闲效益,而追求不断尝试和体验,相较而言,传统旅游的重游率较低。

五是消费重点有所不同,度假旅游的消费主要集中在度假居住单位,消费注重品质,而传统旅游主要是以景区为中心的消费类型。因此,度假旅游被认为是一种高层次的生活内容、一种精神追求和难得的享受、一种优雅的状态,是社会发达程度的体现,是社会进步节奏的表达。

第三节 度 假 区

一、度假村与度假区

（一）度假村

"度假村"一词是源于英文"Resort"的中文翻译，顾名思义，度假村是指人们可前往居住度假的接待单位。

世界旅游组织（WTO）对度假村的定义是，为旅游者较长时间的驻留而设计的住宅群。其消费是以住宿费为中心，并以度假村休闲娱乐和康体设施设备为配套依托的综合消费（周绍健，2014）。

结合当前我国实际，度假村通常是一个统一管理、相对自给自足的自成体系接待单位，是为满足游客娱乐、放松需求而提供的可以广泛选择的短暂居住、休闲与服务设施的度假地。其中心原则就是创造一种能够促进并提高愉悦放松感的环境。在实践中，通过提供休闲设施和服务项目，创造愉快、宁静、放松的环境，并以亲切、友好的态度，根据客人的个性化需求提供高水平的服务。

（二）度假区

度假区是在度假村基础上升级的概念，是度假村中国化演变的概念。度假区通常是指经过向政府部门报批成立的一个管理和建设区域，具有良好的度假资源和条件并以接待过夜游客为主的度假接待单位，其空间边界明确，有统一的管理机构。

广义上来讲，度假区和度假村的概念并无实质性区别，都是接待以度假居住顾客为主，都是一个独立的度假接待单位，以住宿为中心接待条件，以优良的度假资源和完善的休闲设施作为配套，满足人们休闲和放松的需求。鉴于中文文字表达习惯，通常认为度假区的空间范围和接待规模大于度假村，近年来也有一些超级度假区将自己命名为度假城。

二、度假区的类型

度假区划分的标准很多，国外对旅游度假区的划分，要么按照资源依托分为海滨型、温泉型、山岳型、滑雪型、乡村型等，要么按照区位分为城市型、城郊型和远郊型。但随着交通逐步改善，区位划分的市场边界已经趋向模糊化。近年来，度假区的规划和发展更强调主题性，因此，划分度假区有资源分类和主题分类两种方法。

（一）按照资源分类

实际上大部分度假区可以通过其所依托的资源进行分类。根据度假区所依托的主要资源（冉燕，2021），可以将其归纳为以下类型。

1. 温泉疗养型

温泉疗养型度假区是以温矿泉浴疗场为主要资源依托，借助良好的生态环境、特色的餐饮与接待设施，集保健、养生、理疗、娱乐和运动为一体的温泉度假区。

2. 高山雪原型

高山雪原型度假区是以滑雪场为基础，主要依托气候、气象、山地的地形和生态环境，可开发攀岩、登山、滑翔、跳伞、徒步、日光浴、森林浴等度假旅游产品。

3. 山地避暑型

山地避暑型度假区主要以山地地理气候为资源，充分利用海拔较高的山地夏季气温较低的有利条件以达到避暑纳凉的目的。可开发观云海日出、运动、娱乐、露营等旅游产品。

4. 内陆湖泊山水型

内陆湖泊山水型度假区主要以湖泊山川资源为依托，湖光山色，景色美丽迷人。可开发游泳、跳水、划艇等水上游乐活动，以及湖滨散步、登山、徒步、牵引伞、骑马等山地旅游产品。

5. 阳光避寒型

阳光避寒型度假区是以冬季阳光为主要资源的度假旅游区。依托其冬季阳光充足、温暖宜人的气候，辅以温泉、海滨、山地等其他旅游资源，可开发集海滨度假或温泉洗浴、特色餐饮、住宿、康体养生于一体的冬季避寒旅游产品。

6. 主题娱乐型

主题娱乐型度假区是以主题公园和娱乐项目为主要资源的度假区。把当地文化融入商业街区，把异域风情融入生态环境，以运动体验、休闲娱乐、商业购物为主题，打造多种主题乐园。

7. 古镇休闲型

古镇休闲型度假区是围绕古镇开发起来的度假区。将古城建筑、古城地脉、古城文脉、古城风水等资源有机结合，将景区与民居、商业连成一片，开发成集康体保健、休闲娱乐于一体的综合型度假旅游产品。

8. 乡村田园型

乡村田园型度假区又称为乡村休闲型度假区，是以良好的乡村生态环境、美丽的田园风光和乡村绿色有机餐饮为依托的度假区，可开展农家生活体验、民俗风情、民俗节庆、网球、垂钓、骑马、乡间散步等度假活动。

9. 海滨海岛型

海滨海岛型度假区是以海滨浴场为基础，主要依托阳光（Sun）、沙滩（Sand）、大海（Sea）"3S"旅游资源，开发海水浴、日光浴、冲浪、潜水、沙滩排球、烧烤、唱歌、游乐、度假疗养等旅游产品。

10. 移动邮轮型

移动邮轮型度假区是以邮轮为依托开展度假活动的度假区，移动邮轮是一个在海上的移动度假地。移动邮轮让游客既可以欣赏途中的美丽风景，又可参与邮轮上丰富多彩的康体娱乐活动、品尝特色餐饮和进行购物等。

（二）按照主题分类

近年来，为了更加紧密地结合市场需求，度假区在规划建设时便会开展精准的市场调研，寻找细分市场和定位，以便度假区走向市场后能够获得市场的青睐，能够收回成本和获得收益。许多度假区会根据自身的资源条件和实力建设符合市场需求的主题。因此，主题度假区成为当前度假区的主要特征,按照主题可以将度假区分为如下类型。

1. 体育类

体育类度假区主要以体育健身运动作为主要度假活动来吸引度假游客,比如滑雪类度假区,就是以滑雪运动作为主要吸引物吸引游客前来度假,另外还有一些山地运动主题度假区等。

2. 会议会展类

会议会展类度假区主要以会议、展览作为主要吸引物,这类度假区主要分布在两类地方,一类是坐落于著名的旅游目的地城市,如桂林、西安、昆明等,不同的组织和行业会在此举办多种类型的行业培训和交流活动;二是位于国家一线城市,比如广州白云国际会议中心和琶洲展馆等,不同的季节会开展不同行业和类别的展览会,吸引专业观众和群众前来参展和观展,著名的有广交会等。

3. 娱乐类

娱乐类度假区通常会提供专业的主题娱乐活动,作为度假区的主要吸引物,比如博彩酒店。就像中国的澳门,专门建设了一条金光大道,在大道的两旁建有世界顶级博彩娱乐度假城,是世界上豪华酒店品牌较为集中的城市。

4. 动植物类

动植物一直是亲子度假的热门主题,比如广州长隆野生动物世界和珠海长隆海洋王国都是我国著名的动物主题度假区。

5. 文化类

文化类度假区以文化或者文化演艺作为主要吸引物,比如杭州的宋城就是仿照《清明上河图》所建造的主题公园度假区,宋城集团开发的《千古情》以"一生中必看的演出"为宣传口号,吸引了大量的度假旅游者。

三、国家旅游度假区

(一)国家旅游度假区

国家旅游度假区指的是1992—1995年,经由中华人民共和国国务院批准设立的12个国家旅游度假区,它们分别是大连金石滩、青岛石老人、苏州太湖、无锡太湖、上海佘山、杭州之江、福建武夷山、福建湄洲岛、广州南湖、昆明滇池、三亚亚龙湾以及北海银滩。此后至今,未有新的国家旅游度假区获批。

(二)国家旅游度假区的发展现状

1992—1995年,批准建设的12个国家旅游度假区在实际发展中出现许多问题,最终发展未能如人所愿。实际上,这些度假区建立在具有一定知名度的风景名胜区的基础之上,其大众旅游属性较强,主要发展模式依然保持大型旅游景区的管理模式,所接待的游客仍然以观光型为主。因此,此时期的度假区对度假旅游需求与度假区发展趋势把握不准,度假属性仍较弱,度假产品和配套设施不够突出,国际化水平不高。

这些在景区基础之上建设的度假区仍旧没有摆脱景区的发展模式,旅游淡旺季明显,尤其是海滨度假地的淡旺季严重失衡。同时还存在环城市旅游度假设施的总体质量欠佳,旅游度假区策划创意与规划设计缺乏新意,全国旅游度假区产品和模式雷同等问题。在地价和税收的影响下,个别地方在度假区内开发房地产项目,破坏了原有的优质生态环境。

四、国家级旅游度假区

(一)国家级旅游度假区

1. 国家级旅游度假区的概念和特征

国家级旅游度假区是指符合国家标准《旅游度假区等级划分》(GB/T 26358—2010)相关要求,经文化和旅游部认定的旅游度假区。在这一标准中,将旅游度假区定义为"具有良好的资源与环境条件,能够满足游客休憩、康体、运动、益智、娱乐等休闲需求的,相对完整的度假设施聚集区"。该标准同时明确了旅游度假区的四个特征:第一,旅游度假区要具备相对完整的度假设施,包括康体、休闲、娱乐、运动等设施,并具一定规模;第二,旅游度假区是一种具有良好的资源与环境条件的旅游目的地;第三,旅游度假区的功能是为满足游客休闲需求的,不同于风景区的游览观光功能;第四,旅游度假区是旅游者短期性的居留地。

2. 国家级旅游度假区产生的背景

《旅游度假区等级划分》标准的出台和国家级旅游度假区的评定,是为贯彻落实《国民旅游休闲纲要(2013—2020年)》和《国务院关于促进旅游业改革发展的若干意见》(国发〔2014〕31号),以及《国务院办公厅关于进一步促进旅游投资和消费的若干意见》(国办发〔2015〕62号),适应我国居民休闲度假旅游需求快速发展需要。为人民群众积极营造有效的休闲度假空间,提供多样化、高质量的休闲度假旅游产品,为落实职工带薪休假制度创造更为有利的条件,我国先后制定了国家标准《旅游度假区等级划分》(GB/T 26358—2010)、《旅游度假区等级划分细则》和《旅游度假区等级管理办法》。2015年,国家旅游局正式下发了《关于开展国家级旅游度假区评定工作的通知》。全国旅游资源规划开发质量评定委员会组织专家对照国家级度假区的标准和评定细则进行现场检查、集体听取创建工作成果汇报,最后报经国家旅游局批准。2015年10月9日,国家旅游局在京召开新闻发布会宣布17家度假区创建为首批国家级旅游度假区。2019年12月20日,《国家级旅游度假区管理办法》发布。截至2020年12月,中国国家级旅游度假区总数达到45家,详细分布如表1-1所示。

表1-1 国家级旅游度假区目录

省份	第一批 (2015年11月)	第二批 (2017年12月)	第三批 (2019年5月)	第四批 (2020年12月)
江苏	南京汤山温泉旅游度假区	无锡市宜兴阳羡生态旅游度假区		常州太湖湾旅游度假区
	天目湖旅游度假区			
	阳澄湖半岛旅游度假区			

续表

省份	第一批 (2015年11月)	第二批 (2017年12月)	第三批 (2019年5月)	第四批 (2020年12月)
浙江	东钱湖旅游度假区	湖州市安吉灵峰旅游度假区		德清莫干山国际旅游度假区
	太湖旅游度假区			淳安千岛湖旅游度假区
	湘湖旅游度假区			
山东	凤凰岛旅游度假区	烟台市蓬莱旅游度假区		日照山海天旅游度假区
	海阳旅游度假区			
河南	尧山温泉旅游度假区			
湖北	武当太极湖旅游度假区			
湖南	灰汤温泉旅游度假区			常德柳叶湖旅游度假区
吉林	长白山旅游度假区			
广东	东部华侨城旅游度假区		河源巴伐利亚庄园	
重庆	仙女山旅游度假区			重庆丰都南天湖旅游度假区
四川	邛海旅游度假区		成都天府青城康养休闲旅游度假区	峨眉山市峨秀湖旅游度假区
云南	阳宗海旅游度假区		玉溪抚仙湖旅游度假区	大理古城旅游度假区
广西	西双版纳旅游度假区		桂林阳朔遇龙河旅游度假区	
海南		三亚市亚龙湾旅游度假区		
福建		福州市鼓岭旅游度假区		

续表

省份	第一批 (2015年11月)	第二批 (2017年12月)	第三批 (2019年5月)	第四批 (2020年12月)
江西		宜春市明月山温汤旅游度假区		上饶市三清山金沙旅游度假区
安徽		合肥市巢湖半汤温泉养生度假区		
贵州		遵义市赤水河谷旅游度假区		六盘水市野玉海山地旅游度假区
西藏		林芝市鲁朗小镇旅游度假区		
河北				崇礼冰雪旅游度假区
黑龙江				亚布力滑雪旅游度假区
上海				上海佘山国家旅游度假区
陕西				宝鸡市太白山温泉旅游度假区
新疆				那拉提旅游度假区

3. 国家旅游度假区与国家级旅游度假区的差别

国家旅游度假区与国家级旅游度假区虽然只相差一个"级"字,但实际上是两个不同概念。前者是指1992—1995年经由中华人民共和国国务院批准设立的12个国家旅游度假区,而后者是依据新制定的国家标准《旅游度假区等级划分》(GB/T 26358—2010)相关要求,从2005年开始面向全国评定的国家级旅游度假区;前者有且只有这一批特定的度假区,而后者近年来不断新增评定,并同时设立有省级旅游度假区作为低一级别的度假区,显然后者是一个常态化且分级制度下的度假区。

(二)国家级旅游度假区的强制性要求

根据《旅游度假区等级划分细则》规定,国家级旅游度假区强制性要求包括以下八项:

(1)应具备适宜度假的气候条件和环境,区内无污染的水体、空气或土壤,无多发性不可规避的自然灾害。

(2)应具有明确的空间边界和统一有效的管理机构。国家级旅游度假区面积应不小于8平方千米;省级旅游度假区面积应不小于5平方千米。

(3)应具备至少3个国际品牌或国际水准的度假酒店。

(4) 以接待过夜游客为主,国家级旅游度假区过夜游客中应有至少1/3平均停留3夜以上或2/3平均停留2夜以上;省级旅游度假区过夜游客中至少1/3平均停留2夜以上。

(5) 国家级旅游度假区过夜游客中省外游客比重应不低于1/3。

(6) 国家级旅游度假区住宿接待设施总床位数不少于1000间,省级旅游度假区住宿接待设施总客房数应不少于500间。

(7) 旅游度假区内用于出售的房地产项目总建筑面积与旅游接待设施总建筑面积比例不应大于1∶2。

(8) 近3年来无重大旅游安全事故。

需要补充的是,2019年12月20日,文化和旅游部印发的《国家级旅游度假区管理办法》规定,申报国家级旅游度假区除需要符合国家标准《旅游度假区等级划分》(GB/T 26358—2010)及相关细则要求外,还需要符合其余九项条件:

(1) 符合社会主义核心价值观要求;
(2) 度假设施相对集聚,经营状况良好;
(3) 旅游公共信息服务体系健全;
(4) 游客综合满意度较高;
(5) 在全国具有较高的知名度和品牌影响力;
(6) 土地使用符合法律法规有关规定;
(7) 主要经营主体近3年无严重违法违规等行为记录;
(8) 近3年未发生重大旅游安全责任事故;
(9) 被认定为省级旅游度假区1年以上。

推荐阅读

1. 《旅游度假区等级划分》(GB/T 26358—2010)。
2. 《旅游度假区等级划分细则》。
3. 《国家级旅游度假区管理办法》。
4. 李雪峰《中国国家旅游度假区发展战略研究》,2010年。

本章小结

本章对休闲和度假的基本概念做了介绍和总结。休闲是人们利用可以自由支配的时间,所真正追求的精神活动,是人们保持平和宁静的态度,使自己沉浸在平和心态中感受生命的快乐和幸福,取得成就并促进个人发展的可利用的时间。同时,明确了深度休闲的概念,深度休闲是对业余爱好者或志愿者活动的系统追求,参与者以专注的态度投入这些活动,可以由此获得特殊技能、知识和经验,并且从投入活动的过程当中,获得有趣且充实的感觉。深度休闲被认为是"最佳休闲生活方式"。度假旅游是利用假日外出、以较少流动的方式进行令精神和身体放松的康体休闲;是以休闲、健身、疗养及短期居住度假为目的的旅游活动,与传统观光旅游相比,更强调安全、宁静、优美的环境和综合性消遣娱乐活动,能增进身心健康和体验高质量的服务,以达到休闲健身的目的,使身心得到愉快的享受。

此外,本章介绍了度假村和度假区的概念,提出度假村是一个统一管理、相对自给自足的自成体系接待单位,是为满足游客娱乐、放松需求而提供的可以广泛选择的短暂居住、休闲与服务设施的度假地。并且介绍了度假村和度假区的类型,以及我国评定的国家旅游度假区和国家级旅游度假区的举措。

关键概念

休闲　深度休闲　沉浸体验　游憩专门化　度假　度假村　度假区　国家旅游度假区　国家级旅游度假区

复习思考

一、复习题
1. 休闲和度假的概念是什么?
2. 深度休闲包括哪几种类型,其主要维度包括哪几个?
3. 沉浸体验的含义是什么,如何衡量?
4. 幸福感的含义是什么,我国进入新时代后人们幸福感包括哪些方面?
5. 度假旅游与传统旅游有哪些差别?
6. 国家级旅游度假区评定的背景是什么?

二、思考题
为什么许多国内景区的旅游团越来越少?
分析提示:
①传统观光旅游已经很难满足消费者的精神需求;
②传统观光旅游向更高级的休闲度假转型升级。

第二章

现代休闲度假旅游的发展

学习目标

掌握国外度假旅游发展的五个阶段的历史;掌握国内休闲度假旅游发展的六个阶段,通过学习度假旅游发展历史了解度假旅游的发展规律;掌握我国现代度假旅游产业发展的主要特征。

第一节 国外度假旅游发展历程

休闲度假现象自古就有,但度假的大规模发展是出现在第二次世界大战结束后的西方国家。中国现代休闲度假真正开始于20世纪70年代末的改革开放,度假旅游的普及是在旅游大众化的基础上,以及需求升级和产业升级形势下的品质提升,度假旅游的兴起和发展是旅游业发展到一定阶段的必然产物。

欧洲人很早就有外出度假的传统和历史,回顾国外度假村的发展历程,大致可分为以下五个阶段。

一、贵族度假时期

度假旅游开始于公元前,最早是为了满足少数统治者和贵族消磨闲暇时间的需要。据史料考证,古希腊的温泉和矿泉在公元前500年已经出现,到古罗马时代出现了公共浴场,后来发展成为供古罗马士兵和领事享乐的场所。那时候,人们在比利时的斯巴(Spa)小镇上,发现饮用镇上的矿泉水或在矿泉水中洗浴对一些疾病有明显的治疗作用,于是周围的人们便聚集到这个小镇取水治病。后来这个小镇的名字就成了矿泉疗养和水疗康养项目的代名词。

到16世纪和17世纪,欧洲有许多含铁矿泉被人们发现,并同样闻名于世。最早的度假村就是建立在泉水浴有神奇疗效的地方,人们在水疗的基础上开始提供有利于社交活动和娱乐休闲的项目，比较流行的活动有跳舞以及其他形式的娱乐，包括音乐会、大型表演、游行等有组织的社会活动。人们劳累之余可以在温泉和水疗中解乏，在休闲放松的同时还可以享受到社会交往和娱乐的乐趣，加上浴场内有食物和饮料出售，使度假村显得颇具魅力。这便是世界上最早的度假模式的雏形，后来现代度假村的建设基本延续这样的基本形式。最初的度假活动由于度假群体的狭窄，一直没有形成产业而仅仅是一种度假的现象和行为。

二、温泉度假酒店的兴起

水疗和温泉度假模式所带来的舒适化和多功能休闲享受，使越来越多的人愿意投入其中，这种现象到工业革命后开始形成独立的产业。

第一次工业革命的发生使人们从烦琐的劳动中一定程度地解脱出来，出现了剩余的闲暇时间，资产阶级的出现，催生了一大批中产阶层，极大地充实了休闲度假的需求市场，于是在传统温泉和水疗度假的基础上，兼具细致服务的度假酒店便开始出现在供应端。

这种高级酒店最早出现在瑞士，创办人是查尔斯·里茨，他于1893年创办了罗马大酒店，在1898年开办了巴黎里茨酒店，又于1899年在伦敦开办了卡尔顿酒店（周绍健，2010）。随着温泉和水疗度假的推广和普及，温泉疗效开始受到一些质疑，因此，西方温泉度假的形势没有出现大的爆发，并逐渐被海滨型度假的形式所替代。

如果说第一次工业革命催生一大批中产阶层，但这些中产阶层仍然带有鲜明的阶层属性，但这部分人毕竟是少数，因此，工业革命初期的度假只是一种社会阶层属性，并非大众生活的组成部分。

三、现代度假旅游的出现

第二次工业革命发生，极大地推动了生产力的发展，资本主义强国开始在全世界范围内掠夺市场和原材料，在西方社会形成了超越历史的消费能力。1936年，法国通过《带薪假期法》，在世界上首次将带薪度假制度化，使普通员工拥有了实现度假权利的保障。随着人们可自由支配的财富的增多，加上交通技术变革、便捷交通的出现（刘家明，1999），尤其是工业化和城市化的快速发展，城市环境问题日益严峻，现代意义的度假旅游就是在这样的历史背景和财富消费下催生的。大众休闲度假在欧美等国家日益活跃，具有医疗性质和保健性质、环境质量优越的地域成了人们在闲暇时间竞相追逐的地区，出现了海滨度假、湖滨度假、山地度假和温泉度假等不同资源类型的度假地。

这个时期的海滨旅游度假区主要集中在欧洲以及北美洲地区大城市郊区的多阳光沿海地带，并形成了"3S"（Sea,Sand,Sun）固定度假模式、多种多样的康体休闲设施（如滨海大道、舞厅、剧场、酒吧等）。

现代度假旅游的出现表现出以下几个特点。

一是消费和供给规模空前。第二次工业革命和城市化的发展，催生了许多可自由支配的财富，因此，度假旅游的市场规模空前庞大，在市场需求的刺激下，各类度假村也顺势而起，形成强大的接待能力。比如20世纪20年代的美国早期度假中心卡茨基尔山，当时那里已有500多家度假村和饭店，具有较强的旅游接待能力。

二是度假旅游业态丰富多样。随着温泉度假和海滨度假的发展和带动，葡萄酒庄园度假、农场度假、森林度假等新型度假业态开始不断出现在度假产业,极大地丰富了度假旅游的业态。

三是度假产品和体验丰富。随着度假业态的丰富,度假产品的开发也开始多样化,在传统康养医疗度假的基础上,出现了诸多休闲和游乐的度假项目,同时,随着度假消费市场的增长,度假产品开始出现标准化制作和生产,极大地提升了度假地的接待能力和产品的供给能力。在美国东北部地区,人们就开创了多样化的度假旅游:农庄主接待避暑游客,古老的旅店也逐渐加入度假业,狩猎、捕钓活动也渐渐地带上了度假胜地的特色。农户们纷纷经营起度假旅游业,他们留有宽敞的房屋供城市居民在夏天住宿,还有充裕、新鲜的鸡、蛋、蔬菜供游客食用。随着业务的发展,农户们在房舍的前后左右建一些新房,逐渐扩大接待规模并向中型的避暑度假酒店转变。

四是度假服务水平的提升。现代度假旅游形态的出现,培育了一大批专业度假管理和服务人才,度假企业也开始注重服务能力的提升和服务品质的升级。

四、大众化度假旅游的到来

第二次世界大战以后,人类科学技术不断发展,劳动生产率得到了极大的提高,人们的收入水平和闲暇时间也得到了空前的增长,特别是有法律保障的带薪假期的不断增加,为人们大规模外出度假创造了极好的条件。在欧美地区,度假旅游已成为一种实实在在、势不可挡的世纪"潮流",度假旅游实现大众化。旅游度假区的开发不再局限于欧洲大陆,而是逐渐由北往南、由西向东发展,逐渐向热带海滨、海岛地区发展,度假产品由传统的温泉度假、滑雪度假、山地度假向海滨度假、邮轮度假等方式进行转变。

进入20世纪60年代,伴随着度假的大发展,加勒比沿岸、地中海沿岸、东南亚国家的海滨地区,夏威夷、澳大利亚的海滨地区形成了以夏季休闲度假为主要目的的海滨度假区,欧洲的阿尔卑斯山脉等地出现了以冬季山地运动、健身为主要目的的山地度假区。20世纪70年代后期,大多数欧洲国家有一半或一半以上的人口每年离家休假至少1次。

一些发达国家和地区会对居民的度假旅游给予不同形式的支持和赞助。在东欧国家,政府和社团资助度假旅游;在日本,公司度假是由公司为员工提供赞助;在西欧国家,这种赞助则以假日基金的形式出现,政府提供资金供度假旅游之需。

滑雪已是大多数欧洲人所喜爱的一种消遣,于是,冬季度假村的概念应运而生。单季度假旅游的风险性是寻求四季旅游构想的起源。20世纪60年代,四季度假旅游在北美兴起。四季度假村是一种现代旅游形式,是由于通货膨胀的压力、不稳定的季节性市场、不断变化的游客构成、闲暇时间的增多、度假方式的改变和交通条件的改善等方面因素的影响而发展形成的。

五、21世纪度假旅游成为休闲旅游的主流

21世纪以来,人们的物质生活不断完善,使人们产生了更高层次的精神需求。信息时代的社会环境使人们为求得在竞争中生存,时刻保持着对新知识,对新奇经历的热情,注意自我完善。同时,生产自动化程度的提高使人们带薪假日得以增多。例如,在北欧的瑞典,职工享有的带薪假日为每年6周,而美国一般为2—4周,西欧各国每年4周。这两种倾向

使人们有动机、有时间、有精力、有财力去追求休闲和放松。而且城市的喧嚣、空气的浑浊、水质的降低使人们的健康受到越来越大的威胁，因此，人们回归自然的需求变得越来越强烈。

与此同时，人类的交通技术空前快速和便捷，且交通运输成本变得越来越低。因此，越来越多的人选择在周末脱离城市的工作和生活环境进入另一种全新的自然和人文环境，休闲度假已成为城市居民一种调节身心健康的基本手段。传统旅游形式难以满足人们多样化的需求，客观上需要更高级别的度假旅游与之相适应。因此，欧美一些国家的度假旅游甚至成为各类旅游产品中居主导地位的产品。

第二节　国内休闲度假发展历程

中国历史悠久，历史上较早就出现了休闲度假的文化和现象，休闲度假出现至今已经形成了六个发展阶段。

一、中国古代皇家度假园林的出现

我国古代很长一段时间的生产力位居世界前列，且文化非常丰富，因此，我国历史上的度假旅游发展较早，形成了早期较典型的皇家园林、避暑胜地和私家园林。比如唐代时著名的华清宫就是唐代封建帝王的别宫，历史上的华清宫背山面渭，倚骊峰山势而筑，规模宏大，建筑壮丽，楼台馆殿，遍布骊山上下。唐玄宗悉心经营建起如此宏大的离宫，他几乎每年十月都要携杨贵妃到此度假。华清宫最有名的当属贵妃池，也称海棠汤，传为杨贵妃"春寒赐浴华清池，温泉水滑洗凝脂"的遗迹。

中国古代著名的皇家园林还有河北承德的避暑山庄、北京的颐和园等。自宋代以来，苏州、无锡等地的私家园林也颇负盛名，它们中的代表有并称为苏州四大园林的沧浪亭、狮子林、拙政园和留园。它们可以看作我国度假产品的雏形。但当时度假的主体为极少部分帝王将相、皇亲国戚和社会名流（周绍健，2010）。

二、现代度假自西方传入中国

鸦片战争后，西方国家通过武力殖民手段入侵中国，西方文化开始传播至中国。各国势力开始在庐山、莫干山等地修建自己的度假别墅，部分度假建筑保留至今。

比如江南名山的莫干山，至今仍保留有别墅250多座，这些别墅包括了各个历史阶段、各个发展流派的别墅建筑，相当具有集中性和代表性，因此，莫干山别墅群在2006年被评为全国重点文物保护单位。21世纪以来，许多著名的设计师前往莫干山，利用独特的人文景观和优美的自然景观，设计建造了一批高端民宿，将莫干山打造成为21世纪中国著名的度假胜地。《纽约时报》评选全球最值得一去的45个地方，莫干山排在第18位。CNN将这里称为除长城外，15个你必须要去的中国特色地方之一。

再比如著名的度假胜地北戴河是在19世纪末，被一个英国的铁路工程师所发现，因为北戴河海滩沙软潮平，气候温和宜人，是洗海水浴和避暑的好地方，随即吸引了许多外国人和中国富裕阶层的人到北戴河海滨建别墅。随后清政府被迫将北戴河开辟为各国人士的避暑胜地。到民国时期,在北戴河修建给外国人度假的别墅多达60多栋。

三、中华人民共和国成立后的政府疗养度假形式

中华人民共和国成立后,中央有关部委及地方政府有关部门、国有企业先后在国内一些风景、温泉胜地(如北戴河、杭州等风景胜地,陕西临潼、广东从化等温泉胜地,安徽黄山、江西庐山等名山大川)修建了一批具有度假性质的疗养院,这些疗养院以山地避暑型旅游度假区和各类疗养度假区为主。

中华人民共和国成立到改革开放这段时间,中国大部分度假区为政府建设。度假区从功能上来说,以疗养、治疗和保健为主,设备简单,基本上属于福利性质。单个度假区开发规模都比较小,多数客房在1000间以下,只有滨海、山地等少数几种类型,空间分布极其有限。

这一时期度假的主体是各级劳动模范、各类先进工作者,军队、机关、企事业单位的领导人和离退休干部。度假设施是建在传统海滨胜地和名山大川的疗养院、干休所等。一般是由单位组织,以福利待遇的形式提供给个人度假疗养机会。个人和家庭自费的大众化度假旅游还很少。

四、市场经济背景下的度假旅游

在改革开放的春风下,中国开始允许外资在珠江三角洲地区兴办旅游度假区,与过去疗养型度假村不同,市场经济下的度假村多由民间资本投资建设和管理,其经营情况由市场考验并自负盈亏,在对客服务中强调市场需求和顾客满意度,因此在度假设施方面,注重康体的同时,兼顾休闲和现代娱乐设施,如游泳池、健身房、高尔夫球场、网球场,以及水疗和购物设施等。

五、国家度假旅游区阶段

中国度假旅游真正开始发展是在1992年。经过30多年的发展,中国旅游业已基本解决了供给短缺的矛盾,但旅游产品基本上还属于文化观光、景点游览的单一型初级产品,难以满足客源市场多方面的需求。开发度假旅游产品,由提供单一的观光型旅游产品转向提供观光与度假型相结合的旅游产品,已成为中国旅游业加速产品结构调整、实现产品升级换代,以顺应国际旅游市场发展趋势、增强产品竞争力的必然选择。

当年,邓小平同志的南方谈话在中国掀起了改革开放和经济建设的新一轮高潮,借此大潮,已具备相当产业规模并逐渐与国际旅游业接轨的中国旅游业开始酝酿一次重要的转变。国务院根据国内外旅游业发展的形势和日益增长的度假需求,为实现"进一步扩大对外开放,开发利用我国丰富的旅游资源,促进我国旅游业由观光型向观光度假型转变,加快旅游事业发展"的目的,1992年10月,我国正式批准在大连金石滩、青岛石老人、无锡太湖、苏州太湖、上海佘山、杭州之江、昆明滇池、三亚亚龙湾、北海银滩、福建武夷山、福建湄洲岛、广州南湖12个地区设立国家旅游度假区,这是我国由提供单一的观光型旅游产品转向提供观光型与度假型相结合的旅游产品的结构转型的标志,也标志着我国大众化度假旅游开始启动。随后各省市批准建立的省级、市级旅游度假区和城郊度假区也如雨后春笋般涌现。

在国家旅游度假区蓬勃发展的同时,各地政府也开始大力支持和兴建地方级旅游度假区和度假村。一方面根据各自资源条件情况积极创办省级旅游度假区及各种类型的旅游度假村和度假地;另一方面协调各方的关系,努力为度假区建设创造更为宽松的政策环境。经过多年的发展,我国逐渐形成了省级、市级旅游度假区和城郊旅游度假带三级度假体系。据统计,截至2011年,全国省级以上旅游度假区总数已达到158个,初步满足了人们休闲度假需求,为实现旅游业由观光型向度假型转变奠定了基础。

然而,随着我国进入大众旅游时代,人们对休闲度假产品的需求不断增加,旅游度假区无论在数量还是质量上,都与人们的需求有很大差距。同时,由于社会经济发展水平的制约,以及大众的收入水平、闲暇时间的制约,国内难以形成大众化的度假市场。旅游度假区在定位和管理体制及政策配套等方面也无法适应形势发展的要求。

从1999年开始,"黄金周"休假制度的实行给我国度假业的发展注入了新的活力。2000年,四川乐山举行"中国环城市旅游度假带发展研讨会";2001年,浙江杭州举行"2001中国休闲经济国际论坛"。从此,我国掀起了休闲度假旅游发展新浪潮。进入21世纪后,国务院下发的《国务院关于进一步加快旅游业发展的通知》也明确提出了规划建设一批国家生态旅游示范区、旅游扶贫试验区、旅游度假区的新的工作任务。2004年国家旅游局专门下文要求重点编制的八大区域旅游规划中,有两大有关度假旅游的专项规划,分别为环太湖健身度假旅游圈、首都都市度假旅游圈的专项规划。

六、国家级度假旅游区的评定迎来了度假旅游新时代

随着中国全面建成小康社会,中国经济总量已超过100万亿元人民币,稳居世界第二大经济体,占全球经济的比重提高到17%以上,人均国内生产总值超过1万美元。我们比历史上任何时期都更接近实现中华民族伟大复兴的目标。中国特色社会主义进入新时代,我国社会主要矛盾已经转化为人民日益增长的美好生活需要和不平衡不充分的发展之间的矛盾。人民获得感和幸福感是人民日益增长的美好生活需要的集中体现,也是未来我国保障和改善民生的重要任务。为适应我国居民日益增长的休闲度假旅游美好需求,为人民群众积极营造有效的休闲度假空间,提供多样化、高质量的休闲度假旅游产品,为落实职工带薪休假制度创造更为有利的条件,2015年,国家旅游局正式下发了《关于开展国家级旅游度假区评定工作的通知》,规定全国旅游资源规划开发质量评定委员会组织专家对照国家级度假区的标准和评定细则进行现场检查、集体听取创建工作成果汇报,最后报经国家旅游局批准。2015年10月9日,国家旅游局在京召开新闻发布会宣布17家度假区创建为首批国家级旅游度假区。2019年12月20日,《国家级旅游度假区管理办法》发布。截至2020年12月,中国国家级旅游度假区总数达到45家。覆盖23个省、自治区和直辖市,种类涵盖湖泊度假、海滨度假、森林度假、温泉度假、古城度假、康养休闲度假、河流度假、山地度假、冰雪度假等多种类型。

国家级旅游度假区更注重于度假旅游目的地建设,且基本具有唯一性和垄断性资源。而单个企业性质的度假区建设则必须建立在对度假旅游市场进行充分调研的基础上,准确定位、科学规划、合理布局。目前,中国休闲度假区的建设已初具规模,在国家级休闲度假区建设之外,各省还评定了一批省级休闲度假区。很多度假区根据客源市场的变化和开发建

设的实际情况及时调整市场定位和产品定位,建成了一批以国内市场为基础,特别是以度假区所依托的大中城市客源为主要目标的休闲娱乐设施,并已取得了良好的经济效益和社会效益。

第三节 我国现代度假旅游发展特征

在长期的发展中,我国现代度假旅游发展呈现出以下六大特征。

一、度假旅游发展迅猛

(一)居民可支配收入持续增加

进入21世纪以来,中国社会经济发展日新月异,在2010年中国GDP总量正式超过日本位居世界第二,到2019年,我国经济总量接近100万亿元人民币,人均GDP首次超过1万美元,我国已进入中等收入国家的行列,国民可支配收入持续增加。

(二)居民休闲时间更加充裕

带薪休假制度得到的空前的普及,各种小长假、黄金周和年假的有效执行为人们提供了充足的休闲度假时间。

(三)交通设施更加快捷便利

目前,我国高铁里程、高速公路里程、轨道交通运营线路及里程、水运里程等多项交通运输指标,均居世界首位。我国航空网络加快完善,航空枢纽不断增加,我国民航运输总周转量、旅客周转量、货邮周转量均已位居世界第二。

21世纪的短短20多年,中国人经历了大众化旅游的普及过程,并要求更高层次、更高品质的休闲度假消费升级。在庞大的度假市场需求下,度假旅游正成为发展速度最快的旅游产品,各地的度假产品也陆续推向市场,人们度假选择越来越多。

二、度假产品类型逐渐丰富

度假旅游产品的类型逐渐丰富起来,从最早的山地避暑和海滨度假,发展为目前温泉、湖泊、山地、森林、草原、水滨、滑雪、环城等多种类型并存的局面。而汽车露营和主题公园度假区以及城市近郊度假房地产的开发,成为近年来度假旅游产品的新秀。旅游演艺遍地开花,城市中央休闲区成为休闲度假城市的标配,全球邮轮度假进入寻常百姓的视野。

从度假村地域类型来看,环城游憩带和海滨度假旅游带共同主导着我国长线和短线度假旅游产品(汤雅芬,2006)。海滨休闲度假村依靠"3S"(阳光、沙滩、大海)资源优势,具有很强的度假吸引力,受到休闲度假者的偏爱,成为休闲度假村的领导者。上海、广州和北京等大城市周围的度假区和主题公园犹如众星捧月散布在城市周围,形成环城游憩带,是中短线度假旅游产品的主流。滑雪客源市场和滑雪度假产品近年来发展异常迅猛,人造冰雪机和室内滑雪场的扩张使滑雪有望成为我国度假旅游产品的第三大品牌。辽东半岛海滨、渤海湾海滨、山东半岛海滨、浙东南海滨、闽东海滨、珠江三角洲海滨、广西北海海滨这七大海滨

形成七大海滨度假旅游带,是长线度假旅游产品的核心。山地型避暑度假产品虽然衰落得不少,但新开发的还在继续,总体上仍处于发展时期,未来的度假功能需要扩展,不能只局限于避暑,要广泛提供具有户外特色的康体、休闲、健身活动和室内娱乐活动。国内温泉度假村数量不断增多,发展也非常迅速,但由于温泉度假受地热资源的制约,总体上的后劲不如滑雪。另外,依托森林、草原、湖泊、古迹等旅游资源的休闲度假产品呈现百花齐放的局面,但难以形成大规模的单体。目前,中国的度假村正努力改善休闲环境,激发国内休闲者的休闲动机,试图摆脱度假的季节限制,朝四季型度假发展。

但"人民日益增长的美好生活需要和不平衡不充分的发展之间的矛盾"也正是当前度假旅游中的现实矛盾。从目前看,旅游度假区的开发力度还远远不够,对我国绝大多数区域来说,旅游发展主要还是集中在观光旅游市场,观光旅游的发展压倒了度假旅游发展,度假旅游尤其缺乏大型国际性的综合性旅游地式的度假区。

三、区域间发展不均衡

首先,国内各地区之间的经济发展差异,导致各地的度假旅游发展不均衡。其中,位列中国四大一线城市的北京、上海、广州和深圳及其城郊区域的度假旅游发展较好,出现了"东强西弱,南强北弱"的基本格局。比如近十年来迅猛发展的环城旅游度假,就是通过城际集中市场需求拉动逐步培育起来的。现在比较有规模的主要集中在一线城市和特大城市,比如北京、上海、广州、深圳,已经形成复合型全方位的环城市旅游度假带。中西部的一些大城市和特大城市,比如成都和重庆,也逐渐发展起来,总体规模已经形成。

其次,各地的生活习惯也导致度假旅游发展水平有所差异。就像中国经济较发达的珠三角和长三角两个区域,珠三角长期定位于改革开放的前沿阵地,奉行"时间就是金钱,效率就是生命"的理念,折射出珠三角到处充满着热火朝天的拼搏氛围,因此,珠三角地区的度假氛围相对长三角来讲还是没那么发达。长三角产业布局更加合理、经济发展质量相对较高,因此,长三角地区的度假氛围十分浓厚,因此成就了莫干山这个21世纪中国极负盛名的度假胜地。每到周末,杭州城郊的度假山庄也基本满客,都是一些本地人带着老婆、孩子前来度过一个周末的闲暇时光。因此,珠三角城郊的度假山庄的建设规模和水平远赶不上长三角地区。

从全国范围来看,在中国南海之滨,素有"天下第一湾"之称的亚龙湾是长线休闲度假产品的主流,也是集中国度假村大成者。辽东半岛海滨、渤海湾海滨、山东半岛海滨、浙东南海滨、闽东海滨、珠江三角洲海滨、广西北海海滨这七大海滨中,旅游度假区得到了较具规模的开发,初步形成海滨度假旅游带,是长线休闲度假旅游产品的核心。1996年,地处亚龙湾的三亚凯莱度假酒店开业迎宾,中国第一家五星级度假酒店由此诞生。随后,三亚亚龙湾相继诞生了十几家具有前沿态势的中国度假村,同时,度假村由三亚迅速向青岛、桂林、杭州、昆明、上海、深圳、重庆等地扩展,国际知名品牌也纷纷登陆中国。目前,我国度假村的区域性特征已经比较明显,长三角、珠三角、环渤海、西部、东北等区域的度假村经营都各显特色。北京、上海、广州、苏州、杭州、重庆等经济发达地区度假村数量明显高于其他地区。这说明我国度假村细分市场的区域格局已经初步形成,区域内部竞争加剧。

四、分时度假向产权式度假转型

分时度假是一种源于20世纪欧洲国家的度假模式。第二次世界大战后，欧洲社会归于和平，资本主义生产力迅速发展，人们在工作之余的闲暇时间，热衷于海滨度假，地中海沿岸基于庞大的市场需求开发了大量海滨别墅，欧美政要、富商蜂拥而至，使地中海成为欧洲乃至世界的休闲度假中心，并将海滨的度假别墅价格炒到很高，于是催生了一种众筹购买度假别墅而分时享用的分时度假模式。这种度假方式最大效率地使用了度假房间，同时也减少了度假者的消费支出，一度在西方国家非常盛行。

分时度假按照时间单位分割出售给不同购买者的理念在20世纪末传入中国度假市场，正值中国房地产市场化改革时期，我国民众往往比较重视产权所有，因此分时度假在中国并没有像欧洲一样风靡，反而演变成了另外一种更符合中国人消费习惯的产权式酒店。产权式酒店实际上是在分时度假理念的基础上，结合中国房地产市场化改革，以及中国早期度假市场较小的实际形势下诞生的一种度假酒店模式。产权式就是不同于分时度假酒店的按时间分割销售，而是按照产权和使用权的分割，即购买者拥有酒店房间的产权，将使用权交换给酒店管理公司，以换取每年一段时间的度假使用和消费。

实际上，产权酒店是房地产市场和旅游市场相结合而产生的一种新的形式，也是中国房地产行业发展的一个特殊案例，这种形式在2015年前后达到一个顶峰，这种产权式酒店往往价格不菲。产权式酒店之所以能够在中国盛行，是因为购买者中存在浓厚的高端度假需求。但随着产权式度假酒店的推行，管理合同里承诺的收益往往很难持续，这是产权式度假酒店逐渐降温的主要原因。

五、度假消费呈现差异化

休闲度假消费的分化主要体现在区域和人群两个方面。

携程的数据显示，2021年1月1日至5月5日，休闲度假人均消费指数在人均1300元以上，但是不同目的地差异较大。总体来看，无论是从需求还是供给的角度，经济发达的东部地区以及中西部经济发达的城市依然是休闲度假热点区域。

而从人群的角度看，休闲度假消费的"分化"更为明显。一方面，受经济下行的影响，中低收入群体可用于休闲度假的支出有所减少；另一方面，民众对大众化休闲度假产品价格的高敏感性，加剧了休闲度假产业的竞争。据美团提供的信息，尽管消费次数在增多，但是平台上休闲度假类产品的单价却在下降。高频次低单价的状况也使得当下休闲度假行业"旺丁不旺财"的现象比较突出。与此相对的是，主要面向中高消费群体的高品质休闲度假产品却在一定时期出现短缺。比如，北京、上海、广州等城市周边高品质的休闲度假产品在周末或节假日基本上处于"供不应求"的状况。根据携程提供的数据，2021年"五一"期间，高星级酒店的订单占比近40%，海滨度假酒店、市郊度假酒店以及主题乐园酒店成为人们的主要选择。而携程面向中高端市场的私家团在2021年"五一"假期中也表现不俗，订单量对比2019年同期增长约230%。未来，高品质休闲度假市场将成为企业关注和竞争的主要领域，这也将催生更多高品质、个性化的休闲度假产品出现。

六、休闲度假运营实现"品牌化"

目前,我国休闲度假的品牌集中度总体不高。也正是在这一背景下,依托互联网和大数据的优势,一些具有竞争力的休闲度假企业正在尝试以品牌为载体,围绕细分领域,通过开发增量资源或整合存量资源,不断提升更加专业化的服务能力。

在休闲度假综合体领域,华侨城继成功打造出可推广复制的欢乐谷品牌之后,正在尝试打造城市休闲商业品牌"欢乐海岸"和乡村休闲度假品牌"欢乐田园"。其在深圳和顺德等地落户的"欢乐海岸",正在成为城市休闲消费的新热点;其在成都黄龙溪开发的"欢乐田园"项目,在2020年疫情期间,仍实现了游客接待量30%以上的增长。目前,华侨城正在陕西杨凌示范区推广"欢乐田园"模式。

国际酒店巨头万豪集团则加大了其在度假酒店品牌方面的投入,因为自2020年4月,万豪集团在中国区的酒店80%的业务来自休闲度假。2020年12月,中国旅游集团投资运营有限责任公司暨香港中旅国际投资有限公司对开元集团的森泊度假酒店乐园项目投资3.91亿元(占股34%),致力于加快推动森泊度假酒店品牌在全国落地。

此外,在亲子游领域,季高集团以上海的兔窝窝亲子园为依托,正在推动亲子无动力乐园在全国的布局。在休闲木屋领域,圣东旅居依托其自休闲木屋等领域的核心技术,积极推动品牌输出。在休闲露营领域,途居露营、蜗窝露营等也在尝试通过连锁经营形成规模效应。

推荐阅读

1. 中国旅游协会休闲度假分会《中国休闲度假大会蓝皮书(2020)》,中国旅游出版社,2020年版。
2. 中国旅游协会休闲度假分会《中国休闲度假大会蓝皮书(2021)》,中国旅游出版社,2021年版。

本章小结

本章首先总结了国外度假旅游发展历程,该历程包括贵族度假时期、温泉度假酒店时期、现代度假旅游时期、大众化度假旅游时期和21世纪度假旅游时期等。其次总结了国内休闲度假发展历程,包括中国古代皇家度假园林时期、现代度假传入时期、中华人民共和国成立后的政府疗养度假时期、市场经济背景下的度假旅游时期、国家度假旅游区时期和国家级度假旅游区的评定时期。本章还总结了我国现代度假旅游的发展特征,分别是度假旅游发展迅猛、度假产品类型逐渐丰富、区域间发展不均衡、分时度假向产权式度假转型、度假消费呈现差异化、休闲度假运营实现"品牌化"等方面。通过对国内外休闲度假发展历程以及我国休闲度假发展特征的学习,掌握休闲度假旅游的发展规律。

关键概念

温泉度假 "3S"度假 大众化度假旅游 中国古代皇家度假园林 政府疗养度假

 复习思考

一、复习题

1. 国外度假旅游发展经历了哪些历程?
2. 国内休闲度假发展经历了哪些历程?
3. 我国现代度假旅游的发展特征有哪些方面?
4. 西方温泉度假是如何起源的?
5. "3S"度假在西方是如何兴起的?
6. 中华人民共和国成立后的政府疗养度假是怎样的?
7. 近年来,度假旅游为何会在我国迅猛发展?

二、思考题

分时度假在我国为何会转变为产权式度假?

分析提示:

①国外分时度假的概念与市场;
②国内度假地房地产的发展形势。

第三章

休闲度假发展问题、机遇与趋势

学习目标

了解我国度假旅游发展存在的主要问题;了解我国休闲度假旅游发展的背景与新时期机遇;掌握休闲度假发展的未来主要趋势。

第一节 我国度假旅游发展存在的问题

我国度假旅游是在大众旅游的基础上发展而来的,且发展时间较短。一方面,度假旅游在开发和设计方面参照商务酒店的建设经验和方法,另一方面,在经营管理方面较多地参照了传统观光与商务酒店的模式。但度假村针对的是度假需求,而度假需求具有自身的独特性,参照传统观光旅游和商务酒店的做法使得度假旅游在发展中出现了一些问题。

一、脱离环境资源盲目投资

21世纪以来,中国经济高速发展的红利使投资者陷入投资狂潮,误以为投资什么、怎么投资都会赚钱。随着传统观光旅游和商务酒店投资的巨大成功(正处于大众旅游的上升期),投资者们开始涉猎度假市场。过去多年的投资经验告诉他们,酒店投资最大的难题在于拿地,因此只要能拿到一块地,投资者们就认为投资成功了一大半。拿地的不容易使得投资者们忽略了选址的针对性,即度假旅游有着强烈的资源和客源依赖性,如许多大中城市城郊大规模建设的山庄、花园、庄园、别墅群等,都冠以度假村之名,虽然它依托了一个大中型城市,但度假村寻求的是一个比较独立的活动区间,环境容量要大、环境质量要好。而城郊在工业化和城市发展中很容易与城市融为一体,基本上没有资源依托,它们既无活动空间和绿化配置,更无游览内容,基本的休闲度假功能,严重降低了度假旅游的内涵和质量,并在一定程度上败坏了度假产品的形象,也很难吸引到周边大、中城市的度假者。

乡村振兴中也存在一种误区,很多人以为凡是乡村就可以开展乡村度假,或者误以为稍微有一些环境较好的资源就可以开展度假旅游。这类度假项目在投资者一厢情愿地建好之后，就立马感受到了市场的残酷性。因为并非所有的乡村都可以开展乡村度假，也不是普通的环境就可以搞度假。可想而知，中国人经历大众旅游消费经验后，已经充分体会到祖国的大好河山，人们的审美观和品质要求已经提升到相当高的水准，普通的乡村和环境是很难满足人们的要求和喜好，这类项目只要面向市场，就发现前来度假的旅游者相当少，致使度假村难以为继。

另外，一些占据优秀资源的度假村往往客源定位过于宽广，将其客源定位在国际市场和距离较远的都市圈，但由于度假者对度假地的选择有距离和进入时间的要求，这就削弱了开发之初度假村对远距离的国内外旅游者的吸引力。实际上，国际度假旅游者对中国度假地的选择已形成一定的习惯性和稳定性，他们往往聚焦在一些享有国际声誉的著名目的地，而基本不会选择资源优越的非知名目的地或者偏远山区。对度假村来说，如果旅游者觉得进出方便，一般以乘汽车、火车或飞机在3小时以内的时间能顺利到达为限，并且在那里能享受到一份温馨和高水平的服务，他们是很愿意"慕名而来"或"故地重游"的。

二、低水平同质化建设

度假旅游之所以能成为人们更高层次和更高品质的需求，实际上是因为度假旅游能够为人们提供更高级的体验和享受。这种更高级的体验表现在放松感、愉悦感和品质的享受，品质感表现在环境优美、空气新鲜、气候宜人、设施优越、服务周全等方面。这就要求度假村在环境和资源选择、地理位置、建筑设计与装潢、服务设施等方面顺应度假消费的需求。但现实投资中，许多度假村受制于资金或者技术的问题，往往定位比较低端，难以满足人们的高品质需求。许多度假村在建筑风格、装饰装潢、布局格调等方面相互模仿，这种低水平同质化建设现象普遍存在，导致了低端市场的恶性竞争，不利于度假旅游的发展。

另外，还有的投资者把度假村装潢得富丽堂皇、棱角分明，在设施上不以康体、健身、休闲、娱乐等度假设施为主，基本上还是类似于城市商务型酒店或观光型酒店，致使度假村的建筑风格难以与周边的环境融为一体，其商业性十足的设计使度假者产生压抑感，无法享受放松休闲的乐趣，从而望而却步。并且度假村的客房收入占总收入的比重过大，而来自文娱、体育、餐饮等方面的收入比重过低。

同时，国内一些所谓的度假村其实就是将城市酒店搬到郊区或者风景区附近，只是进一步豪华化、规模化，简单地增加一些功能，使餐饮、住宿、购物、娱乐的配套更完善，但还是单纯依靠自然、人文资源，片面强调区位优势，缺乏休闲娱乐功能。这使度假村这一本应该具有个性化特色的"新生儿"烙上了传统酒店统一标准的印记，造成许多度假村在本质上并没有太大差别，缺少文化品位和度假功能。这种大量的、无序的建在风景区附近的酒店就被称为度假酒店，它致使度假产品类型单一，过分集中于海滨、湖泊，未能充分发挥我国度假资源优势，同质化重复建设，未能形成自己的特色。长期以来，我国度假旅游发展中存在着"一流资源、二流开发、三流服务"的粗放型开发模式。从全国范围看，目前我国还缺乏大型的、国际性的、综合性的度假村，难以与夏威夷等传统度假胜地的度假村相比，竞争力不足。

三、重硬件轻软件

我国的度假村通常都是参照城市酒店开展经营管理,经营管理的力量主要集中于常规酒店的食宿核心产品上,对非食宿的配套功能的经营管理和服务投入有限。加上中低端游客的消费意识和经济能力都不能达到高质量的度假需求,一些度假村为了节省成本,便将原本设计的康体、娱乐、休闲、放松功能隐藏和省略。这种仿城市酒店的经营管理思路和服务水平最终导致游客的度假体验质量不高、满意度不高。

许多度假村对度假行业经营特点的认识还不够,将市场竞争重点放在价格竞争及硬件改造升级上,通过度假村的重新装修升级,提升食宿功能的硬件档次,而对度假休闲配套产品与服务的特性、个性方面不够注重,重硬件轻软件,没有突出游客美好体验的管理。

四、个性化温情服务欠缺

经历观光旅游消费体验之后的度假者,更加注重度假体验中的个性化温情服务,他们在度假之前已经设下的度假消费心理契约,期望能在度假村居住下来后,获得度假村"一站式"便捷综合服务,自己向度假村支付费用后,只需要简单、放松地享受度假的悠闲和愉悦,不想过多参与复杂的市场化预订和沟通。因此,度假村在保证食宿核心产品和服务的同时,需要提供一些延伸的服务,为客人提供温情的、个性化和家庭化的度假享受。

过去一段时间,国内度假村增长速度过快,度假村管理和服务人才无法跟上度假村的增长速度,许多度假村建好以后,管理和服务体系还没有及时构建完善、人员还没有培训到位就仓促开业,致使服务机械化、应付化。比如,客房统一规范的服务标准和服务程序使高端游客很难体会到尊贵与个性化自由。

第二节 我国休闲度假发展背景与机遇

目前,中国已经进入全面建成小康社会决胜阶段,中国经济总量稳居世界第二位,中国特色社会主义进入新时代,人民美好生活需要日益增长,在这一时代背景下,我国休闲度假产业发展获得空前的发展机遇。

一、居民消费回补

首先,我国的居民消费还有较大增长空间。"十三五"期间,中国居民消费占 GDP 比重总体稳定在 39% 左右,但较之发达国家最终居民消费率低 20—30 个百分点。未来提供居民消费支出将成为国家经济发展的重点,这也将给休闲度假消费的增长创造机遇。

其次,消费受新冠肺炎疫情冲击的影响更大,迫切需要我们采取有力措施,促进消费的恢复和反弹。随着国内疫情得到有效控制和消费环境不断优化,居民消费持续回补,休闲度假消费对应服务消费和最终消费,对应多层次消费和可重复消费,是人民群众美好生活的重要体现,也是未来居民消费回补和消费升级的重要内容。在经济新发展格局下,休闲度假产业有望成为促进国内经济大循环的新抓手和推动结构转型、经济增长的新动能。

二、强劲需求催生度假时代

从世界范围来看,现代度假旅游的蓬勃发展已延续了半个多世纪,从发达国家走过的历程看,伴随人类经济社会的发展,民众休闲度假意识的增强是必然趋势。而且,随着旅游者中度假人数比例的不断增大,度假现已占据旅游发达国家旅游业经营的半壁江山。

在我国,随着可支配收入和闲暇时间的增加,人们的消费观念逐渐发生转变,已经开始从传统大众观光旅游体验中苛求更高品质的休闲度假体验,从而造就了庞大的度假旅游市场需求。按照国际经验,当一个国家人均GDP超过1000美元时,观光旅游需求急剧膨胀;当人均GDP达到2000美元时,休闲需求急剧增长;当人均收入达到3000美元时,度假需求普遍产生。我国人均GDP已于2019年达10000美元,人均GDP增长的过程同时也是一个动态的休闲旅游消费升级的过程,即人们在普及大众化旅游消费基础上,寻求更高级别的休闲度假体验。

伴随经济的崛起和思想观念的更新,中国人已经不再把劳动作为生活的唯一选择,特别是"80后""90后"和"00后"们在工作之余,更关注生活的质量,更关注挣钱和休闲的平衡协调,这些意识的形成和强化将推动国民消费观念的转变,进而促进休闲度假产业的发展。

同时,我国法定节假日已经形成相对固定且达成共识的国家假期,个人带薪年假制度已经基本普及,由此形成了强劲的度假需求,我国已经进入度假休闲时代。如果说20世纪是国内观光旅游蓬勃发展的时期,那么21世纪必然是以健康、放松为主要目的和特征的度假旅游时代。

三、度假推动旅游产业升级

中国旅游业经过改革开放后40多年的发展,已从行业领域的跨越式发展,转入融合经济、社会、文化等整体推进的发展阶段,产业综合性、关联性、配套性显著增强,但大众化旅游的负面影响越来越明显,且发展方式粗放,经济效益低下。人们也不再满足于走马观花式的观光旅游,而是更倾向于在一地停留相对较长的时间,更加强调休息、放松,以增进身心健康为目的的休闲度假旅游。

在中国特色社会主义新时代,转型升级逐步被提上中国旅游产业的发展议程。休闲度假旅游成为提升旅游业整体质量的一个关键因素。中国旅游产业要转变发展方式,推动中国旅游业从以观光旅游型为主逐步向休闲度假型方向发展,形成观光旅游型和休闲度假型并重的发展模式,加快中国旅游业由粗放型向集约化、由数量扩张型向素质提升型、由满足旅游基本需求向为市场提供高质量服务的全面转型。旅游业转型升级为度假旅游创造了更为广阔的发展空间。

四、乡村振兴战略助力乡村度假

乡村具有独特的生产形态、生活风情和田园风光,越来越多的城市居民为了体验乡村质朴的生活、享受乡村特有的宁静、呼吸农村新鲜的空气而在周末或者假日纷纷选择乡村旅游。过去几十年,我国乡村旅游发展取得了显著的成就,但是也存在不容忽视的问题,总的来说,整体质量不高。乡村旅游是实施乡村振兴战略的重要途径之一,是推动乡村振兴战略的重要抓手。在新时代的背景之下，搭乘乡村振兴战略的顺风车对大力提升我国乡村旅游的整体质量意义深远。推动乡村旅游向高层次、高质量发展，从而实现乡村旅游发展环境、规模、质量、效益的整体提升，乡村振兴战略为发展高质量乡村度假提供良好的契机。

五、经济新格局保障国内度假市场

2020年初暴发的新冠肺炎疫情对全球经济发展造成巨大冲击，中国休闲度假产业也因此陷入前所未有的"至暗时刻"。在以习近平同志为核心的党中央坚强领导下，经过全国人民的共同努力，我国疫情总体上得到有效控制，中国经济开始复苏，休闲度假产业也开始止跌，迈上了逐步复苏和振兴的道路。尽管目前休闲度假市场恢复的形势不错，民众休闲度假的潜在需求很强烈，但是疫情的走势依然是影响休闲度假产业发展的"达摩克利斯之剑"。尽管我国疫情总体得到控制，但进入2021年以来，因境外病例输入引发多地发生零星疫情。这也意味着疫情防控将成为未来一段时间的常态。短期内全球国际旅游业实现真正复苏都不太可能。

对中国而言，一方面，国外疫情的蔓延必将影响我国的入境旅游业和出境旅游业恢复。另一方面，国外疫情将使每年超过1万亿出境游的国际需求国内化，这也将推动休闲度假市场的"内化"。习近平总书记在《国家中长期经济社会发展战略若干重大问题》中提出，当前，我国疫情防控形势已经越过拐点，但疫情全球大流行仍处在上升期，外部形势非常严峻，我们要切实做好外防输入、内防反弹工作。在经济战略格局方面，坚定实施扩大内需战略，加快构建以国内大循环为主体、国内国际双循环相互促进的新发展格局，这是当前应对疫情冲击的需要，也是保持我国经济长期持续健康发展的需要，还是满足人民日益增长的美好生活需要。根据疫情走势，休闲度假产业的全面恢复振兴依然面临一些不确定因素。我国有14亿人口，人均国内生产总值已经突破10000美元，是全球最大、最有潜力的消费市场。伴随休闲度假市场的"内化"，中短距离的休闲度假依然会在休闲度假产业发展中继续扮演重要角色。

第三节 我国休闲度假发展趋势

一、区域趋向均衡

当前我国的度假市场和度假区的建设主要集中在东部沿海省市，呈现出较为单一的点线布局，未能充分发挥我国丰富的度假旅游资源，空间发展不平衡。未来一段时间，度假区建设将会不断向内陆省市延伸，最终形成"滨海一线，都市环绕，中西部均衡发展"的空间发展格局。

（一）滨海一线

海滨度假是传统的主流度假方式。我国拥有约1.8万千米的大陆海岸线及名胜众多、风光秀美的海滨风光，滨海地区一直是我国度假旅游发展的重点地区，也集中了一批优秀的度假胜地。这些地方除拥有优越的海滨度假资源外，大都是我国经济发达、交通便利、人口密集的地区,休闲度假目的地可进入性强,休闲旅游产业发展基础较好,而且这些地区本身拥有庞大客源市场,因此,滨海一线无论是现在还是将来都是我国度假旅游的重点发展区域。

（二）都市环绕

都市地区经济发达、人口密集、交通便利,为度假旅游提供了充足稳定的客源和高端、持续的消费能力,特别是在新冠肺炎疫情防控背景下,随着以国内大循环为主体的经济发展新格局的出现,环都市的度假旅游将极大地弥补长线游。环都市度假旅游将成为我国城镇居民度假旅游的主要方式,与海滨度假一起构建了我国度假旅游产品的主体。

党的十八大以来,以习近平同志为核心的党中央站在中华民族伟大复兴战略全局和世界百年未有之大变局的高度,基于对国内外发展大势的敏锐洞察和深刻分析,提出并实施了一系列重大战略。习近平总书记亲自谋划、亲自部署、亲自推动的重大战略代表了国家最高战略决策,其中的重大区域发展战略包括京津冀协同发展、长江经济带发展、粤港澳大湾区建设、长三角一体化发展、海南自由贸易港建设、深圳建设中国特色社会主义先行示范区、黄河流域生态保护和高质量发展、成渝地区双城经济圈建设等。海南自由贸易港建设、深圳建设中国特色社会主义先行示范区,是为推动中国特色社会主义创新发展做出的战略决策,是新时代改革开放进程中的重大举措;京津冀协同发展、长江经济带发展、粤港澳大湾区建设、长三角一体化发展、黄河流域生态保护和高质量发展、成渝地区双城经济圈建设,是着眼推动形成优势互补、高质量发展的区域经济布局而谋划的区域协调发展战略。长三角一体化发展、粤港澳大湾区建设、成渝地区双城经济圈建设、京津冀协同发展是按照区域板块进行布局,分别落在我国东、南、西、北四个区域,形成巨大的菱形地理空间,成为我国区域经济的重心所在。环都市度假首先集中于国家战略推动的重大区域发展。

（三）中西部均衡发展

长江经济带发展、黄河流域生态保护和高质量发展等战略是根据流域通道进行规划,涉及中西部众多区域,范围广、战线长,加上成渝地区双城经济圈建设,共同形成中西部均衡发展的大格局。我国中西部地区度假资源丰富、气候宜人,是发展度假旅游的良好阵地,但由于过去一段时间中西部地区经济发展较为薄弱,引进资本较为困难,导致度假设施和条件相对较差。随着国家战略向中西部延伸,尤其是国家加大对中西部地区的基础设施、道路交通的投入和建设,再加上乡村振兴战略的推动,未来中西部地区的度假设施条件和产业发展将会大大提升。

二、度假与休闲多业态融合发展

休闲度假发展的一个显著特征是多业态融合的趋势越来越明显。休闲度假发展初期坚持实用主义,以肌体的疗养康复为主要度假目的,主要产品是海水浴、温泉浴、矿泉浴、阳光浴、医疗保健以及少量的娱乐活动。当度假发展到一定水平后,人们便追求更高层次的体验,要求疗养与游乐业态相结合,即在追求肌体康养的同时,希望获得心理和情感上的愉悦享受,这一阶段在传统的温泉浴、医疗浴保健产品的基础上增加了许多参与性体育运动与娱乐项目,主要以水上或陆地体育活动和室内游乐为主,如划船、捕鱼、网球 保龄球等。如今,人们更希望在身心修养的同时，能够获得温情、文化等方面的体验，因此，在未来一段时间，度假旅游需要结合游乐、文化和研学等多方面的享乐，需要进一步融合文创、研学等多方面的业态，并呈现出多样化、高科技化等特点，出现众多大型的休闲度假村、度假俱乐部以及大型的度假娱乐设施，如大型游乐场、主题购物中心、场景体验等。将来的度假旅游产品，也将在传统温泉、海滨、滑雪的基础上，形成环都市、乡村田园、民宿、滨湖、森林康养、户外露营、房车基地、邮轮游艇等多种类型并存发展。

三、度假市场趋向细分

休闲度假是旅游业发展的一种高级形式和创新发展结果。当今，休闲度假已经成为人们必不可少的生活方式，度假客源也由以团队为主转向以散客为主，度假市场不断细分化，不带孩子的伴侣在度假者中占据越来越大的比重，早期无主题的休闲度假村开始向有主题的休闲度假转化。在休闲度假消费方面，一些新兴群体的休闲度假消费潜力值得关注。

（一）高度老龄化形成老年康养度假市场

2021年5月中国第七次人口普查数据显示，中国60周岁及以上人口2.64亿，占总人口的18.7%（其中，65岁及以上人口为1.91亿，占总人口的13.5%）。中国是世界上60周岁及以上老年人口最多的国家，其中绝大多数人都有旅游需求。从现在起的20年里，平均每年约增加1000万老年人，到2033年，老年人口将突破4亿。老龄市场康养度假需求不断攀升，中国未来老年休闲度假的消费频次和水平都将有大幅提升，这也给休闲度假相关产业提供了新的机遇。

（二）亲子度假市场

家庭是极具增长潜力的休闲度假市场，而影响家庭休闲决策的主要是孩子。携程发布的《2020年中国亲子游消费趋势报告》显示，通过平台下单出游的"80后"父母占比高达41%，"90后"父母紧随其后占比32%，"70后"占比20%。在参与亲子游的儿童群体中，0至3岁婴幼儿占比7%；4至6岁学龄前儿童占比13%；有60%的客群集中在7至12岁的儿童，以求知与探索为需求的小学生成为亲子游市场的主力军。在新冠肺炎疫情得到有效控制后，相较于其他主题旅行，亲子游市场的研学旅行和主题公园度假恢复程度已经十分可观，许多"70后""80后"和"90后"的年轻父母外出度假也必须要带着孩子，这种家庭式休闲度假已经引起了业界的广泛关注，但在有针对性、差异化的产品供给方面还有很大提升空间。

（三）单身休闲市场

根据民政部的数据，2018年年底我国单身成年人数量高达2.4亿，相当于英国、法国、德国人口的总和。在单身人口中独居人口高达7700万，到2025年，这一数量将达到1亿左右。从经济发达国家的情况看，单身人口比例上升是一个普遍的趋势。单身人口增多，带来了诸多社会问题；但同时也在无形中形成了一个巨大的单身休闲度假市场。单身人口、单身群体可支配时间多，追求娱乐至上；单身人口也有更强的社交意愿；同时喜欢定制化和专属于自己或小群体的产品。未来如何满足这部分群体多样化、个性化的需求也是休闲度假行业需要重视的问题。

四、度假模式逐渐升级

在建设资源节约型、环境友好型和谐社会背景下,休闲度假模式也会随着社会进步而呈现更快升级的趋势。

(一)观光型度假让位于保健、康乐型度假

随着人们对美好生活的追求,度假旅游的模式已经发生转变,即从观光型度假模式转向保健、康乐型度假模式。

(二)无主题的度假旅游向有主题的度假旅游转化

传统的无主题的度假旅游很难满足每位游客的特殊需求,根据度假游客的特殊兴趣、爱好、职业、身体状况设计的主题度假旅游产品定位更加精确,对于度假游客则更具吸引力和号召力,如健康度假游、研学度假游、亲子度假游、民俗度假游、休闲度假游等。

(三)后续教育将成为度假村经营的一项重要内容

随着知识经济的快速发展和所需知识的不断更新和创造,人们需要回到学校继续学习,否则将难以继续工作,教育将成为人们的终身需求。在新时代背景下,教育的内容、方式、方法、手段都将发生巨大变化。人们将面临丰富多彩的选择,他们可以通过看电视、看电影,或者户外活动接触世界、增长见识,学校对学习的垄断力正逐渐减弱。未来的度假村应满足度假游客后续教育的需求,强调在娱乐中健身,在度假中进行休闲式研学。

五、度假服务更加精细化

当前度假市场竞争主要表现在产品和服务差异上,即注重产品和服务的特色化、个性化。国外度假村经营注重采用品牌延伸方法来迎合游客需求差异化的倾向,同时努力追求体验经济的境界,因此,其产品与服务对游客和企业双方的附加值都比较高。如印度尼西亚民丹岛度假村,该度假村以优美的环境和完善的设施、设备为基础,以员工的热情接待、服务与丰富的娱乐活动及表演为特色,使度假者融入其中,给游客带来愉悦的体验。

从管理层面上看,度假村的服务宗旨、营业收入结构、经营淡旺季不同于酒店,因此,度假村在制定各项管理制度、培训内容、营销方式、经营策略时,要立足于自身的特点。度假村提供的产品是为了满足度假游客的健康、放松、娱乐的需求,因此,它对员工的业务技能要求就有别于酒店,对员工的素质要求也更高。除常规的餐饮客房服务外,度假村员工还要掌握度假村内所设置的多项康体健身设施和娱乐活动的操作技能,能够通过察言观色洞察到游客的需求,为游客提供个性化服务,这也是使度假游客享受放松假期的重要组成部分。各跨国酒店集团都有其先进的服务理念,如假日酒店的"热情式"服务、喜来登酒店的"关怀体贴式"服务、香格里拉酒店的"亚洲式"亲情服务,我国的各度假村也应强化自身的个性化和特色化服务理念。

度假村还面临一个服务过程中信息如何有效传递的问题。目前,一些度假村对于服务前广告性信息关注较多(如吸引游客去那里),但服务过程中信息(如游客怎么去)提供不足,服务后关系性信息(如游客是否再去)更是几乎没有。这在很大程度上制约了度假村产品和服务的完整性、便利性,影响游客的满意度和重游率。

六、度假酒店投资集群化

度假区中酒店投资集群化可以实现成本、竞争、投资、创新、规模经济和范围经济上的优势,实现资本扩张与规模效应的结合、空间集聚与优势互补的结合、产业衍生与持续发展的结合。比如深圳东部华侨城度假区,就聚集了十种类型的主题酒店,酒店的集群化已经成为很重要的趋势。恒大集团的度假型房地产项目中,也开始规划集群化酒店项目,出现"多国酒店"等投资方案。澳门的银河度假城就有银河酒店、悦榕庄酒店、大仓酒店、百老汇酒店等多个世界知名的品牌酒店。酒店集群的战略目的可以被解读为度假型和目的地型酒店项目的发展趋势。酒店集群可以给酒店投资带来溢价的机会,使酒店传统住宿和餐饮功能延伸到休闲度假、康体养生、商务会议、团建、文化体验和科技体验等多种功能,打造酒店产业生态圈,实现信息共享、资源共享、联合营销、互利共生的集聚效应。因此,酒店投资集群化成为我国度假业包括城市建设、地产发展的新的标志性趋势。将来的世界级综合度假区将会延续酒店集群战略,提供超大规模的高标准度假酒店。

七、度假设施科技化和智能化

2020年11月30日,文化和旅游部、国家发展改革委等10部门联合印发《关于深化"互联网+旅游"推动旅游业高质量发展的意见》,其中提出,到2022年,"互联网+旅游"发展机制更加健全,旅游景区互联网应用水平大幅提高。建成一批智慧旅游景区、度假区、村镇和城市。线上线下旅游产品和服务更加丰富,个性化、多样化水平显著提升。到2025年,"互联网+旅游"融合更加深化,以互联网为代表的信息技术成为旅游业发展的重要动力。国家4A级及以上旅游景区、省级及以上旅游度假区基本实现智慧化转型升级。依托网络平台的定制化旅游产品和服务更加普及。

休闲度假虽然不是原发科技的产生地,但却可以成为现代科技和智能化应用的重要领域。比如自动驾驶技术,在社会道路上广泛使用之前,大可在旅游景区提前应用;再比如虚拟现实技术,在大规模进入家庭之前,可以在丰富休闲度假场景化体验中进行尝试。"十四五"期间,数字文化、"互联网+旅游"、线上线下体育融合等将成为政府推动休闲度假科技化的重点领域。而伴随5G、大数据、人工智能、区块链等技术的快速发展,这些技术将在丰富休闲度假体验、增加休闲度假消费、提高休闲度假服务效率、优化休闲度假管理和治理等方面发挥更大的作用;而科技进步也将创造出更为丰富的休闲度假消费场景,提升休闲度假消费的便利度,进而为促进休闲度假快速发展提供新的动力。

推荐阅读

▶ 潘雅芳《浙江休闲度假旅游发展研究》,浙江大学出版社,2016年版。

本章小结

本章首先总结了我国度假旅游发展存在的问题,包括脱离环境资源盲目投资、低水平同质化建设、重硬件轻软件和个性化温情服务欠缺等。其次分析了我国休闲度假发展背景与机遇,包括居民消费回补、强劲需求催生度假时代、度假推动旅游产业升级、乡村振兴战略助力乡村度假、经济新格局保障国内度假市场等。最后总结了我国休闲度假发展趋势,分别是区域趋向均衡、度假与休闲多业态融合发展、度假市场趋向细分、度假模式逐渐升级、度假服务更加精细化、度假酒店投资集群化和度假设施科技化和智能化等方面。

关键概念

旅游产业升级　乡村振兴　经济新格局　度假与休闲多业态融合　度假市场细化　度假酒店集群化　度假服务精细化

复习思考

一、复习题

1. 我国度假旅游发展存在哪些问题?
2. 我国休闲度假发展的背景与机遇有哪些方面?
3. 我国休闲度假发展趋势有哪些?
4. 我国休闲度假低水平同质化建设的具体表现如何?
5. 我国休闲度假个性化温情服务欠缺的具体表现如何?
6. 我国乡村振兴战略如何助力乡村度假旅游发展?
7. 我国经济新格局如何保障国内度假旅游市场?

二、思考题

未来,我国休闲度假旅游将会呈现怎样的区域发展轨迹?

分析提示:

①区域发展国家战略;
②区域度假资源特征;
③共同富裕的目标。

第四章

休闲度假资源及其分类

学习目标

掌握休闲度假资源的概念和特点；掌握度假资源的主要类型；掌握度假资源主要类型的基本概念。

度假者前往旅游度假区度假主要是为了摆脱城市生活带来的负面效应、环境污染及错综复杂的社会关系，以达到回归自然、放松心情的目的。显而易见，要想达到这样的体验效果，度假村必须有良好的度假环境和资源，度假资源是决定度假旅游的关键性因素。这些度假资源包括度假地生态环境，比如空气、地表水、噪声状况，还有自然景观和文化氛围等方面的要素。

第一节 度假资源的概念、特点

一、度假资源的概念

度假资源是自然界和人类社会凡能对度假者产生吸引力，可以为度假旅游业开发利用，并可产生经济效益、社会效益和环境效益的各种事物和因素。度假资源的概念可以从以下三个角度理解。

一是消费者角度，即能够吸引消费者前往休闲度假的条件、文化、环境和吸引物。这种吸引物能够让消费者获得审美的享受、放松休闲，或获得心灵上的治愈等。

二是供应方角度，即能够吸引度假村投资，并且被消费市场认可和消费者愿意消费，从而让投资者能够获得回报的地理位置、环境和吸引物。

三是资源角度，即能够吸引人们并具有一定的稀缺性、规模性，满足休闲度假功能的条件、文化、环境和吸引物。

二、度假资源的特点

作为度假资源，通常拥有差异性、唯一性、独特性和可用性四个特点。

（一）差异性

度假资源必须与消费者常住地具有显著不同的表象、内涵，从而可以满足消费者逃离繁杂现实环境的场景，才能让消费者置之度外，忘记和摆脱日常生活中的繁杂。

（二）唯一性

唯一性即在消费者能够或者通过一定努力能够达到的范围内所具有的唯一且成规模的资源。度假资源必须具有稀缺性且成规模，这样消费者置身其中才能有世外桃源的感觉。稀缺性实际上具有一定的垄断性，这样才能使消费者愿意花费一定的支出。成规模即足够成景，这样才能给消费者以独特的享受和体验。

（三）独特性

独特性即在资源特质和规模化方面足以形成自身独特空间和氛围的资源和条件。这种独特性可以给消费者带来超出惯常审美和体验的独特性。

（四）可用性

与其他资源不同的是，度假资源一定是可用的、可开发的，并使得消费者可达且方便抵达的资源地，这些资源可以被开发为度假村或者度假区，开放并满足消费者"追求愉悦、审美，探求教育、社会，寻求逃离、遇见"的休闲度假动机和需求。

第二节　度假资源的分类

在度假旅游中，通常可以将度假资源分为四个类别：自然度假资源、人文度假资源、人造度假资源和可移动度假资源。

一、自然度假资源

自然资源是自然环境中与人类社会发展有关的、能被用来产生使用价值并影响劳动生产率的自然要素。

自然资源可分为有形自然资源（如土地、水体、动植物、矿产等）和无形自然资源（如光资源、热资源等）。自然资源具有可用性、整体性、变化性、空间分布不均匀性和区域性等特点，是人类生存和发展的物质基础和社会物质财富的源泉，是可持续发展的重要依据之一。

自然资源中能够被开发利用为度假的资源为自然度假资源，包括生物资源、农业资源、森林资源、土地资源、海洋资源、气候气象、水资源等。这些要素或以单体、单体组合，或以某种要素为主，辅以其他要素组合构成度假旅游资源。我国幅员辽阔，自然条件复杂多样，壮丽河山、风景名胜遍布各地，可用来开发度假的自然资源不胜其数。

度假游客到达目的地后，并不急于去游山玩水，而是住下来好好享受那里的山水环境，然后参与那些体力消耗不大的、便于与人沟通和交往的娱乐活动（杨振之，2005）。清洁的空

气、水体是度假环境的基本要求,而高森林覆盖率和生物多样性会令游客更强烈、充分地感知和认可生态品质。

二、人文度假资源

人文资源是指人类社会有史以来所创造的物质的、精神的文明成果总和,如语言文字、文化传统、历史遗存、思想观念、科学技术等。人文资源中有一部分资源可被用来开发度假产品的资源是人文度假资源,包括历史古迹、古建筑、民族文化、宗教文化、城乡风貌等。这些资源具有明显的地域性、历史性、民族性、艺术性的特色。

我国是一个历史悠久的文明古国,文化光辉灿烂,富有驰名中外的文物古迹、艺术宝库和革命圣地。此外,我国又是一个拥有56个民族的大家庭,璀璨夺目的民族文化、风土人情、生活习俗,对于度假旅游者具有巨大的吸引力。还有我国的烹饪艺术、工艺美术、传统文化、宗教圣地等,在世界各国人民心中都享有极高的声誉。因此,我国人文度假资源得天独厚、丰富多彩。许多名山大川和历史文化名城,已经开辟为度假胜地。比如国际著名的度假酒店品牌安缦,在中国就选址北京颐和园、杭州灵隐寺等人文资源汇聚之地建设度假酒店。

三、人造度假资源

人造度假资源是开发用于度假产业的富有特色、具有规模、富有某种特殊意义和影响力的大型人造工程及文化设施,这些资源是人工制造而非自然形成的。主要包括主题公园、旅游综合体和可移动度假资源等方面。

人造度假资源是为适应一定的度假旅游市场需求,满足度假旅游者的多方面需要,专门创造出的具有较高美学价值、功能价值和艺术价值且具有普遍的度假旅游吸引力的特殊新景观和接待设施,它可以超越时间和空间地域的限制,成为人们度假旅游、休闲观赏、娱乐学习的对象。

四、可移动度假资源

可移动度假资源主要是以游船、邮轮、房车和豪华的旅游列车等可移动工具为依托进行的,以亲近大自然为目的地的度假活动。这类度假活动的度假者既要饱览沿途的风景名胜,又要注重住宿条件的舒适,在一些大型可移动度假资源比如游船、邮轮和旅游列车上通常还会搭配丰富的娱乐活动、特色餐饮等特殊体验。

即使是在我国高速铁路和高速公路里程都位居全球第一的今天,仍有54%的国土空间属于可达不可留区域,且这些区域隐藏着中国最美的冰川雪山、沙漠戈壁、森林草原,是优质的自然地理景观资源的集中地,也是旅游爱好者的向往之地。只有可移动度假资源才能实现这些度假者的心愿,享受到绝美的大自然风光。

可移动度假资源依赖的就是自然资源风光的强烈吸引力,有些也需要依赖于周边成熟景区的驱动,因此在规划建设的时候,要求可移动度假设施与周围风貌相统一、与自然环境相协调、与生态环境相融合。可移动度假设施具有自然环保、灵活便捷、建设周期短、促进地产快速增值、优化游客体验等诸多传统度假设施所不具备的优势。

推荐阅读

▶ 杨振之、齐镭、蔡克信等《休闲度假研究——旅游业转型升级发展之路》,经济管理出版社,2017年版。

本章小结

▶ 本章首先提出了度假资源的概念和特点,度假资源是自然界和人类社会凡能对度假者产生吸引力,可以为度假旅游业开发利用,并可产生经济效益、社会效益和环境效益的各种事物和因素;分析了度假资源差异性、唯一性、独特性和可用性等特点。其次介绍了度假资源的四个类别,分别是自然度假资源、人文度假资源、人造度假资源、可移动度假资源。

关键概念

▶ 度假资源 自然度假资源 人文度假资源 人造度假资源 可移动度假资源

复习思考

一、复习题
1. 度假资源的概念是什么?
2. 度假资源有哪些特点?
3. 自然度假资源包括哪些方面?
4. 人文度假资源包括哪些方面?
5. 人造度假资源包括哪些方面?
6. 可移动度假资源包括哪些方面?

二、思考题
度假村选址规划中,如何评估度假资源是否有开发前景?

分析提示：
① 度假资源的分类；
② 度假资源的特点评估；
③ 度假资源的级别评估。

第五章

自然度假资源及其业态

学习目标

掌握自然度假资源的主要类别;掌握地貌类度假资源的概念及其度假业态;掌握水文类度假资源的概念及其业态;掌握气候类度假资源的概念及其业态;掌握生物类度假资源的概念及其业态;重点掌握温泉度假、海滨度假和冰雪度假的业态特征。

自然资源是自然界自然产生的度假资源。这些自然度假资源包括高山、峡谷、森林、火山、江河、湖泊、海滩、温泉、野生动植物、气候等。总体可以归纳为四大类,即地貌类、水文类、气候类、生物类。

第一节 地貌类度假资源与度假业态

一、地貌类度假资源的范围

地貌类自然资源包括山岳形胜、岩溶景观、风沙地貌。地貌类度假资源可以相应建设成山地度假区等度假业态。山地型度假区可以开发为滑雪类度假区,也可以开发为空气负离子康养度假区和夏季山地避暑度假区等类型,山地型度假资源的评价指标包括海拔、地形、坡度等,还包括森林覆盖率、负离子含氧量以及夏季的温度等方面。

二、地貌类度假资源的业态

虽然苍凉广袤的沙漠并不适合人类居住,但是最美的风景往往在最难走的路上,在这样的景色中建设度假村形成户外"荒凉"和户内"奢华"的碰撞和冲击,成就了人类最奢华的享受。著名的世界顶级度假酒店品牌——安缦,就在美国的犹他州沙漠里建有一家绝美的度假酒店。中国宁夏腾格里沙漠中也建有一家沙漠酒店——中卫沙漠星星酒店,这家度假酒店还开设有沙漠越野、火星宇航员体验、沙漠飞翔伞等度假项目,度假顾客络绎不绝。

案例教学　建在沙漠里的绝美度假酒店——美国犹他州安缦度假酒店

　　可能有人质疑风沙地貌是不是真的可以建度假酒店,这种度假酒店有没有人去度假? 答案是肯定的。安缦集团在美国的第二家安缦度假酒店 Amangari,就是建在美国犹他州西南部的大峡谷内(见图5-1),其中文被翻译为"祥和的群山",这个名称也体现出该度假酒店的静谧与安逸。人们居住在此,仿佛变成幽居群山的隐士,没有世俗的烦忧,只有绝佳的风景相伴。200亿年历史的台地和岩层组成的非凡的沙漠景观作为酒店的一部分,不可分割。人们可以在600英亩(1英亩≈4046.86平方米)辽阔的原野上驰骋,经过蜿蜒的道路,一路抵达山谷之中。所以这里也是日游大峡谷、纪念碑谷、科罗拉多河、锡安国家公园与布莱斯峡谷国家公园的理想停歇地。

图5-1　犹他州峡谷沙漠中的酒店

(资料来源:整理自安缦集团官网。)

　　当然,休闲度假酒店所在地区必须空气清新、环境僻静、风光秀丽。度假旅游者将假日的闲暇时间消融在山光水色之中。其中,山区和森林地带是自然景观最丰富、生态系统保存最完好的地方。

第二节 水文类度假资源与度假业态

水文类度假资源包括各种类型的水文资源和景观,比如河流、湖泊、瀑布、泉水、温泉、溪涧、冰川、海滨。其中,海滨和温泉度假资源是人类度假史上很受欢迎的两种度假资源。

水是人类生命的源泉,在不同的场景可以演变成不同的姿态,在海洋中呈现大海的广阔、在湖泊中呈现湖泊的宁静、在江河中汇聚成勇往直前的力量。中国文化将水寄寓"智者乐水"的形象,认为水是多变的,具有不同的面貌,它柔和而又锋利,可以为善,也可以为恶;难以追随,深不可测,不可逾越。聪明人和水一样随机应变,常常能够明察事物的发展,能随遇而安,所以他们总是活跃的、乐观的。因此,水资源是最大的度假资源,也是被开发得最多的度假资源。基本上所有的度假村都会或多或少地用到水资源,即便是美国犹他州沙漠上的安缦度假酒店也少不了在荒凉的沙漠中修建一个绝美的泳池,泳池里清澈的蓝色的水与黄色的沙漠形成强烈的视觉对比与冲击。

一、温泉度假

(一)温泉水与温泉效用

1. 温泉水

在我国,通常将地下自然涌出或人工钻井取得的,且水温高于人体皮肤温度的泉水称为温泉。

2. 温泉效用

泡温泉具有不同的物理和化学效用。其中,物理效用如下:

(1)热效应。温泉疗养有利于人体血液流动,促进新陈代谢。

(2)改善心脏和呼吸循环。身体浸泡在温泉中会使人有压力感,有助于改善心肺和呼吸循环功能。

(3)关节功能的恢复。温泉中的人,因为浮力会减少肌肉张力,有助于促进人体关节功能的恢复。

其化学效用机制是,温泉在不同矿物中有不同的渗透压,部分矿物质可被皮肤吸收,不能吸收的矿物质就附着在皮肤表面,形成有益于人体的医学生物膜。

(二)温泉度假

温泉疗养型度假是以温矿泉浴疗场为基础,主要分布在山地,依托温矿泉水、良好的生态环境、有特色的餐饮与服务接待设施,而进行休闲、养生、度假、健身等旅游度假行为。

温泉度假资源的主要衡量指标包括温泉日出水总量、出水温度、所含微量元素的多少及其稀有度等方面。虽然温泉本身的种类众多,温泉的功效也一度引起人们的质疑,但大部分温泉对皮肤的保养作用已经被证实。

(三) 我国温泉度假的发展阶段

1. 古代功能型温泉

温泉是较早被人类开发用于度假的资源,因为早期人们的度假更多地追求肌体上的康养功能,是一种实用功能主义的度假需求。这种以单一洗浴模式的温泉时代誉为第一代温泉。

早期的温泉因为被发现对于风湿类、皮肤类、呼吸类、美容类、减压类等问题的治疗效果明显,所以深受以皇亲贵族为代表的统治阶级所喜爱。由于目的单一、服务对象特定,早期温泉又以室内为主,人们关心的是温泉对身体疾病的疗效,研究的核心也是温泉的医疗功能。

2. 温泉疗养

改革开放之前的温泉疗养主要以干部和伤员疗养为主,客源群体基本固定,不对市场开放,消费主要为公费形式,不考虑经济效益。

3. 温泉酒店

随着改革开放,我国开始向社会主义市场经济体制转变,尤其是改革开放的前沿阵地的南方,开始投资建设面向市场的温泉酒店。这被誉为"第三代温泉产品",主要产品特征是"洗浴+住宿+餐饮"的基本形式,其温泉泡池也开始强调动感、丰富。

这个时期的温泉酒店消费主要是改革开放初期较快富裕起来的群体,温泉消费主要面向高收入高消费人群,大众消费时代还未来临,温泉产品也主要是以温泉体验和尝鲜为主流。此时的温泉酒店在经营过程中面临着淡旺季的挑战,许多温泉酒店一到夏季就难以为继。

4. 温泉休闲时代

到20世纪末期,随着我国的经济体制改革,国民的生活水平得到大幅提高,温泉消费开始呈现大众化的趋势。温泉的功能开发不再局限于洗浴、住宿和餐饮的简单范围,而是在原有的温泉产品体验的基础上,对以休闲旅游为主要目的所形成的新的温泉旅游模式进行普及,吸引普通大众。这被誉为"第四代温泉时期"。

此时期的主要标志是"洗浴+休闲",突出温泉是一种休闲旅游。此时的温泉企业已经开始找到解决淡旺季问题的方法,开始以温泉为基础,打造集娱乐体育、休闲旅游、户外运动、医疗保健、地域文化于一身的温泉度假综合体。温泉度假区逐渐发展成集医疗、休闲、会议等多功能于一体的综合性休闲度假区,呈现出"温泉+水上娱乐""温泉+休闲体育""温泉+滑雪场""温泉+综合娱乐"等发展模式,有效弥补淡季的不足,增加产品的开发,结合多元化的娱乐项目,具有巨大的市场吸引力。

此时期的温泉服务内容不仅仅局限于温泉,还与民俗、文化、风景、体育等各种活动相结合。消费水平更加大众化、普遍化,消费面向人群为普通群众。配套设施也更加多元化,如美容、养生、保健等设施。因此,现代温泉旅游的开发产品不仅仅是疗养,而是以温泉为主要媒介,催生出一系列吃、住、行、娱的综合化一条龙服务。

5. 温泉度假时代

温泉休闲时代从20世纪末到21世纪初经历了差不多20年的发展,温泉消费开始出现分层特点,即普通消费和大众消费的分离,有一部分高端消费者的高层次需求要求温泉度假进入了质量全面升级的时代。温泉的功能在综合休闲的基础上,迎来了品质的全面提升时期,其主要标志是市场上打造了一批高质量、高收费的温泉度假区。这些温泉度假区在选址建设上注重资源与交通的双重重要性,同时,在规划建设上坚持高层次、重设计的原则。度假区还配备了高档化的疗养设备,同时围绕吃、住、行、游、购、娱,以及会展、会议、房产、会所、静修、美容、康养等时代需求,建设了高档化的旅游设施,配套建设了诸如国际 SPA 会所、特色美食中心、高星级度假酒店,以及专业的美容、理疗、健身、文化欣赏等服务设施。这一阶段推出一批崭新的集娱乐、美容、健身于一体的多功能时尚休闲温泉度假区。

6. 温泉小镇时代

近年来,随着我国全面建成小康社会,度假群集的目的地集聚效应作为未来温泉建设的主要方向。一方面,国家评选了一批特色小镇,打造富有特色资源和发展路径的小城镇目的地;另一方面,在乡村振兴战略背景下,拥有温泉资源的目的地不再将眼光局限于某一个度假村企业的投资与运营,而是强调打造产业聚集的温泉小镇,以温泉资源作为依托,实现目的地整体规划开发,推动地区整体发展,带动全体人民共同富裕。

二、海滨度假

(一) 海滨度假的概念

海滨度假旅游是一种依托海滩、海水、海岛等海滨资源以休闲度假为主体的综合性旅游度假产品,具有形式丰富多样,集知识性、娱乐性、参与性于一体等特点,自 20 世纪 50 年代以来,成为世界旅游休闲度假的主导产品。

与中国陆地文明和农耕文明不同,西方国家形成了鲜明的海洋文明和工业文明,在行为习惯上,西方人以个体、外向、冒险、竞争著称,民众追求自我、自由、平等、创造,中国人则注重群体、内敛、安全、和谐,讲究"修身、齐家、治国、平天下"。在休闲度假偏好上,西方人注重运动、娱乐、放恣,中国人喜欢恬淡、静雅、节制。这些文化差异决定了西方海滨"3S"度假旅游产品受到消费者的极大欢迎,他们钟情于住在海滨度假村里过一周、躺在沙滩上晒成古铜色,这就是海滨度假最早的形态。因此,与西方国家相比,我国的海滨旅游出现得较晚,但我国拥有 1.8 万多千米的海岸线以及名胜景点众多、风光秀美的海滨风光,海滨度假发展迅速。

海滨地带则以大面积水体构成宽广、开敞的游憩空间。海滨度假是现代度假消费的重要标志。海滨海岛型度假地是以海滨浴场为基础,并提供海水浴、沙浴、阳光浴、冲浪、潜水、海洋科考等旅游产品,依托的是人所共知的"3S"旅游资源。在对"3S"资源进行指标分类时,主要是通过对其海岸线长度、沙滩长度、沙砾大小、滩面宽度、海水质量、可观赏海洋动植物的种类是否丰富,以及可以开展海滩及海上活动的天数这 7 项分指标来进行评判。当然,这些度假地的生态环境、餐饮和服务也是有吸引力的度假旅游资源。

例如,中国惠州双月湾檀悦豪生温泉度假酒店(见图 5-2),曾入选权威旅行杂志——《CN 旅行家》(*Conde Nast Traveller*)发布的全球十大度假酒店。

(二) 海滨度假兴起的原因

1. 海滨旅游兴起的内动力

旅游动机的内动力即人的基本需要,对海滨旅游来说,其内动力的起始主要是人们对海滨产生兴趣。从 18 世纪初开始,一些诗人、作家、画家逐渐对海滨景观产生兴趣,并通过作

图 5-2 双月湾檀悦豪生度假酒店

品进行赞美和宣传。西方大航海时代的探索潮流,使得具有开拓精神的旅游者开始到海滨度假,人们对海滨的兴趣逐渐浓厚起来。

2. 海滨旅游兴起的中间条件

旅游动机产生的中间条件是收入、闲暇时间和交通。随着世界经济复苏、社会财富增加、中产阶层兴起,各国人民生活水平的不断提高,以及带薪假期的普及,单一的观光旅游已不能满足游客的需求。同时,随着城市化步伐的进一步扩大,人们回归自然的愿望日益强烈,海滨就成了城市居民回归自然的好去处。人们希望在假日里前往海滨度假的需求增强,再加上海滨旅游区交通条件的改善,大众及家庭海滨度假旅游潮开始兴起。

3. 海滨旅游兴起的外动力

产生旅游动机的外动力则是旅游地与客源地的空间相互作用。作为旅游地的海滨度假区的吸引力有水质清洁、水面广阔、水景纯净、空气清新、滩面平坦沙细、海面风浪较小,以及远离城市、避开工业区。这些环境条件都强烈吸引着厌倦了现代都市喧嚣、快节奏生活的人们。同时,健康理论家们发现温泉水中所富含的矿物质也大量存在于海水之中,并且海滨旅游地具有大量对人体有益的空气负离子,这对健康意识逐渐增强的现代人具有很大的吸引力。因此形成了海滨旅游度假动机产生的外动力。

(三)海滨度假的类型

海滨度假分为度假疗养型、自然观赏型、人文景观型、活动体验型、离岛型和主题乐园型。

1. 度假疗养型

度假疗养型海滨度假通常为目的地度假形式,海滨、海水、海景环境较稳定,是一种多日停留的集休闲、游乐、住宿、餐饮于一体的海滨度假模式,环境洁净与景观优雅是度假疗养型模式的基本要求。我国著名的海滨度假胜地有北戴河、鼓浪屿、三亚、北海等。这些海滨度假地风平浪静、气候温和、花繁叶茂,非常适合度假休闲。

2. 自然观赏型

自然观赏型海滨度假是一种集海滨休闲旅游和度假于一体的度假形式。度假游客住在海滨地区的酒店,以该海滨地区为中心,开展一定半径范围的旅游度假行为。这类度假行为要求目的地周围配套有零星的海滨旅游景区和景观等要素。这类产品以潜水、乘坐船艇、岸观等方式进行,但需要设置不破坏资源的观赏设施。例如,使用当地自然材料构筑的观景栈台,不引进外来动植物干扰生态,保持原汁原味是自然观赏型海滨度假的基本要求。比如南海诸岛的珊瑚礁岩、浙闽海岸的花岗岩离岛、钱塘江大潮、盐城丹顶鹤、珠江口红树林等均属于自然观赏型海滨度假旅游景观。

3. 人文景观型

人文景观包括产业景观、渔村风俗体验与历史古迹等。

首先,在产业景观方面,与海洋资源紧密相连的海洋产业可以作为非海滨地区消费者的吸引物,比如海水晒盐、海岸捕捞、滩涂养殖、渔产品晾晒加工、港口码头泊靠装卸等均属于产业景观类型,可以吸引其他地区居民前来参观体验,购买特色产品,从而创造观光价值。

其次,我国海岸线漫长,自古均建有完备的海防体系。许多海岸地区都有海防或战役历史,现今仍保存有许多海防古建筑和遗迹,这些都是有趣的历史遗存,是深具吸引力的旅游资源。

此外,各地的渔港村镇也具有一些特殊的宗教信仰或民俗节庆。这些宗教民俗资源也可以进行妥善发掘、规划和开发。

4. 活动体验型

在绵软细腻的海滩上可开发沙滩球类、堆沙堡和海滩音乐派对等活动。在近滩海水浴场,也可以利用洁净的海水开展游泳、潜水、滑水、冲浪、风帆船、手划船、动力艇、热气球、滑翔翼、拖曳伞等多种体验项目。这类资源游憩承载力大,休闲度假旅游者可在此停留一天或数天。但并非所有的海滩都可以开展游泳、滑水等项目,开发者需要对气象气候、海洋地理和交通条件等进行仔细调查与评估。

5. 离岛型

我国海岸线上零星分布着诸多的离岸小海岛,这些海滨离岛虽然交通条件较差、建设落后、人烟稀少,但是自然风光与生态环境较好,具有较高的观赏体验价值,因此更具独特的探奇探险度假旅游体验。许多人梦想着来到一个荒岛,过着与世隔绝的度假生活。中国浙闽粤沿海有众多个小型岛屿,可以加强调研,分类开发和利用。

6. 主题乐园型

主题乐园属于大规模的度假旅游投资与建设行为,需要整体的评估与规划。海滨地区的主题乐园开发常会以当地环境特色为主题,如水族馆、度假酒店、餐厅和游乐设施均以海

滨、海洋动植物或生态环境为主题。比较著名的珠海横琴长隆国际海洋度假区、香港海洋公园等都是很成功的开发案例。海洋主题乐园是资金投入大、建设技术先进的大型目的地度假综合体。倘若市场与交通条件不足,主题设施不能求新、求变,或服务水平与经营管理低下,都可能导致巨额资金损失。

三、湖滨度假

(一)湖滨度假的概念

湖滨度假是指以天然湖泊或人工水库为度假旅游目的地的主体景观,依托的主要度假旅游资源是山川湖泊,开展水上活动和岸边度假,提供游泳、跳水、划艇、湖滨散步、水上运动项目,如牵引伞、登山、骑马、徒步等度假旅游产品。湖滨度假是我国度假区的重要类型,也是滨水休闲产业的重要业态。

(二)湖滨度假资源

1. 湖滨度假资源评定标准

湖滨度假资源的主要评定指标主要包括湖泊水面的规模、水质及是否为非饮用水源地、岸线空间形态和消落带高度及水生植物状况,通过这些专项指标对度假资源的级别进行划分。

2. 湖滨度假中的自然资源

湖泊本身是具有形、影、声、色、甘、奇六个方面的美学特色的水体资源,能给休闲度假旅游者带来有别于其他自然资源的愉悦享受。这些特点与周围山地、气候、植被等自然要素组合后,更是形成丰富的、极具欣赏价值的自然旅游资源。

3. 湖滨度假中的人文资源

由于人类的生产生活与水联系紧密,水资源丰富的湖区周围常形成自身的文化体系,使得所处区域的人文环境大相径庭,如贵州红枫湖风景区内有苗族、侗族、布依族三个少数民族,建有民族特色的苗家吊脚楼、布依石板房和侗家鼓楼、风雨桥;江西仙女湖景区有每年七夕举行"仙女湖情人节"的传统;位于川滇交界处的泸沽湖的湖边存在母系氏族和当地"阿夏"走婚的风俗。这些独特的民族风情和丰富的文化积淀能够给休闲度假旅游者带来全新的体验,很好地满足人们对不同于自己常住地文化积淀的体验需求。

(三)我国湖滨度假资源的基本情况

湖滨度假区与海滨度假区的相同之处是依水而建。我国湖滨度假区大都建立在风景优美、环境僻静、气候温暖、空气清新的地区,如无锡马山、苏州太湖和昆明滇池等地的度假区,那里的自然环境对人类健康有重要的作用。我国大大小小的湖泊非常多,共有24800多个,其中面积在1平方千米以上的天然湖泊就有2759个。按面积排前五位的湖泊是青海湖、鄱阳湖、洞庭湖、太湖、呼伦湖。

自1992年后建立各种国家级、省级等度假区以来,我国度假区建设得到了快速的发展,形成以湖滨型为主导的,包括海滨型、山地森林避暑型、温泉型、乡村型、以高尔夫或滑雪为主的运动型等丰富的旅游度假区。截止到2020年,在已批准的45个国家级旅游度假区中,13个是湖滨度假区,湖滨度假区以其具有绝对优势的占比,为我国度假市场提供了优质的游憩设施、住宿设施、餐饮购物设施以及其他度假基础设施。

案例教学　北有钓鱼台,南有西湖国宾馆

第三节　气候类度假资源和度假业态

气候类度假资源包括天文景象、冰雪度假等,如泰山日出、黄山云海、峨眉佛光、沙漠海市蜃楼、极地极光、冰雪景观等。

一、天文景象

天文景象是由于天体运动所产生的肉眼可见的奇特景象,比如日食、流星雨、极光、日出、日落等。

位于广东肇庆的七星岩景区每当秋分的时候,就会出现卧佛含丹的落日景观(见图5-3),就是太阳在下山的时候正好落入远处"卧佛"的口中,形成非常奇特的最美日落。

图 5-3　广东肇庆卧佛含丹的日落景观

二、冰雪度假

(一)冰雪度假的概念

冰雪度假被誉为是继温泉和海滨之后的"第三代度假产品",是近年来一直非常受欢迎的度假项目。冰雪度假是依托山地和冰雪资源,并提供登山、滑雪、冰川科考等活动,依托的主要度假旅游资源是气候、气象、山地的地形和生态环境。人们不仅可以欣赏到冰天雪地的美景,在雪地里撒欢,还可以感受滑雪疾驰而下所带来的畅快体验,仿佛置身童话世界。

(二)国外冰雪度假兴起与发展

冰雪度假是随着冰雪运动的发展而产生的,最早的冰雪运动以滑冰和滑雪为主。滑冰运动和滑雪运动产生于北欧地区,高山滑雪运动于1907年诞生在欧洲阿尔卑斯地区,1924年在法国举行的首届冬奥会掀起了世界竞技滑雪的新篇章。进入20世纪中叶以后,随着滑雪运动的日益普及,越来越多的人把滑雪当成冬季旅游度假休闲活动。世界各国均掀起了滑雪旅游的热潮,挪威、瑞典、芬兰、奥地利、瑞士、德国、法国、意大利、加拿大、美国、澳大利亚、韩国、日本等国家充分利用丰富的冰雪资源,依托当地发达的经济和便利的交通条件,纷纷修建大量的滑雪场,开发滑雪度假旅游产品。例如,阿尔卑斯山的冰雪资源给法国、瑞士、奥地利等国带来了巨大的经济效益,每年都吸引了数以百万计的游客前往旅游度假、参加多种多样的冰雪体育活动。

国际冰雪旅游经过一百多年的发展早已形成固有的模式和风格,极大地推动了旅游度假业的发展,滑雪旅游度假逐渐成为一种时尚,滑雪场也随之火爆起来。如今世界各国均看好滑雪旅游市场,大力开发冰雪旅游资源,修建滑雪场。在欧洲及北美洲的许多国家,冬季旅游度假选择冰雪度假是普遍现象。据国际滑雪协会2016年的统计,全世界现有滑雪场6000余个,滑雪旅游已成为美国、法国、瑞士、日本等国家的重点发展产业。

(三)我国冰雪度假发展阶段

我国冰雪旅游正式起步于20世纪80年代中期,始于黑龙江的哈尔滨国际冰雪节的创办,以及吉林松花湖滑雪场和黑龙江桃山滑雪场的建立等。冰雪度假在我国经历了五个发展阶段。

1. 东北滑雪场阶段

第一阶段是市场化运作的滑雪场开始出现。大规模的市场化运作的滑雪旅游活动是20世纪90年代末开始兴起的,随着人民生活水平的提高,人们越来越追求有着特殊体验的冰雪旅游度假活动,许多城市看到冰雪旅游度假带来的巨大经济效益,有条件的地区纷纷投入资金进行冰雪旅游资源开发。由于东北地区的气候条件优势,此阶段的冰雪旅游资源开发主要集中在东北地区,比较有代表性的是黑龙江亚布力风车山庄滑雪场、吉林北大壶滑雪场和塞北滑雪场。

2. 华北拓展阶段

第二阶段是由东北向华北拓展阶段,主要标志是北京石京龙滑雪场、北京南山滑雪场、河北万龙滑雪场等滑雪场的建成营业。这些滑雪场集旅游、度假、滑雪等多项运动于一体，吸引了全国各地的游客，游客在这些滑雪场不仅仅可以短暂的滑雪，还可以选择在当地居住多天的度假模式。

3. 快速发展阶段

第三阶段是滑雪场向滑雪旅游度假区发展转型阶段。2004年以后，我国相继出台了相关的支持政策，大量的滑雪旅游度假区应运而生，规模越建越大，设施也越来越完善，如长白山国际旅游度假区，以及亚布力滑雪旅游度假区和万科松花湖度假区等。

4. 滑雪场规范整顿阶段

第四阶段是随着北京成功申报冬奥会后，国家开始对原有的滑雪度假产业进行规范整顿，其中比较有影响力的事件是亚布力滑雪旅游度假区的整顿，还有长白山国际旅游度假区的地方协调问题等。

5. 冰雪度假延伸阶段

经过多年的发展和人工造雪技术的进步，我国除东北三省开发冰雪旅游外，许多地方也开始采用人工造雪的技术开发冰雪旅游，包括投资建设室内滑雪场、旱冰场，举办冰雕、雪雕、冰灯展览等。到目前为止，冰雪旅游已经在全国众多城市和地区开展。

近年来，人造滑雪场投资也成为潮流，尤其是在珠三角地区。人造滑雪场在珠三角地区主要城市的建设弥补了南方没有雪的遗憾，让南方居民也能体验一下冰雪世界。2020年，位于珠三角地区的肇庆市引进万达投资室内大型滑雪场（见图5-4），该滑雪场规划在羚羊峡森林公园，依托自然山体坡度设计和建设人工室内滑雪场，填补珠三角地区西部都市圈滑雪运动度假设施的空白。

图 5-4　广东肇庆万达室内滑雪场效果图

案例教学　　中国第一代滑雪度假区：长白山国际旅游度假区

在众多滑雪度假区中，长白山国际旅游度假区位于国家5A级旅游景区（长白山）内，是集滑雪、山地运动度假、高端酒店群、度假小镇、温泉、水乐园等于一体，满足家庭度假需求的国际级综合度假区。长白山国际旅游度假区由万达集团、中国泛海控股集团、亿利资源集团和一方集团等联合投资230亿元打造而成，占地面积30平方千米，以冰雪运动为品牌定位，以体育休闲、度假疗养、商务会议和自然观光为主导，是国内目前投资较大的旅游项目之一（见图5-5）。

图 5-5　长白山国际旅游度假区

长白山国际旅游度假区内的滑雪场（见图5-6）是由加拿大 Ecosign 公司设计，雪道满足冬奥会等国际赛事要求。滑雪场占地面积为7平方千米，拥有43条雪道，雪道总长度约30千米，落差438米，可同时容纳8000位滑雪者。滑雪场有2条八人拖挂式暖箱索道、3条六人拖挂式吊椅索道，2条四人固定式吊椅索道，10条电动地毯和2条拖牵索道，索道总长度7.1千米，运力为每小时2.20万人。该度假区还建有高档酒店群，包括柏悦酒店（3.1万平方米，150间）、凯悦酒店（5.5万平方米，300间）、假日酒店（4万平方米，380间）、威斯汀酒店（3.7万平方米，250间）、喜来登酒店（4.7万平方米，300间）、智选假日酒店、假日套房酒店、宜必思尚品酒店等，房间总数约3000间。

图 5-6　长白山国际旅游度假区滑雪场

（资料来源：整理自长白山国际旅游度假区官网。）

随着 2022 年北京冬奥会的成功举办，在以冰雪运动、冰雪节事活动及冰雪赛事等为主要业态的冰雪旅游的基础上，冰雪旅游类型的国家级旅游度假区将逐渐增加。

第四节　生物类度假资源与度假业态

一、生物类度假资源

生物类度假资源包括森林、草原、珍稀树种、奇花异草、珍禽异兽等。近年来生物类度假资源备受市场关注。

二、生物类度假业态

典型的生物类度假业态有广州长隆野生动物世界和珠海长隆海洋王国。广州长隆集团开创了一种在度假酒店的大堂和餐厅玻璃外放养一些动物（见图 5-7），让度假者在酒店用餐

图 5-7　广州长隆白虎餐厅

和休闲就能看到这些可爱动物的体验模式。另外,深圳东部华侨城度假区里的茵特拉根酒店大堂,放置了四个超大的鸟笼,里面放养了几十种鸟类(见图 5-8),当度假者进入酒店大堂,就能听到各种小鸟在唱歌,仿佛置身于野外森林和童话世界,回到大自然的怀抱中,一下子就感觉到身心放松。

图 5-8　深圳东部华侨城度假区里的茵特拉根酒店大堂

推荐阅读

周绍健《休闲度假村经营与管理》,北京大学出版社,2014 年版。

本章小结

本章首先介绍了地貌类度假资源的范围和业态,水文类度假资源包括山岳形胜、岩溶景观、风沙地貌等方面。

其次介绍了水文类度假资源的范围,包括河流、湖泊、瀑布、泉水、温泉、溪涧、冰川、滨海等资源,分析了温泉度假、海滨度假和湖滨度假业态。其中,温泉度假是以温矿泉浴疗场为基础,主要分布在山地,依托温矿泉水、良好的生态环境、有特色的餐饮与服务接待设施,进行休闲、养生、度假、健身等旅游度假行为;温泉度假发展经历了古代功能型温泉、温泉疗养、温泉酒店、温泉休闲时代、温泉度假时代、温泉小镇时代六个发展阶段。海滨度假旅游是一种依托海滩、海水、海岛等海滨资源,以休闲度假为主体的综合性旅游度假产品;海滨度假分为度假疗养型、自然观赏型、人文景观型、活动体验型、离岛型和主题乐园型。

再次介绍了气候类度假资源的范围,气候类度假资源包括天文景象、冰雪度假等方面。其中,冰雪度假是依托山地和冰雪资源,并提供登山、滑雪、冰川科考等活动,依托的主要度假旅游资源是气候、气象、山地的地形和生态环境。

最后介绍了生物类度假资源的范围,包括森林、草原、珍稀树种、奇花异草、珍禽异兽等。

关键概念

地貌类度假资源　温泉度假　海滨度假　湖滨度假　冰雪度假　生物类度假资源　生物类度假资源

复习思考

一、复习题

1. 地貌类度假资源有哪些?
2. 水文类度假资源有哪些?
3. 气候类度假资源有哪些?
4. 生物类度假资源有哪些?
5. 温泉度假的概念是什么?温泉度假经历了哪些发展阶段?
6. 海滨度假的概念是什么?海滨度假经历了哪些发展阶段?
7. 冰雪度假的概念是什么?冰雪度假经历了哪些发展阶段?

二、思考题

中外温泉度假和海滨度假的发展差异?

分析提示:

①温泉度假文化差异;

②海滨度假文化差异;

③产业模式差异。

第六章

人文度假资源及其业态

学习目标

掌握人文度假资源的主要类别;掌握历史文化古迹类度假资源的概念及其业态;掌握民族文化类度假资源的概念及其业态;掌握宗教文化类度假资源的概念及其业态;掌握城乡风貌类度假资源的概念及其业态;重点掌握乡村度假的业态特征。

人文度假资源包括历史文化古迹、古建筑、民族风情、宗教文化与遗迹、城乡风貌、现代建设新成就、饮食、购物、文化艺术和体育娱乐。

第一节 历史古迹类度假资源与度假业态

一、历史文化古迹类度假资源

这类度假资源包括历史遗迹、建筑遗址、石窟石刻等。

二、历史文化古迹类度假业态

现代旅游在相当程度上反映了旅游者寻求文化消费,摆脱社会弊端的一种自我完善的心愿,它是人们高于生活水准的一种特殊的消费心态。文化是发展旅游业的灵魂。旅游业的主要特色应充分显示历史和灿烂的文化,积淀深厚的文化遗产是一笔无价的财富。深度发掘旅游文化资源,开发有丰富文化内涵的旅游产品,能为旅游度假村建设增添活力。

> **案例教学**　安缦度假酒店——人类文化与自然度假巅峰之作
>
>

第二节　民族文化类度假资源与度假业态

一、民族文化类度假资源

民族文化也可以作为度假资源，包括可视、可感、可参与的民俗礼仪、习俗风情、节日庆典、民族艺术和工艺等。

二、民族文化类度假业态

比如中国西双版纳的傣族泼水节（见图 6-1）就是一项体验感非常好的少数民族习俗风情，每年泼水节吸引了大量的游客前来旅游和度假，建在西双版纳的安纳塔拉度假酒店（见图 6-2）是一家富有傣族风情的度假酒店，这家酒店还接待过英国威廉王子、尼泊尔副总统。

图 6-1　傣族泼水节

这家度假村酒店坐落于西双版纳州勐腊县勐仑镇,整个度假村被原始森林所环抱,面朝蜿蜒的罗梭江,以丰富多彩的人文元素、自然风光及独特的建筑设计,成为中国西南地区首屈一指的精品度假酒店。

图 6-2　西双版纳安纳塔拉度假酒店

第三节　宗教文化类度假资源与度假业态

一、宗教文化类度假资源

宗教文化被用于度假的资源包括宗教建筑艺术,如坛、庙、寺、观,装饰、雕塑、壁画、楹联、碑刻等,以及宗教建筑和艺术本身营造的宗教活动场所。

二、宗教文化类度假业态

禅修是佛门修行术语,"禅"就是"心"或者"觉悟"的同义语。"禅修"就是通过一定的方法,使心灵得到净化,禅修更多强调积极地面对生活。为了疏解心灵压力,禅修度假在都市人群中悄然兴起。携程发布的《2019国民旅游消费报告》称,远离都市喧嚣,走进深山禅院放空自己或到偏远山林中"隐居"一段时间,以减轻压力,受到了人们的追捧。武当山、青城山、峨眉山、五台山、嵩山等地禅修旅游热度居高不下。一些寺庙针对都市里的白领、青年企业家、公务员、教师、医生等社会较高层次人士纷纷开设短期禅修培训课程(见图6-3)。参加禅修班的学员主要目的是远离都市的喧嚣,释放平时的压力,缓解烦恼,静下心来思考。目前,选择禅修的方式来修身养性的都市职场精英越来越多。广州大佛寺禅修班禅修定于每天18时30分至21时15分,与大佛寺所有常住法师同堂共修。禅修班定在这个时间,是为了替上班族考虑。禅修学员中不少是白领,他们下班后搭乘地铁,拖着疲惫的身躯进入大佛寺,在禅修中寻求内心的安宁。禅修地点在大佛寺禅堂,这里白天是念佛堂,到晚上就成了禅修班的专用课堂。

禅修和印度瑜伽有相似之处,即通过提升意识,帮助人们充分发挥潜能。坐禅同练习瑜伽姿势都是运用古老而易于掌握的方法,提高人们生理、心理、情感和精神方面的能力,是一种达到身体、心灵与精神和谐统一的运动形式。

图 6-3　禅修度假

案例教学　以佛教文化作为度假资源的拈花湾度假区

课外阅读　瑜伽静修度假

第四节　城乡风貌类度假资源与度假业态

城乡风貌类度假资源包括具有视觉形象的历史文化名城，独具特色的现代都市风光，具有清新质朴的田园风光、古镇村落等，还包括现代建设新成就、饮食、购物、文化艺术和体育娱乐等。

一、城市风貌

城市风貌是城市形象的重要组成部分,是城市气质、底蕴、格局特点的外在展现,以及历史、文化和社会发展程度的综合反映。城市风貌的主要表象构成要素包括城市空间、城市建筑和城市景观环境;城市风貌的文化构成要素包括历史文脉、人文精神和生活习俗。城市风貌具有经济属性、文化属性、美学属性和精神属性。随着短视频的普及,地方政府也应借势合作,利用这种网络流量宣传城市形象。

例如,重庆有着红色之城、山城、雾都之称等,现代时尚娱乐元素和轻轨穿楼而过的魔幻的立体交通以及层次鲜明的夜景之美深受年轻人的热捧而成为"网红"城市。

案例教学　　　"网红"城市——长沙

2018年开始,西安、重庆、长沙等多个城市和抖音达成战略合作,进行城市形象传播和推广,携程联合新华财经发布《2021"五一"旅行大数据报告》显示,长沙为"五一"假期十大热门旅游城市之一,三大新晋夜游城市排名第二。由于过度聚集,长沙五一广场等热门地段甚至达到了水泄不通的程度,能与之媲美的或许只有北京西二旗地铁站的早高峰。长沙街头的茶颜悦色奶茶店、公交新村粉店、德天顺盖码饭、一盏灯餐厅门前都是一眼望不到头的排队长龙,最夸张的就是超级文和友(见图6-4)有15000人在排队。长沙被网友们笑称是"永远在排队的长沙"。游客愿意在夜晚去探索城市的街道、景观,发现城市的另一面,也愿意去弄堂、巷子中寻找"深夜食堂"。

图6-4　超级文和友

类似长沙的"网红"城市自身具备一定的特点,长沙被网友誉为"最休闲娱乐的城市",这些特征通过短视频传播放大,使其"网红"城市的定位深入人心。长沙借助高铁的全面普及、交通的愈加便利以及国内消费市场的上行,拉动旅游者进行旅行消费。

(资料来源：整理自凤凰网《抖音助力城市形象建设 带动西安市等城市的旅游业》等。)

二、乡村风貌

（一）乡村度假资源的分类

乡村度假资源是指能吸引度假者前来进行休闲度假活动，为度假开发所利用，并能产生度假经济效益的乡村景观客体。它是以乡村田园风光和自然生态环境为基础、以乡村生活形态和人文因素为主导的乡村度假资源，是由自然环境、物质和非物质要素共同组成的和谐的乡村地域复合体。乡村度假资源可以细分为以下几种。

1. 乡村田园风光资源

自然田园风光是乡村度假旅游资源中主要的构成部分，包括大规模连片的农田带、多种类型的经济果林与蔬菜园区，一定面积的天然或人工水面等。

2. 乡村聚落度假资源

聚落是乡村活动的中心，它既是人们居住、生活、休息和进行社会活动的场所，也是人们进行生产劳动的场所。我国乡村聚落分为：①集聚型，即团状、带状和环状村落；②散漫型，即点状村落；③特殊型，表现为帐篷、水村、土楼和窑洞。乡村聚落的形态、分布特点及建筑布局构成了乡村聚落景观和度假资源丰富的内涵，反映了乡间的居住方式，往往成为区别于城市的显著标志。

3. 乡村建筑度假资源

乡村建筑包括具有独特地域风格的乡村民居、乡村宗祠建筑以及其他建筑形式。不同地域的乡村民居均代表一定的地方特色，其风格迥异，给旅游者以不同的感受。例如，青藏高原的碉房，内蒙古草原的毡包，喀什乡村的"阿以旺"，云南农村的"干阑"，苗乡的寨子，黄土高原的窑洞，东北林区的板屋，客家的五凤楼、围垄屋及土楼，陕北窑洞等建筑千姿百态，具有浓郁的乡土风情。这些不同地域的特色乡村民居现都有被开发成度假酒店的案例。乡村宗祠建筑，如规模巨大的祠堂、高大挺拔的文笔塔、装饰华美的寺庙等，都是乡村发展的历史见证，反映出乡村的建筑历史和人文积淀，是乡村风貌的主要构成因素。

4. 乡村农耕文化度假资源

我国农业生产源远流长，乡村劳作形式种类繁多，有刀耕火种、水车灌溉、围湖造田、鱼鹰捕鱼、采药摘茶等，这些都充满了浓郁的乡土文化气息，体现出不同的农耕文化，对于城市居民、外国游客极具吸引力。

5. 乡村民俗文化资源

乡风民俗反映出特定地域乡村居民的生活习惯、风土人情，是乡村民俗文化长期积淀的结果。乡村传统节日异彩纷呈，如元宵节、清明节、端午节、中秋节等。还有农村的游春踏青、龙舟竞渡、赛马、射箭、荡秋千、赶歌、阿细跳月等各种民俗活动都具有较高的节事和活动开发价值。乡村风俗习惯，如我国各地的舞龙灯、舞狮子，陕北的大秧歌，东北的二人转，西南的芦笙盛会等都脍炙人口。还有各地民间工艺品,如潍坊年画、贵州蜡染、南通扎染、青田石刻以及各种刺绣、草编、泥人、面人等,无不因其浓郁的乡土特色而深受旅游者的青睐。

(二)乡村度假资源的特征

1. 具有平静和谐的功能性

乡村能给人提供平静、田园诗般自由自在的生活,在这种生活中,人与自然能达到和谐,因此,乡村度假被认为是"在令人愉悦的环境中呼吸着新鲜的空气,体验着自然的韵律,并与本地居民和谐生活"的一种"美好的生活"。乡村度假者认为在乡村进行度假是从商业化的度假地中逃离的一种方式,他们不再寻求酒店标准的住宿,而是寻求在"开放的自然空间"里的度假生活。与城市的繁华相比,乡村有山有水、有树有花、鸡鸣犬吠,营造出一种世外桃源般的田园村落意象。这与现代城市景观中的高楼林立、人嚷车喧的景象形成鲜明的反差,都市居民回归乡里,可放松身心、寄情山水。中国自古就有对田园生活的向往,就像陶渊明所写的"采菊东篱下,悠然见南山"的意境,马致远所写的"小桥流水人家"的唯美意境,还有孟浩然所写的"绿树村边合,青山郭外斜"的淳朴与自然。

2. 具有多样性和季节性

乡村度假资源内容丰富、类型多样。既有农村、牧村、渔村、林区等不同的农业景观资源,以及集镇、村落等不同特点的聚落生活资源,还有各地区丰富多彩的民族风情。乡村度假资源具有随着乡村有规律的生产、生活,以及四季的变化而形成不同风貌的自然环境、农业生产和社会生活周期性特点。

3. 独特性和可体验性

我国乡村地域辽阔,种类多样,受城市化影响较小,绝大多数地方保持着原生的自然风貌和良好的环境,加上众多风格各异的风土人情、乡风民俗,使乡村旅游在活动对象上具有独特性。在特定地域上形成的"古、始、真、土"特点,具有城镇无可比拟的贴近自然和原真性的优势,为度假旅游者返璞归真、重返自然提供了条件。

乡村度假资源是一个综合的资源,这些资源可以形成观光、娱乐、康养、民俗、科考、寻根等在内的多功能复合型休闲旅游度假活动。度假旅游者可通过直接采摘和品尝农产品(如蔬菜瓜果、畜禽蛋奶、水产品等),或直接参与农业生产与生活实践活动(如耕地、播种、采摘、垂钓、烧烤等),从中体验乡村的耕作等生产生活活动,并获得相关的农业生产知识和体验乐趣。

以江西北部的瑞昌为例,这是一个以农业为主的县级市,这里的农民每到冬季就会漫山遍野种植油菜,是因为从秋收到春耕这段时间耕地空置,正好可以在这个农闲间隙种植一季油菜,收获的油菜籽是压榨菜油的原料。每年的三月,这座江西北部的农业城市漫山遍野都是油菜花(见图6-5),处处是金色花朵的"海洋"。虽然这里的油菜花海不及婺源的出名,但景色绝不逊于婺源,因此吸引了大批的旅游者前来观赏。每年的3月,当地还会在油菜花海中举办独具风格的乡村马拉松活动(见图6-6)。

图 6-5　瑞昌市油菜花海

图 6-6　江西瑞昌油菜花田国际乡村马拉松

（三）乡村振兴战略与乡村旅游振兴

1. 乡村振兴战略的提出与推进

乡村振兴战略是习近平总书记 2017 年 10 月 18 日在党的十九大报告中提出的战略。十九大报告指出,农业农村农民问题是关系国计民生的根本性问题,必须始终把解决好"三农"问题作为全党工作的重中之重。2018 年 9 月,中共中央、国务院印发了《乡村振兴战略规划(2018—2022 年)》。2021 年 2 月 21 日《中共中央 国务院关于全面推进乡村振兴加快农业农村现代化的意见》即中央一号文件发布。2021 年 2 月 25 日,国务院直属机构国家乡村振兴局正式挂牌。2021 年 3 月 22 日,《中共中央 国务院关于实现巩固拓展脱贫攻坚成果同乡村振兴有效衔接的意见》发布。2021 年 4 月 29 日,十三届全国人大常委会第二十八次会议表决通过《中华人民共和国乡村振兴促进法》。

2. 乡村振兴战略的意义

乡村是具有自然、社会、经济特征的地域综合体,兼具生产、生活、生态、文化等多重功能,与城镇互促互进、共生共存,共同构成人类活动的主要空间。民族要复兴,乡村必振兴。全面建设社会主义现代化国家,实现中华民族伟大复兴,最艰巨、最繁重的任务依然在农村,最广泛、最深厚的基础依然在农村。"三农"是解决好发展不平衡不充分问题的重点难点,是构建新发展格局和畅通城乡经济循环的潜力后劲,是应对国内外各种风险挑战的基础支撑。因此,要把全面推进乡村振兴作为实现中华民族伟大复兴的一项重大任务,举全党全社会之力加快农业农村现代化,让广大农民过上更加美好的生活。

3. 乡村振兴战略的主要内容与战略目标

中央出台的各项文件中系统提出了乡村振兴战略的实施路径，即坚持农业农村优先发展，按照产业兴旺、生态宜居、乡风文明、治理有效、生活富裕的总要求，开展促进乡村产业振兴、人才振兴、文化振兴、生态振兴、组织振兴，推进城乡融合发展，建立健全城乡融合发展体制机制和政策体系，统筹推进农村经济建设、政治建设、文化建设、社会建设、生态文明建设和党的建设，加快推进乡村治理体系和治理能力现代化，加快推进农业农村现代化，走中国特色社会主义乡村振兴道路，让农业成为有奔头的产业，让农民成为有吸引力的职业，让农村成为安居乐业的美丽家园。到2035年，乡村振兴取得决定性进展，农业农村现代化基本实现。到2050年，乡村全面振兴，农业强、农村美、农民富全面实现。

4. 产业振兴是乡村振兴的物质基础

习近平总书记在河北承德考察时指出，产业振兴是乡村振兴的重中之重，要坚持精准发力，立足特色资源，关注市场需求，发展优势产业，促进第一、第二、第三产业融合发展，让发展成果更多更好惠及农村农民。旅游振兴是乡村产业振兴的重要途径，农村保留了青山绿水和乡愁，旅游振兴在实现产业振兴的同时也有利于保护好农村的生态环境、山水田园和农耕面貌。近年来，有文化、有个性、有品位的乡村民宿、休闲农庄、田园综合体、乡村旅游度假区等项目的建设，整合城乡各种要素的集聚发展，使乡村旅游助推乡村振兴。在疫情等公共卫生防控常态化下，乡村度假因为活动区域相对开阔、人流密度相对较低，正在成为城市居民重要的休闲度假方式。特别是在中长距离旅游受限的情况下，乡村度假更是成为短距离休闲度假的重要选择。

 案例教学　　国家级"乡村振兴"标杆：鲁家村

三、饮食购物

中国历来有"民以食为天"的说法，餐饮也被认为是中国的"百业之王"。在度假旅游开发中，虽然以单纯的餐饮作为度假吸引物的案例为数不多，但仍有不少成功的案例。米其林三星餐厅是指拥有完美而登峰造极的厨艺，值得专程前往，可以享用手艺超绝的美食、精选的上佳佐餐酒、零缺点的服务和极雅致的用餐环境，但是要花一大笔钱的餐厅，其中的"值得专程前往"实际上就是说为品尝这家餐厅的菜肴值得专门安排一次餐饮度假。

案例教学 袁家村：靠小吃餐饮振兴的乡村振兴典范

课外阅读 米其林餐厅的由来与评定标准

1900年的万国博览会期间，当时米其林公司的创办人米其林兄弟看好汽车旅行的发展前景。他们认为，如果汽车旅行越兴旺，他们的轮胎就会卖得越好，因此，他们将餐厅、地图、加油站、旅馆、汽车维修厂等有助于汽车旅行的资讯汇集在一起，出版了随身手册大小的《米其林指南》一书。自此《米其林指南》每年对餐厅评定星级，被收录在其中的餐厅就可以被称作米其林餐厅。1926年，《米其林指南》一书开始用星号来标记餐厅的优良。1931年，交叉的汤匙和叉子（以下简称叉匙）标志被设计出来表示餐厅的等级。一家餐厅被《米其林指南》收录并不容易，这需要经历若干个"美食密探"品鉴和一年12次的造访，以及米其林总部评审才能敲定。所以米其林餐厅一直只是在欧洲范围内进行评选，直到2005年，米其林才开始发布美国版指南，2008年才发布中国香港和澳门版指南，2016年才发布米其林指南上海篇，共选出的26家星级餐厅，唐阁成为中国内地首家米其林三星中餐厅。2020年11月16日，米其林指南北京篇正式发布。其中，米其林三星餐厅2家（新荣记（新源南路）、京兆尹），米其林二星餐厅2家，米其林一星餐厅26家。

米其林的评级标准是比较复杂的。如果一家餐厅的环境令人感到特别愉悦悠闲，叉匙标志就会用红色来替代一般的黑色。以餐厅的表现，给予1—5个叉匙符号。5个叉匙表示这家餐厅具有"奢华的传统风格"，4个叉匙表示"至高的舒适享受"，3个叉匙表示"十分舒适"，2个叉匙表示"舒适"，1个叉匙表示"基本舒适"。而人头标志是指米其林推荐的地道小馆"Bib Gourmand"（Bib就是米其林轮胎人的名字Bibendum），表提供不错的食物和适当的价格。两个硬币标志被称为Piecettes，就是小硬币的意思，带有这个标志的餐厅，表示提供不超过16欧元的简单餐饮。

米其林餐厅评定标准有以下三个等级：

1颗星表示"值得停车一尝的好餐厅"；

2颗星表示"一流的厨艺,提供极佳的食物和美酒搭配,值得绕道前往,但花费不低";

3颗星表示"完美而登峰造极的厨艺,值得专程前往,可以享用手艺超绝的美食、精选的上佳佐餐酒、零缺点的服务和极雅致的用餐环境,但是要花一大笔钱"。

(资料来源:整理自米其林指南公众号。)

推荐阅读

1. 余敏《禅文化主题度假景区景观设计研究——以东漈山风景区为例》,苏州大学,2020年。
2. 石培华《中国乡村度假新模式——湖州乡村度假的实践探索与理论观察》,中国旅游出版社,2014年版。

本章小结

本章首先介绍了人文类度假资源的范围和业态,人文类度假资源包括历史文化古迹、古建筑、民族风情、宗教文化与遗迹、城乡风貌、现代建设新成就、饮食、购物、文化艺术和体育娱乐等方面。历史文化古迹类度假资源包括历史遗迹、建筑遗址、石窟石刻等。民族文化类度假资源包括可视、可感、可参与的民俗礼仪、习俗风情、节日庆典、民族艺术和工艺等。宗教文化类度假资源包括宗教建筑艺术,如坛、庙、寺、观,装饰、雕塑、壁画、楹联、碑刻等,以及宗教建筑和艺术本身营造的宗教活动场所;其中禅修度假是指通过一定的方法,使心灵得到净化,强调积极地面对生活,疏解心灵压力。

其次介绍了城乡风貌类度假资源的范围,包括具有视觉形象的历史文化名城,独具特色的现代都市风光,清新质朴的田园风光、古镇村落等。其中,乡村度假资源是指能吸引旅游者前来进行休闲度假活动,为度假开发所利用,并能产生度假经济效益的乡村景观客体;是以乡村田园风光和自然生态环境为基础、以乡村生活形态和人文因素为主导的乡村度假资源,是由自然环境、物质和非物质要素共同组成的和谐的乡村地域复合体。

第六章 人文度假资源及其业态

关键概念

人文类度假资源　历史文化古迹类度假资源　民族文化类度假资源　宗教文化类度假资源　城乡风貌类度假资源　禅修度假　瑜伽度假　乡村度假

复习思考

一、复习题

1. 人文类度假资源有哪些？
2. 历史文化古迹类度假资源有哪些？
3. 民族文化类度假资源有哪些？
4. 宗教文化类度假资源有哪些？
5. 城乡风貌类度假资源有哪些？
6. 什么是禅修度假和瑜伽度假？
7. 乡村度假资源有哪些？

二、思考题

安缦度假酒店之所以成为全球顶级度假酒店，其开发和经营思路有哪些方面值得其他度假品牌借鉴？

分析提示：

①深度结合历史文化资源；

②紧扣度假产品特点；

③度假村规划设计原则。

第七章

人造度假资源及其业态

学习目标

掌握人造度假资源的主要类别；掌握主题公园类度假资源的概念及其业态；掌握旅游综合体类度假资源的概念及其业态；掌握娱乐型度假资源的概念及其业态；重点掌握主题公园和旅游综合体度假的业态特征。

现代人造设施被用作度假资源的包括人造主题公园、旅游综合体，以及富有特色、具有规模、某种特殊意义和影响力的大型工程及文化设施，这些工程和项目汇聚了人类建设智慧和艺术审美。

第一节 主题公园度假资源与度假产品

一、主题公园概念

主题公园是在现代旅游业发展中，顺应社会文化和消费市场需求而衍生出的一种新型人造旅游吸引物，在长期发展过程中已经演变成为集文化内涵、娱乐项目、休闲要素和服务接待设施于一体的现代旅游目的地。主题公园（Theme Park）是一种人造旅游资源，作为旅游资源的一个重要补充和现代旅游产品中的一个重要类型，主题公园正以其独有的主题内涵、科技应用和强大的娱乐功能，对游客产生独特的吸引力。

主题公园多建于城市近郊，能够填补城市旅游资源空白，并以其鲜明的主题特色贯穿园内的各个娱乐和消费项目，营造独特氛围的游乐空间，从而吸引和招徕游客前来游乐和消费。

二、主题公园发展历程

1952年，荷兰微缩景观公园的开业轰动欧洲，此事件被认为是世界主题公园的开端。1955年7月，迪士尼乐园在美国加利福尼亚州诞生，使主题公园作为一种概念化的旅游形态很快获得了人们的认同和接受,并逐步渗透到全世界。主题公园源于游乐园,但摒弃了其单一的机械游乐场性质,而是在此基础上创造了公园的主题,使游客身临其境,在主线的贯穿下形成连贯而丰富的游园经历。世界各地都热衷于以人造的主题公园作为城市的主要旅游产品,来带动整个城市旅游业的发展,从而提高城市知名度和促进当地经济发展。

中国主题公园的发展以1989年深圳锦绣中华微缩景区为标志,由此,国内主题公园开始迅猛发展。主题公园项目成为20世纪90年代中国旅游业富有活力的旅游发展项目。然而,截至2005年年底,全国约2500个大小不等的主题公园共计投资约1500亿元,其中70%的主题公园处于亏损状态,20%的主题公园持平,只有10%的主题公园盈利。这一时期主题公园重复建设,创意和主题不够新颖独特,大量重复性的粗制滥造,导致主题公园出现恶性竞争,从而产生恶性循环,使主题公园发展步入曲折阶段。近年来,随着深圳东部华侨城和长隆欢乐世界、长隆野生动物世界等项目的成功,主题公园迎来新的发展良机。

广州长隆集团旗下主题公园经过2003年至2005年的寒冬和调整期,决定投资综合休闲娱乐公园,并在关闭的夜间动物园的原地块上开始建设以休闲及娱乐度假产品为主的长隆欢乐世界和水上世界,同时将酒店房间扩建至1500间,新增20万平方米的空间,并增加会议功能,使长隆从一个单体旅游项目转型成了综合性休闲度假区。随着深圳东部华侨城和广州长隆欢乐世界、长隆野生动物世界及珠海长隆海洋王国等主题公园型度假业态的成功转型和升级,主题公园即将迎来新的发展契机。

案例分析 珠海横琴长隆国际海洋度假区

第二节 旅游综合体

一、旅游综合体概念

旅游综合体是以独特的旅游度假资源与大面积土地为基础,开发商集中投入巨额资金,以旅游休闲和度假为牵引的土地综合开发,同时汇集度假酒店、商贸娱乐项目、休闲地产社区等业态互动发展,聚集旅游、休闲、娱乐、购物等核心功能,整体协作运营、服务综合、品质高尚的旅游休闲聚集区。

二、旅游综合体特征

旅游综合体的特征表现在以下几个方面。

一是土地综合开发。旅游综合体是指基于一定的旅游度假资源与土地基础的旅游休闲聚集区。土地规模化综合利用和综合开发是旅游综合体建设和开发的基础。旅游综合体的空间范围通常比单一景区建设更为广泛,各项旅游服务设施基本集中建在一个 30 分钟左右的步行覆盖圈内,即集中建在一个相对固定、空间广泛的空间范围之内。由此可见,旅游综合体是开发商投入巨额资金,以一定类型的旅游资源和较大范围土地为基础进行土地综合开发,涉及多个功能,蕴含丰富文化的旅游休闲聚集区。

二是产业综合布局。旅游综合体内的"综合"还体现在旅游度假产业与相关休闲娱乐产业的高度集聚上,通常包括旅游、酒店、文化、娱乐、餐饮、商业、房地产等多个方面,其配套项目建设通常由休闲景区、豪华酒店、产权式公寓、高档购物中心、各类游乐场、休闲娱乐特色街区、各类剧院、综合交通系统和齐备的市政配套设施组成。产业综合化建设、聚集经营联动是旅游综合体的构建核心,产业规模化、齐全化是区域旅游综合体的引领手段。旅游度假业是十分适合集群化发展的行业,表现在多个产业集中在一个特定空间内,通过各要素的有机结合、相互依存、相互作用而连接并形成一站式综合度假目的地,形成具有价值增值功能的链式产业或服务形式,并产生聚集效应。

三是功能综合构建。随着旅游消费需求休闲度假时代的来临,旅游产业必然由传统单一的观光旅游产品,升级转化为融合观光、休闲、度假、娱乐、消费等多个功能于一体的旅游综合体。必须将旅游休闲类的观光、休闲、度假、会展与人们生活中日趋普及的市民娱乐、健身运动、商品消费、居住、购物美食等不同功能的产品项目进行组合。人们在体验旅游休闲度假之余,可以在此进行日常娱乐消费,也可以在此享受购物和美食,充分享受生活的乐趣,还可以尝试在不同的环境中进行不同感受的体育健身和锻炼,这种综合功能使得游客的出行内容变得生活化、多样化。

四是运营综合实施。一个完整的旅游综合体经营项目通常包括旅游实体、酒店集群、文体娱乐、商业店铺、物业房产销售等部分,要求必须对酒店、商铺、文化设施等不同业态实施综合运营。能够提供全方位、高品质服务,又能满足游客多元化需求,是旅游综合体综合运营的基本体现,也是聚集人气、实现增值和溢价效应的基本要求和保障。

案例分析　　深圳东部华侨城度假区

深圳东部华侨城位于深圳大梅沙海岸线,项目占地近 9 平方千米,是国内首个集休闲度假、观光旅游、户外运动、科普教育、生态探险等主题于一体的大型综合性国家生态旅游示范区,是以"让都市人回归自然"为宗旨,定位于建设成集生态旅游、娱乐休闲、郊野度假、户外运动等多个主题于一体的综合性都市型山地主题休闲度假区。

深圳东部华侨城于 2004 年 12 月开工,2007 年 7 月一期茶溪谷度假区开业,

2009年8月全面开业,2010年7月和8月共接待游客量超过400万人次,创造了突出的经济效益、社会效益和生态效益。

深圳东部华侨城独创的生态引领型综合体开发模式,开创了中国主题公园旅游综合体化的新模式。东部华侨城项目充分利用该区域滨海山地型的地貌特征和自然空间,在规划设计中将原有的自然、生态资源,科学合理地融入旅游、休闲、科普、体验消费项目,建设打造了一个规模超大、业态复合、互动参与的生态引领型旅游综合体项目。

其空间整体上规划设计了大侠谷、茶溪谷、云海谷三大主题区域。其中,大侠谷是娱乐设施最多的大众消费景区,也是整个项目中最前端的区域,占地面积5平方千米,这里邻近深圳东部整个黄金海岸线,以"阳光、森林、河流、大地、太空"为主题构建元素,汇集山地郊野公园与都市主题公园的不同风格和特色于一体,建有主题各异的游乐设施、剧场、风情小镇,分布有30多个不同的娱乐项目。茶溪谷(见图7-1)位于大侠谷之后,占地2平方千米,海拔330米,该区域主要功能为休闲度假,主要设施是酒店住宿设施和云海旅游设施。在对山水、花卉、异域风情等资源综合设计利用的基础上,以"茶禅静修"为中心理念,在自然山水中打造"禅修"和"茶闲"休闲设施,为都市人远离都市喧嚣、享受生态自然提供全方位深度体验。谷内建设有茵特拉根小镇、茶翁古镇、湿地花园和三洲茶园四大主题度假区。云海谷位于东部华侨城的较山地区域,海拔为324米至451米,地势高低起伏落差达127米,该区域主要为高尔夫球场,能够满足高端体育休闲体验,包括云海高尔夫和云海谷体育公园。

图7-1 深圳东部华侨城茶溪谷

在业态布局上,东部华侨城打造了七大梦幻秀场、八大主题酒店、三大特色小镇、两个生态公园、一座体育公园和一个高端主题街区,聚集了酒店、景区、地产、商贸、创意、文化和体育等在内的多项泛旅游产业。尤其是在度假酒店方面,东部华侨城建造了国内首个超大主题度假酒店群,包括中世纪欧洲古城堡建筑风格的茵特拉根酒店(见图7-2)、幽隐于瀑布之中的五星级瀑布酒店、以德国黑森林咕咕钟为主题的黑森林酒店、以房车文化为主题的房车酒店、以9节特殊订制的火车车厢相连的火车营地酒店（见图7-3）、以集装箱建筑组合而成的新型环保旅馆等，这些酒店至今都是非常受欢迎的度假业态。在原始的生态资源基础上，挖掘瑞士阿尔卑斯山畔小镇文化的内涵，汲取东方千年茶文化的精髓，将西方茵特拉根小镇和东方茶翁古镇两者巧妙结合，实现了多层次、多形式的现代科技、虚拟互动产品与中国传统茶禅文化主题的相互交融。

东部华侨城案例越来越引起各方关注与研究。其是以原生态的自然环境为主要旅游吸引物，辅以游客休闲所需的相关服务设施的一种旅游综合体开发模式。东部华侨城实施开发聚集、产品聚集、功能聚集和运营聚集，成功实现了企业的放大效应、溢出效应、聚集效应和提升效应，成为旅游综合体开发的典范。

图7-2 东部华侨城茵特拉根酒店

图7-3 东部华侨城火车营地酒店

（资料来源：整理自《旅游综合体开发的集聚模式分析——以深圳东部华侨城为例》。）

第三节 娱乐型度假资源

娱乐业长期以来与度假业相辅相成,娱乐产品也是度假业经营范围之一,娱乐产品推动度假酒店产业不断发展,并为度假酒店营收贡献重要的来源。以娱乐业为主要收益的度假酒店通常被称为娱乐型度假酒店,美国的拉斯维加斯和中国的澳门就是以娱乐业作为主要产业的世界度假胜地。

一、娱乐型度假酒店

"娱乐+度假酒店"模式是以娱乐业作为度假酒店运营中的主要产品和重要收益来源的度假模式,这种突出娱乐、休闲功能并兼有住宿、餐饮、购物等综合服务项目的度假形式已成为时尚。

（一）娱乐因素

"娱乐因素"成为产品与服务竞争的关键,消费者不管购买什么,都在其中寻求"娱乐"的成分,度假村若通过一些特殊的形式如音乐、时尚等来表达企业或产品的形象,让消费者感受到轻松有趣,就更容易获得消费者的青睐。娱乐不但拉近了产品服务与消费者间的距离,而且间接满足了现代人对归属感的渴望,因此造就了娱乐经济的兴起。在这种娱乐导向消费的趋势下,会有越来越多的产品、服务提供娱乐功能和娱乐因素,而娱乐型度假酒店的发展正符合娱乐经济时代的需求。

（二）娱乐型度假酒店

娱乐型度假酒店就是通过向游客提供以娱乐体验为主要因素,使他们能参与其中,感受经由产品的娱乐特性而带来的产品和服务的新鲜性、鼓动性和诱导性,并融合住宿和餐饮等功能的度假酒店。这种以娱乐体验为主题的度假酒店成为目前越来越多人的选择。

娱乐型度假酒店就是以提供娱乐设施为主,吸引游客进入他们喜欢的娱乐世界,并在这里休闲度假及享受奢华、时尚生活。尽管娱乐型度假酒店的客房十分豪华,但其业务宗旨是向游客提供娱乐设施及服务项目。娱乐型度假酒店的食品饮料质量与城市中的一流酒店的餐饮质量是一样的,但是在经营管理中,其食品饮料的经营与娱乐设施相比是次要的,是居第二位的。

（三）博彩型度假酒店

博彩型度假酒店作为娱乐型度假酒店的一种特殊形式,是指那些以博彩娱乐为主要产品,并容纳住宿和餐饮等相关功能的度假场所。这些度假酒店的大部分空间都是用来进行博彩娱乐的,包括打扑克、投飞镖、玩轮盘等。

当今世界上,无论是西方还是东方,都有一些国家或地区公开允许开展博彩业。在允许开展博彩业的地方,就专门有一些酒店为人们提供博彩与膳食的设施。世界著名的赌城主要有美国的拉斯维加斯、摩纳哥的蒙地卡罗、马来西亚的云顶和中国的澳门,博彩型度假酒店也主要分布在这四大赌城内。美国的拉斯维加斯有一条叫"拉斯维加斯带"的大街,街上

几乎都是博彩型度假酒店。有的度假酒店为吸引更多消费者光临，还会提供免费的交通要点的往返交通，还有的度假酒店免费向入住的大宗消费者和 VIP 提供机票和高级轿车的使用权。另外，美国大西洋城的国际胜地酒店公司经营着大西洋城与巴哈马的数家博彩型度假酒店。中国澳门特区有多家博彩公司分别建有大型度假酒店，分布在澳门半岛和氹仔岛，其中澳门威尼斯人酒店和澳门银河酒店等都是世界著名的博彩型度假酒店。

一些娱乐型度假酒店向那些不计较消费多少的人提供高级风味餐厅、奢华的表演及舒适的包租班机，其目的是获取更多的娱乐项目收入。从 20 世纪 70 年代开始，美国人在经济大发展期的鼓噪中变得十分兴奋和渴望奢华，娱乐型度假酒店在这一时期迎来了挥金如土的商人和"度假享乐主义"的追随者们。拉斯维加斯这片不毛之地也被人开发，陆续出现了一批规模巨大的主题娱乐型度假酒店，直到今天数量还在增加。然而，博彩消费只占据该城市不到三分之一的份额，购物、看秀、品尝美食、享受夜生活等使拉斯维加斯成为"世界娱乐之都"和"蜜月之都"，每年非博彩型的度假游客在拉斯维加斯的消费已经超过博彩消费。

二、博彩型度假酒店投资发展模式

博彩型度假酒店是"娱乐＋度假酒店"的典型模式，这种模式具有其他度假酒店所没有的特征。

（一）规模较大

博彩型度假酒店一般都有 500 间以上客房，房间数超过 3000 间的已不在少数。据统计，世界较大的 16 家酒店中，博彩型度假酒店就有 15 家。实际上，超豪华大型酒店主要集中在博彩娱乐业发达的城市，这些城市通常被称为主题娱乐度假酒店之都。比如澳门威尼斯人酒店、澳门银河酒店、澳门永利皇宫、澳门新濠天地等博彩型度假酒店最明显的特点就是规模较大。

（二）装潢和设施比较豪华

不论从建筑外观或是建筑内部，博彩型度假酒店的建筑设计、装饰及其氛围都极尽奢华和令人惊叹，它的客房也比其他类型酒店的客房显得独特和豪华。澳门的博彩型度假酒店都属于超豪华五星级酒店，内部均以超豪华五星级的要求进行装修。其中，新葡京酒店装修富丽堂皇，拥有巨型水晶吊灯及罕见的古董和工艺珍藏；澳门威尼斯人酒店在内部二楼修建了 3 条人工运河，并在运河的两岸建了很多购物店铺，用灯光、绘画在运河的上空营造出极其仿真的人造天空，让人无法分出真假而享受无尽白昼。

（三）娱乐项目较多

博彩型度假酒店以博彩产品为主，同时还常提供一些别开生面和富有吸引力的娱乐活动，如异域风情的娱乐表演、拳击比赛、演唱会等，以及充分利用空间和高科技手段，以便吸引更多的客人来到酒店并使用和享受酒店所提供的设施和服务，以提高酒店的经济效益。澳门威尼斯人酒店就是一座集博彩、住宿、娱乐为一体的综合性设施，可在拥有 15000 个座位的剧场举行体育赛事和音乐会。澳门新濠影汇酒店举办的魔术表演，全年无休开放，吸引全世界的魔术爱好者前来观看，在 90 分钟的奇幻舞台艺术体验中，人们可以感受到不可思议的冲击。澳门银河酒店还专门开设有百老汇经典大剧场。除此之外，博彩型度假酒店通常还可以提供以下娱乐项目供客人游乐,如健身、观影、购物、观光、划船、垂钓、沙滩游戏、骑马、摩天轮、滑冰等。多种多样的娱乐项目令人眼花缭乱、乐不思蜀,这就是博彩型度假酒店的特色。

(四)客源稳定

博彩型度假酒店的客源特点以旅游度假者为主,对娱乐程度要求高,重复率高,消费高。对于博彩型客人来说,他们通常都不会离开度假酒店的博彩娱乐场到其他地方进行消费,这为博彩型度假酒店带来高消费的稳定客源。

(五)酒店外观奇特

博彩型度假酒店在进行外观设计时,融入了许多文化内涵,体现特殊的意义,不仅是为了吸引客人,还为了给酒店带来好运。位于拉斯维加斯的卢克索酒店的外形好似一座金字塔,可以利用店内人工河的升降驳船把客人送到客房,酒店狮身人面像的双眼射出激光,照向耸立的方尖碑形物和一个环礁湖,湖中产生的水帘,表现出埃及的意境。

落成于1970年的澳门葡京酒店是一幢十几层楼高的通体玻璃的雀笼式建筑物,其外观设计稀奇独特,选址、朝向和建筑形式十分讲究风水,处处充满玄机。此外,新葡京酒店的屋顶设计也十分独特,像一把混凝土西洋剑,高悬在一颗心形的明珠上;2015年新开业的澳门新濠影汇酒店甚至在两座酒店大楼之间修建了世界上唯一一座8字形摩天轮,这也成为亚洲最高的摩天轮,以及澳门的新地标。

(六)服务和经营管理方式独特

博彩型度假酒店的经营是富于竞争性的,博彩型度假酒店的首要目的是通过提供殷勤的接待服务和味道可口但价格并不昂贵的餐饮以诱使游客进入博彩娱乐场。博彩型度假酒店以博彩娱乐活动为主要收入来源,因此,其常常以提供免费的食品、饮料甚至住房等来吸引客人。这些博彩型度假酒店的经营特点是提供24小时博彩娱乐场服务和餐饮服务,特别注重通过餐饮、购物和一些带刺激性的表演来吸引客人。多数博彩型度假酒店均有多个餐厅,提供各种不同风味的饮食,如澳门威尼斯人酒店和澳门银河酒店都有多间不同风格和口味的餐厅供客人就餐。博彩型度假酒店对员工的要求比较高,一般都需经过一定的培训,要求具有一定的博彩技能,且由于客人来自世界各地而需要会讲多种语言。

课外阅读　　　　澳门博彩型度假酒店

推荐阅读

1. 陈海明、陈芳《旅游综合体开发的集聚模式分析——以深圳东部华侨城为例》，西安建筑科技大学学报（社会科学版），2014年。
2. 陈海明、陈芳《基于旅游综合体模式的新型主题公园发展研究——以珠海长隆国际海洋度假区为例》，荆楚学刊，2014年。
3. 陈海明《酒店投资与筹建》，华中科技大学出版社，2019年版。

 本章小结

本章首先介绍了人造度假资源的范围，包括主题公园、旅游综合体和娱乐型度假资源等方面。主题公园是在现代旅游业发展中，顺应社会文化和消费市场需求而衍生出的一种新型人造旅游吸引物，在长期发展过程中已经演变成为集文化内涵、娱乐项目、休闲要素和服务接待设施于一体的现代旅游目的地。旅游综合体是以独特的旅游度假资源与大面积土地为基础，开发商集中投入巨额资金，以旅游休闲和度假为牵引的土地综合开发，同时汇集度假酒店、商贸娱乐项目、休闲地产社区等业态互动发展，聚集旅游、休闲、娱乐、购物等核心功能，整体协作运营、服务综合、品质高尚的旅游休闲聚集区。

其次分析了娱乐型度假酒店及博彩型度假酒店的投资发展模式。娱乐型度假酒店是以娱乐业作为度假酒店运营中的主要产品和重要收益来源的度假模式，是一种突出娱乐、休闲功能并兼有住宿、餐饮、购物等综合服务项目的度假形式。博彩型度假酒店作为度假酒店的一种特殊形式，是指那些以博彩娱乐为主要产品，并容纳住宿和餐饮等相关功能的度假场所。博彩型度假酒店通常具有规模大、装潢和设施比较豪华、娱乐项目较多、客源稳定、酒店外观奇特、服务和经营管理方式独特等特点。

 关键概念

人造度假资源　主题公园　旅游综合体　娱乐型度假酒店　博彩型度假酒店

复习思考

一、复习题

1. 人造度假资源有哪些?
2. 主题公园的概念是什么？经历了哪些发展历程?
3. 旅游综合体的概念是什么？有哪些特征?
4. 娱乐型度假村的概念是什么?
5. 博彩型度假酒店的概念是什么?
6. 博彩型度假酒店的发展模式是什么?

二、思考题

主题公园为何最早在深圳实现盈利和发展?

分析提示:

①主题公园模式；

②深圳外来人口优势和市场需求；

③深圳主题公园规划建设模式。

第八章

可移动度假资源及其业态

学习目标

掌握可移动度假资源的主要类别；掌握野奢度假的概念与理论，野奢文化及其特征，野奢度假酒店及其主要类别；掌握房车营地度假模式，以及房车营地的布局与设施；掌握帐篷度假酒店的概念及其业态；重点掌握野奢度假的业态特征。

可移动度假资源是以帐篷、房车、营地、游船、邮轮和豪华旅游列车等非永久建筑和可移动交通工具为依托进行建设的度假资源。这类度假活动游客既要饱览沿途的风景名胜，又要注重游船、邮轮和旅游列车上丰富的娱乐活动、餐饮等特殊体验。这种可移动度假形式最大的优点是与大自然的亲密接触，并且可以感受不同的风景和环境，这种舒适的、无限接近大自然的度假形式被称为野奢度假。

第一节 野奢度假

人类进入21世纪以来，随着城市生活节奏越来越快，都市人群对野外的向往愈加强烈，野外运动以此为契机逐渐发展起来，野外运动中多数带有探险性质，有很大的挑战性和刺激性，"走向荒野"不再只是旅行家和探险家的专利，而成为人们所热衷选择的一种"野外"度假方式。野奢度假由此而生。

一、野奢的概念

顾名思义，野奢即为"野"和"奢"的碰撞与融合。

（一）"野"的概念

"野"主要是强调地域上的"野"，即具有天然美景之地；也有观点认为"野"还体现在酒店设计上的"野"，即不仅粗犷野性，更与大自然完美统一，与城市酒店建筑截然不同。"野"更加注重独一无二的自然美景,以及度假中最近距离地贴近大自然。比如住在帐篷酒店中,帐篷里面和帐篷外面只有一层帐篷布相隔,游客可以清晰地听到大自然的风声、雨声、虫鸣声,可以敏锐地闻到大自然清新的空气,以及户外空气中的花香和草木的天然芬芳。

(二)"奢"的概念

"奢"指的是物质上的享受与精神体验的奢养。一方面,是物质体验上的"奢",打破山野之地物资匮乏的观念,即使人迹罕至,也要有豪华、舒适的物质享受。另一方面,是精神上的"奢",艺术、文明与自然完美结合,为游客带来独特而难忘的度假体验。比如用简易的帐篷替代度假村的大型建筑,但帐篷简易却不简单,帐篷中的住宿和度假设施一应俱全、品质高端且安全,并没有因为帐篷的简易而忽略了帐篷中的住宿设施和条件,以保障游客住在帐篷中既能最大限度地亲近大自然,而且还能享受到高品质和安全的住宿体验。

(三)野奢的概念

所谓野奢,不仅是荒野与奢华的完美结合,更是一种回归自然的美好愿望与拥有品质的生活态度,亦是一种纯真的自然与优化的人工之间的完美结合。世界不缺自然之美,更不缺人造的奢华,缺的是能与山水、森林互动,能近距离探索大自然生态美的别致体验。因此,野奢度假是以野外的自然环境为资源依托,通过轻量化的设施开发建设方式,最大限度地亲近大自然,享受到高品质和安全体验的度假形式。

野奢是可移动度假的主要理论依据和业态逻辑。以交通工具等可移动设施作为度假依托的形势源于西方国家,这是因为西方国家较早普及了汽车等交通工具,房车和帐篷度假较早流行并形成产业。随着中国汽车保有量的迅速提升,近年来这种可移动度假方式开始在中国风靡起来,涌现了许多新的汽车营地和帐篷营地度假酒店。可移动度假设施还有一个好处就是不受用地性质的限制,可以在农场、山林、茶园、沙漠等多个场景布置。

二、野奢文化

野奢文化是以生态环境的"野"为背景或载体,以人为主体所进行的体验和行为活动,通过享受稀缺的物质条件从而达到满足人们的精神需求的目标,是以自然的人化为途径,为人类提供精神上的奢养。野奢文化是人类和"野"的生态环境共同发展过程中物质文化与精神文化的总和。

物质层面的野奢文化通常指的是人们在"野"的生态环境中共享的与自然有关的活动、实践和实物,如原生态的或人工干预较少的山川湖泊、植被景观、传统田园的生活生产方式、外形与自然相融合的建筑等,这些是野奢文化的基础和前提。

精神层面的野奢文化通常指的是游客在原始的生态环境中共享的与自然有关的意识形态,包括审美、情感、观点、认识、信仰、伦理、习惯、道德、风俗、价值观等。

野奢文化呈现以下特征:

(一)高度的原生态依赖性

生态环境指对人们生存和发展具有一定影响的自然因子的集合。天然的生态环境包括宜人的气候类型、丰富的原生植被、多姿的地形地貌等,是野奢文化的发展基础,包括大自然的荒野、山川、河流、土地、悬崖峭壁等自然天成的景致。梦里水乡的小桥流水,洗净一身铅华的梯田仙境,可看云海朝阳的高山草甸,可赏落日晚霞的田园庭院等,共同构成了人们向往的"野境"。野奢文化作为自然的人化的一种,吸引着人们同时具有高度原始的生产生活方式和回归自然的原始初心。

（二）奢华的生态体验

奢华的生态体验是野奢文化的本质体现。生态体验指在自然环境中,人们暂时放弃其本身特有的、以人为主的观念,通过接受自然、感受自然环境等方式,使身心处于"无为"的状态。奢华的生态体验是在得天独厚的生态环境中,人们在极致地追求回归自然的过程中,获得的对自然的真切感悟和珍贵体验。远离城市的人们通过驻足野外、亲近大自然等生活方式,体验最原始的生产劳动模式,通过春赏樱花飘落、夏听蝉鸣声声、秋拾落叶片片、冬藏白雪皑皑的四季场景,感受生态最原始的自然状态,通过生态体验与日常生活的对比感受这种原生态环境中生态体验的珍贵,即获得奢华的生态体验。

（三）尚真的精神满足

尚真的精神满足是野奢文化的发展目标。中国古代的很多文人墨客都以"野人""野老""野翁"等自居。他们通过在荒山野岭之中的生活获得在精神层面上的生态体验。当身心都处于"野"的状态时,精神上的空虚会得到弥补。对现代人来说,越来越快的生活节奏、高强度的工作压力等对人的身心造成了压迫,科技智能的迅速发展虽然满足了人们的生活需求,但也在一定程度上控制了人。人们享受了丰裕的物质,却产生了精神上的匮乏。因此,人们迫切地希望回归自然的同时释放压力,得到尚真的精神满足。

这种尚真的精神满足反映出人与自然的和谐相处及平衡共存,体现人在静态环境中对大自然的深度欣赏。

三、野奢度假酒店

（一）野奢度假酒店的概念

那些建在原始的自然环境中,外部为地方乡土建筑、特色主题建筑或已经预制好的度假小屋,内部为豪华奢侈的环境并提供相对高端服务的新型酒店即为野奢度假酒店。从休闲度假的角度出发,野奢度假酒店是指那些建造在远离城市、风景怡人的地方,以满足消费需求强烈、高社会地位或者高收入的人群对于奢华与野趣的双重欲望的酒店。野奢度假酒店是以相对原始、干扰性较小的区域为背景,建筑外观上融入乡土文化元素和原生态建筑元素,建筑内部装修豪华、配置齐全的接待酒店。

（二）野奢度假酒店的历史和分布

野奢度假酒店是普通度假酒店的升级版,其历史可追溯到古代帝王的行宫。那时,帝王行宫就喜欢建造在远离城市、风景怡人的地方,满足帝王对于奢华与野趣的双重欲望。在当今世界范围内,野奢度假酒店的数量并不多,目前主要分布在法国、德国、意大利、英国、美国等国家的幽静乡村或风景优美的小岛,以及太平洋、印度洋和大西洋里的孤岛和非洲的森林,比如加勒比海地区的巴巴多斯岛和印度洋上的塞舌尔群岛以及马尔代夫群岛。在国内,野奢度假酒店作为创新型酒店业态,目前还处于起步阶段,但发展速度异常迅猛。

(三)野奢度假酒店的分类

由于野奢度假酒店所处地域的特殊性,环境特性成为其分类的重要内容。野奢度假酒店一般都处于人迹罕至的郊野或远离繁华喧嚣的城市,周边的环境往往处于一种原生态、荒漠化的状态。这些环境特性通常包括酒店所处的地理、气候等环境因素。由此,可将其分为山地型、湖滨型、沙漠型、丘陵型等。下面仅选取其中分布较为广泛、影响较大的几种典型类型进行分类介绍。

1. 山地型野奢度假酒店

山地型野奢度假酒店是指坐落在山地上或丘陵地区,以山势环境为主要景观的酒店,按不同的季节和气候变换,为客人提供不同类型的活动。根据野奢度假酒店所在山地的环境特征,可以分为名山大川类型的景点酒店、以茶园林地为基本度假活动的野奢度假酒店、以沙漠丘陵为环境背景且缺乏植被绿地的山地酒店。自然风光是此类酒店建设的基础,在建设时需将建筑的造型和体量化整为零,使得建筑的风格与环境相统一。

2. 滑雪型野奢度假酒店

滑雪型野奢度假酒店以滑雪项目为酒店的主要度假项目,通常建在适合滑雪的场地的山坡之上。由于滑雪运动的特点,此类野奢度假酒店需要为游客提供各种必要的滑雪度假设施,同时为游客提供舒适、奢华的服务,如室内游泳池、图书馆、温泉、远足旅行等。这一类型在我国境内典型的案例以万达长白山国际度假区为代表。

3. 滨水型野奢度假酒店

滨水型野奢度假酒店主要是指那些位于江河湖海等滨水环境周边的野奢度假酒店,水元素是其主要的外部环境和景观主题。由于不同水资源的特性,滨水型野奢度假酒店一般分为滨海型、沿河型和湖边型三种。滨海型由于海岸线的曲折绵长,加上热带、亚热带地区湿润的海洋气候,成为以水为主题要素的野奢度假酒店聚集地,是人们休闲度假的首选之地。蓝蓝的大海、洁白而平坦的沙滩、一览无余的天空都是人们对滨海环境的印象。我国拥有绵长的海岸线,无论是北方的青岛、大连,还是南方的厦门、惠州、三亚等,都聚集了很多高端的滨海型度假酒店。滨水型野奢度假酒店,无论是建筑材料还是外观色彩的运用,都以柔和、素雅的材质来表现大海的辽阔。

4. 荒漠型野奢度假酒店

荒漠型野奢度假酒店通常指那些位于平原地带,地势起伏较小,人迹罕至,环境特征独特的区域的度假酒店。在我国宁夏沙坡头景区内8千米处的腾格里沙漠,有一个中卫沙漠星星酒店(见图8-1)。该酒店位于海拔1430米,北纬37°的沙漠深处。这里全年晴朗天气超过300天,又因地处沙漠深处,远离城市,所以周围没有任何光污染,非常适合观星。酒店整体设计为轻奢风格,房间配备露台、桌椅、沙发、电动窗帘、电视、中央空调、新风系统、JBL蓝牙音箱、小冰箱、热水壶、咖啡机等设施。

图 8-1　中卫沙漠星星酒店

第二节　房车营地

房车营地是指具有一定自然风光，占有一定面积，可供房车补给和人们露营的娱乐休闲小型社区。房车营地内除了有供水设施、供电设施、污水处理装置等专门针对房车所配置的基础设施，还配有帐篷、房车、可租借的木屋、运动游乐设备等露营设施，适合外出旅行或长时间居住。房车营地就是一个小型的综合旅游地。

房车营地突出的是休闲及露营，经营主要面向房车使用者和自驾车者，房车营地除可以为房车使用者和自驾车者提供餐饮娱乐、休息住宿服务外，突出的一点是可以为房车提供全套的补给服务。

一、房车营地服务模式

一是房车停靠，为旅途中的房车提供休憩、补养，如房车生活用电、上下水、排污等；二是提供房车出租服务，即配备一定的房车出租给使用者，这种出租的房车是可以开走的，出租按天收费，不同大小和款式的房车收费标准各有不同；三是综合型营地，提供营地房车住宿和度假服务，一般每个房车营地都配有一定数量的营地型房车，这些房车一般不移动也不对外出租，而是像酒店一样直接对外接待前来住宿和度假的游客。

随着旅居型旅游方式的兴起，综合型营地是房车营地的主要发展方向。综合型营地地理位置优越，本身就拥有宜人的景色，或是建在湖边、海岸边、风景名胜区内，所以人气很旺。营地内所有的停车区域及夜间所有的步行道都有足够的照明、完善的安全保障系统及消防设备。营地内不仅设有木屋住宿、房车住宿、帐篷区域，以及餐厅和商店，还有供游客使用的野餐区，设置野餐桌椅和烧烤工具。此外，营地有儿童游乐设施，如秋千（原木扎成的秋千椅）或滑梯等；有运动场所，包括篮球场、羽毛球场、网球场、游泳池等；成人游乐设施齐全，包括钓鱼池、桑拿房、酒吧及其他娱乐设施。营地提供租赁业务（可租船、钓具、自行车等），设有加油站、简单维修设施以及卫生服务设施，如小型医疗站。营地内设有邮电及应急通信设备、办公设施,有紧急预警系统,在紧急状况下,可以 24 小时随时通知所有的游客。营地可接受信用卡,可享受叫餐服务、洗车服务及旅游信息服务。营地常年有系统地组织各种活动,在当地有比较高的知名度,与传播媒介关系密切等。

二、房车营地布局与设施

如同星级酒店与招待所一样,简陋的营地和豪华的营地会有天壤之别。但一般意义上的房车营地都会有下列设施:房车停车位、饮用水设施、照明电补给设施、排污设施及安全防卫设施等。当然房车营地所提供的服务远不止这些。房车营地应该是集景区、娱乐、生活、服务于一体的综合性旅游度假场所。

房车营地通常包括以下几大部分:停车区、生活区、娱乐区、商务区、运动休闲区等(见图 8-2 至图 8-5)。营地内不仅各种设施齐全,还有较完善的安保系统、独立的饮水和污水处理系统,配备生活用电。生活区域内有现代化的卫生设备,如淋浴间、卫生间,并提供洗衣、熨衣、燃气等服务设施;还应该特别强调营地的环保,低碳减排,充分利用各种可再生能源,以节约资源。豪华营地内还应设有超市、邮局、诊所、酒吧、餐馆、健身房等,以完全满足游客日常生活的需要。在娱乐和运动区域内,建有健身房、球场、泳池、儿童游乐园等多种运动场地和多功能厅,供游客使用。

图 8-2 内蒙古呼伦贝尔诺干湖房车露营地

图 8-3 昆明滇池度假区房车酒店

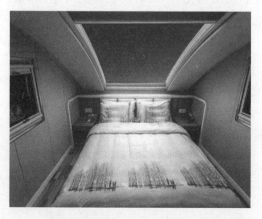

图 8-4 房车内部大床

图 8-5 房车酒店内部

第三节 帐篷酒店

一、帐篷酒店概念

帐篷酒店是以帐篷作为主要住宿形式，配以家具和软装等生活设施，提供集自然环境景色欣赏、户外健身、探险、科考、游览、休闲、娱乐等内容于一体的多功能的酒店住宿商业模式。

帐篷酒店是野奢理念在休闲度假中的商业体现。其选址上的"野"，是指选择原生态野外，以"亲近自然、融入自然"为极致享受。同时，又在物质上坚持"奢"，即使人迹罕至，也有舒适的物质享受，因其舒适齐全的室内设施而不必担心风餐露宿，遭受蚊虫叮咬。除此之外，帐篷酒店还满足了游客在精神放松方面的"奢"，即人们回归自然和追求野外情趣。因此，帐篷酒店集合了欣赏天然美景、亲近大自然和户外住宿的独特体验。

帐篷酒店主体采用拉索或骨架支撑的组合式框架，结构稳固安全，抗风性强。形态除常规的长方形、正方形、圆形、六角形、多边形外，还利用膜结构曲面构造无限可能性造型的突出特点，创造设计出丰富多彩的空间体系，有弧形帐篷、球形帐篷、三角形帐篷、船底形帐篷等。其外形还可以结合场地大小与地形特点不一的因素个性化定制成单体帐篷、复式帐篷、组合帐篷。从而形成尖顶帐篷、屋脊形帐篷、双峰帐篷等多样性形态（孙波莲，2018）。酒店帐篷可以随着建筑师的想象力而任意变化，其独特多变的外形使得帐篷酒店向高品质方向发展。

帐篷酒店因其临时建筑性质可纳入可移动度假酒店范围，其轻度开发的举措可最大限度地实现保护与发展的良性互动，因地制宜的设计原理可保证生态系统的完整性，同时满足亲近大自然的个性的旅游市场需求。

二、帐篷酒店业态

帐篷酒店最大的特征是以大自然原生态作为其业态的依托，在大自然宽广的天地间，根据参与者多样的个性化需求，衍生出不同的业态，主要包括体育露营、休闲度假、营地聚会和野外音乐派对等形态。

（一）体育帐篷露营

体育帐篷露营主要是以探险和健身运动为主要的活动目的，再以帐篷露营作为其休憩设施的商业形态。围绕体育帐篷露营的主要项目包含有健身跑、攀岩、探险、自行车、钓鱼、徒步、游泳等（温美龄，2018）。因其丰富的户外活动内容和活动趣味成为受休闲体育爱好者青睐的消费内容。以户外体育运动作为主要内容的帐篷露营更加强调运动场地、器材和运动器材的供应与服务。

（二）休闲度假帐篷酒店

休闲度假类帐篷酒店主要满足游客户外休闲和度假需求。休闲度假帐篷酒店通常以

"帐篷＋景区"的模式,即以山林植被、茶园、草地景观为依托构建帐篷酒店的景观系统,配套完善的帐篷住宿设施。作为酒店经营的帐篷还需要铺设水电等管网设施,解决帐篷内通风、采暖、保温、上下水等住宿配套设施的需求。帐篷内还会配备完善的卫浴空间,以及适当的内饰和家具,打造出舒适的内部环境,让走进帐篷的每一位游客都能获得心灵上的沉静。有一些比较高端的帐篷酒店还会增设酒吧空间、餐饮空间、聚会空间、会议空间、办公空间、多功能空间等。近年来,帐篷酒店的形式受到广泛的欢迎,目前国内较有代表性的帐篷酒店品牌有安吉帐篷客和康藤(Vinetree),同时也不断出现许多新的品牌。

（三）露营休闲

露营是吃、喝、住、行在自然界中的居家方式。它包括睡在帐篷内、木屋里或者房车里,参与远足、垂钓、野餐、搭建帐篷等亲近自然的活动,是朋友或亲子以纯粹的休闲与娱乐为目的而进行的活动。

随着人们对露营生活化需求的增加,各种公园开始出现租赁帐篷露营的营业方式,帐篷露营经济应运而生。尤其是在公共卫生事件发生时,各城市之间的人口流动受到限制,人们便选择在家门口的公园开展露营休闲活动。露营是人们走进自然、亲近自然的方式之一,也一直被认为是世界上从未衰败的四大（露营、野餐、漂流、休闲）休闲旅游项目之一。尤其是在欧洲和北美洲,露营成为家庭、亲子、朋友聚餐和交流感情的重要方式。露营休闲推动了露营设备和露营食品的售卖。许多城郊的休闲目的地也通过露营地打造人气打卡地。

目前,我国也开始逐渐兴起露营休闲活动,人们带上亲友,在就近的公园草地和湖畔树荫下搭起简易的遮阳帐篷,铺上防潮地垫,带上食物,享受周末的闲暇。也有学者将这种休闲方式称为"宅度假"(Staycation),并认为这种短途休闲方式是人们身心健康恢复的一种全新选择。"宅度假"能够在短时间内有效提升人们的信心与心理韧性,帮助他们在生活中保持乐观心态,以及激发他们对未来美好生活的憧憬与信心（Wong I A、Lin Z 和 Kou I E,2021）。

（四）主题帐篷露营

主题帐篷露营活动通常是由一些商业组织推动的,以星空景观、篝火晚会、现场音乐会等为主题的户外帐篷露营活动。

案例教学　　安吉帐篷客溪龙茶谷度假酒店

安吉帐篷客溪龙茶谷度假酒店（见图 8-6）以"景区＋帐篷露营"的度假模式,把野奢的概念引进了酒店。该度假模式是一个全域的概念,把美景、餐饮、景区、观光、休闲旅游、户外运动、露营、野炊等囊括在一起,形成了"1＋N"的复合型度假产品模式。

图 8-6　安吉帐篷客溪龙茶谷度假酒店

（资料来源：整理自《酒店投资与筹建战略》。）

 案例教学　康藤帐篷营地——深度自然与文化体验

 推荐阅读

1. 吴滕《基于野奢文化的新洲红野谷生态旅游开发研究》，华中师范大学，2020 年。
2. 沈杰《野奢型休闲酒店特征与设计策略研究》，浙江大学，2015 年。

 本章小结

　　本章介绍了可移动度假资源的概念，即以帐篷、房车、营地、游船、邮轮和豪华旅游列车等非永久建筑和可移动交通工具为依托进行建设的度假资源。重点介绍了野奢度假理论；野奢度假是以野外的自然环境为资源依托，通过轻量化的设施开发建设方式,最大限度亲近大自然,享受高品质和安全体验的度假形式。本章还介绍了房车营地度假形式,即具有一定自然风光,占有一定面积,可供房车补给和人们露营的娱乐休闲小型社区;以及帐篷酒店模式,即以"酒店+帐篷露营"的组合模式,把野奢的概念引进酒店,使酒店提供更加贴近自然的度假和住宿方式。

关键概念

可移动度假资源　野奢度假　野奢文化　房车营地度假　帐篷酒店

复习思考

一、复习题

1. 可移动度假资源有哪些?
2. 野奢度假是什么?
3. 野奢文化有哪些特征?
4. 房车营地服务模式是什么?
5. 帐篷酒店的概念和发展模式是什么?

二、思考题

邮轮度假经历了怎样的发展历程?

分析提示:

①可移动度假资源;

②野奢度假理论;

③公共卫生突发事件影响。

第九章

微度假业态

学习目标

掌握微度假的概念和产生背景;掌握微度假的核心要求;掌握微度假的特征和选址要求;掌握微度假的主要类型;重点掌握民宿微度假业态以及轻开发模式。

随着大众化旅游向休闲度假的升级转变,度假旅游的需求急剧上升,越来越多的城市居民,尤其是新中产人群,开始寻求高舒适度的休闲度假方式,以缓解城市快节奏生活带来的身体疲劳和精神压力,一种投资比较小、建设灵活、时间短、路途短且满足多种个性化休闲度假需求的微度假逐渐成为度假市场的"新宠儿",微度假是顺应度假时代来临趋势的产物,迅速成为文旅产业的一个发展强劲的细分领域,引领城市周边游市场步入新的发展阶段。

第一节 微度假的概念与产生背景

一、微度假概述

(一)微度假的概念

微度假是利用周末或者小长假的时间短暂"逃离"都市的一种度假生活模式。不需要长途舟车劳顿,不用太多出行准备和太多的费用,利用周末和小长假的闲暇时间远离喧嚣凡尘,在城市周边,寻找"离尘不离城"的世外桃源,寻求工作与生活之间的平衡(胡建伟,2016)。

微度假是指以城市为中心,周边寻找3—4小时车程以内优质度假地的度假旅游方式。旅游度假的新趋势是放弃长途旅行,避免费时费力的准备工作,并以自驾游为主要出行方式。随着人们旅游消费向休闲度假升级,这种时间短、路途短的微度假需求将持续旺盛,微度假正成为越来越多城市居民的生活方式之一。

（二）微度假的商业逻辑

微度假的商业模式实际上是依托于大中型城市或城市群消费市场，主要满足城市中等收入消费群体短期、高频的休闲度假需求。其打造的一般是以主题娱乐、新潮消费、品质度假为核心业态的一站式休闲度假目的地。

微度假的商业模式主要表现在三个方面：一是轻资产。微度假目的地依托成熟的景区或度假区，建设有特色体验的短程度假目的地，一般不需要大体量投资，而是一种轻资产开发模式，投资额一般较小。二是绿色化。相对于大型旅游综合体、旅游度假区、旅游小镇，微度假目的地不需要大量的建设用地，也不需要大规模建设酒店、景区、游乐场，住宿设施一般以与生态环境结合较好的帐篷酒店、集装箱酒店、房车酒店、木屋酒店为主，也考虑将既有老旧酒店或建筑物改造为文化主题酒店，是一种环境友好型、资源节约型的开发模式。三是催化效应。微度假项目与既有景区联动，也会发挥催化作用，盘活、带动既有景区的人气和客流量，形成"1+1＞2"的协同效应和范围经济效应。

二、微度假产生的背景

微度假之所以成为当前的热门产业，其业态的形成和迅速发展具有显著的时代特征。

（一）我国双休和节假日体系逐渐成熟

我国在1999年推出春节、劳动节和国庆节3个连休7天的长假，即"黄金周"。到2008年，我国决定施行元旦、春节、清明节、劳动节、端午节、中秋节、国庆节7个节假日的政策，其中5个3天小长假（元旦、清明节、劳动节、端午节、中秋节）和春节、国庆节2个"黄金周"，该节假日体系一直沿用至今，这一国家法定节假日体系为居民休闲度假提供了时间保障。

另外，1995年开始施行的《中华人民共和国劳动法》中明确了国家实行带薪年休假制度，对带薪年休假做了原则性规定，提出保障职工休假权利。经过多年的发展，带薪年休假制度在我国现已基本普及。2015年国务院在有关文件中明确鼓励弹性作息，提出2.5天休假制度，即探索实施"周五下午＋周末"的调休方式（袁志超，程晨阳，2020）。这些有关国家法定节假日体系，加上带薪休假和弹性周末制度，以及平时的周末，都契合了微度假旅游产品的时间特性。

（二）客群基数大，奠定良好的微度假市场基础

微度假旅游产品是大部分工薪阶层、中产阶层可以消费得起的休闲产品。近年来，随着社会经济水平及城镇化水平的不断上升，到2020年，我国已经全面建成小康社会，到2020年，我国经济总量超过100万亿元，人均国民收入连续两年超过1万美元，全年全国居民人均可支配收入32189元（城镇居民人均可支配收入43834元），我国已进入中等收入国家的行列。人们的生活水平持续提升，国民可支配收入持续增长，中等收入群体持续扩大，为居民选择度假旅游产品奠定了良好的经济基础。同时，家庭自驾车的普及也是微度假发展的重要条件。

另外，国家生育政策的放开，意味着微度假旅游产品的重点市场——家庭市场在扩大。面对数量众多的目标市场消费者，微度假旅游产品得到了市场的青睐。

（三）微度假更加符合疫情防控要求

随着新冠肺炎疫情的反反复复，当前我们的生活进入了疫情防控常态化，与日常环境有强烈反差的、舒适的、短时短途的度假成为符合疫情防控要求的休闲形式。因此，人们利用周末或小长假实现说走就走的短途度假方式，成为城市中等收入群体向往的生活方式，由此形成一个新的、巨大的蓝海市场，并带动老少皆宜、短途可达的微度假业态和产品在旅游市场异军突起。

另外，受新冠肺炎疫情的影响，人们会产生新的消费观点，人们更倾向于在有限的生命中体验更多的乐趣，更加乐于走向大自然，而非一味地工作，民众的出游欲望被激发。同时，人们更加注重家庭关系，旅游成为人们陪伴家人的重要方式。周边游由于距离近、时间短、感染风险小，而成为居民的首选。而微度假旅游产品由于体验感强、消费品质高和综合度高等方面的优势将会更受市场欢迎，在周边游产品中脱颖而出。

（四）微度假符合度假市场个性化需求

中国度假产业从1992年国务院提出建立国家旅游度假区开始走向市场，但是到1995年总共仅批准了12个，到2015年重新开启国家级旅游度假区评定，截止到2020年公布了45个国家级旅游度假区。与度假需求的增长相比，度假区的建设是滞后的。大型度假区主要依托国家著名的资源地和景区，这种度假区的建设和投资规模宏大，且基本都是定位高端的度假产品，这种定位对普通中等收入人群来说消费支出仍过高。因此，中档的度假市场空缺明显。微度假是基于这种需求空缺的背景下，一种围绕中心城市周边、投资规模较小、建设灵活的度假产品，且产品呈现多样化特征，能够满足不同个性化度假需求，一经面向市场便受到了消费者的欢迎。

三、微度假的核心内容

微度假目的地一般来讲有三个核心要素：特色度假住宿、依托的景区或度假区环境、衍生休闲体验活动。由这三个核心要素组合成"景区（度假区）＋特色住宿＋体验活动"，以2—3天为一个周期的微度假目的地。

（一）特色度假住宿

微度假和其他度假产品一样，其核心载体是住宿，不同的是，微度假的住宿通常是采用绿色、低碳、环保理念开发的特色主题住宿，这种住宿通常表现为非永久建筑的形态，并通过生产工厂提前预制好，运送到度假区集成组装，其外部景观与周围环境相协调，并且能够集保温、水电、消防、隔音、节能和内部精装修于一体的新型建筑体系，是可快速安装、可快速拆卸、可移动、绿色环保的建筑。因此，其产品形态多表现为小木屋、帐篷、集装箱和营地等。就像博雅金融的"度假吧"就有五个品种住宿可供选择，分别是帐篷酒店、集装箱酒店、特色民宿、生态木屋、文化主题酒店（一般由老旧酒店或建筑物改建而成）。

（二）依托的景区或度假区环境

微度假在选址和设计建设中，必须依托生态环境优美、人文底蕴深厚的资源地，成熟的微度假开发商比较中意于已有高级别景区或度假区的选址。优美的自然环境是度假业态的重要吸引物和项目必不可少的依托，人文底蕴通常可以用来挖掘丰富的文化体验项目。因此必须注重生态环境恢复、山水景观优化和文化小品营造。例如,景域旅游投资集团在浙江打造的安吉帐篷客溪龙茶谷度假酒店,就是依托万亩茶田的景观开发微度假项目,打造了"帐篷酒店＋万亩茶园＋茶文化体验"的微度假目的地。又如博雅金融积极在宁波东钱湖旅游度假区、周庄古镇、常熟滨江公园、上海淀山湖、武夷山、黄山等成熟景区和优越景观环境区域拓展微度假项目。

（三）衍生的休闲体验活动

正如前文所述,度假生活常伴随康乐、养身、户外运动、社交等带有体验性和参与性的活动,休闲度假游客往往不急于游山玩水,而是住下来慢慢享受度假地的生态环境、特色餐饮,参与新奇的康体、娱乐、社交等活动,度过一段慢节奏的休闲时光。所以作为度假类型之一的微度假,也需要设计、开发一系列文化体验、户外运动、养生健康活动。因此,微度假需要积极植入业态活动,着重主题娱乐、新潮消费、品质度假这三大核心业态的创新和有机组合,细分消费群体,推出亲子、康养、萌宠等不同特色的项目。比如广东顺德华侨城欢乐海岸PLUS,聚焦于人文打卡,依托老院落、老建筑,以及顺德美食、香云纱、广绣、咏春、粤剧、状元文化等,在这里互动、展示、交融;同时精选40余项全球先进游乐设备、10余场精彩演出,打造体验型休闲项目。

第二节　微度假特征与选址

一、微度假的特征

（一）微度假的重点在"微"

微度假依托于大中型城市或城市群消费市场,主要满足城市中等收入消费群体短期、近郊、高频的休闲需求。

一是距离"微",一般以出行者居住的大都市为中心,寻找周边3—4小时车程以内的目的地。区别于"长度假"的远距离出行,"微度假"通过短距离,大大降低了旅游度假的时间门槛。受疫情的影响,大多数人并不希望在短假中进行大费周章、不远千里的匆忙一游,而是趋向选择近距离的目的地休闲游玩,以放松身心。

二是"微"空间,即游客通常聚集在城市或乡村的某一处。

三是"微"时间,即游客无须劳心费力规划行程,自驾出行,说走就走,利用周末或小长假的1—3天闲暇时间跳出日常、融入自然,寻求工作与生活的平衡,游客放弃长途旅行,避免费时费力的准备工作,体力支出、时间支出都更加轻量化。

四是"微"群体,微度假的主体一般是小团体,多以情侣、家庭为单元。他们更追求食宿及配套服务的舒适度、品质感、私密感、精神获得感和家庭全员参与的幸福感。

五是"微"消费,即以"一泊二食"为基本需求,偏好儿童友好型服务。

（二）投资小、风险低、回报高

微度假旅游产品相较于传统的旅游产品,复杂度低,仅需配置小体量的住宿设施与相关商业设施即可，投资小、门槛低，有更多的企业有能力进行投资。同时，因为位于外郊地区，所以对运营要求并不是太高，仅是周边城市人群的流入就足以支撑企业运转，所以经营风险小。一般都认为旅游和度假项目需要大投资和大建设，实际上旅游度假产业既需要几十亿、上百亿的大型综合性项目，如迪士尼乐园、长隆度假区等，也需要高品质、小投资、回报快的创新型的微度假项目，形成"众星拱月"的发展模式（胡建伟，2016），以满足产品的多层次供给，保证市场个性化、多样化的需求。

（三）微度假减时减量但不减品质

微度假也是度假，在微度假中人们希望简装出行、简单出行、简程出行，但是人们追求新体验，追求文化获得感，追求家庭全员参与的幸福感，追求餐饮与住宿等基本需求的精致度，以及短暂逃离、简单生活与自我思索、回归生活本身。度假者对度假区的环境、设施和服务质量具有较高的要求。因此，度假的品质需求并不会降低，供给品质化是微度假未来的主要发展趋势和要求。投资者需要针对减压、亲子、旅居等需求，提供出行更加便利、形式更加灵活、活动更加自由、环境更加优美、体验更加优良的产品和服务。除此之外，未来的产品供给在满足精神需求基础上，更重要的是感受上的分享，只有高品质的体验才会吸引更多的度假者。

（四）消费频次高，微度假产品发展后劲足

微度假旅游产品并非名山大川、自然遗产等低频次观赏型产品，而是自然环境优越、可以让游客静下心来放松的地方。微度假旅游对产品的质量有更高的要求，开始追求能真正地通过度假旅游起到休闲、放松的目的，回归到休闲的本质上。这一属性便决定了微度假旅游产品是游客会多次选择购买的产品。对于当前旅游业的发展来说，门票经济已经不再大行其道，能使游客在娱乐、休闲、购物等方面的综合花费增多才是业态升级转型的重点，微度假从传统旅游消费升级到度假消费，由传统的门票消费转向住宿、餐饮、体验等综合消费，符合旅游产业转型升级的趋势。

（五）微度假是以围绕度假消费进行的要素组合及产品构成

微度假的休闲性明显，传统旅游追求的多是大好河山和名胜古迹，而与之完全不同的是，参与微度假的人们大都希望和传统的观光模式区分开来，将放松身心、追求阖家欢乐、调整紧张生活节奏、陶冶情操、增加生活情趣作为主要目的。这类微度假旅游产品大多选址在一线、二线城市的周边或近郊，临近风景名胜区或自然环境优美的地方，主要受众为亲子、朋友、情侣。因此，微度假的产品业态结构设计之初便从度假体验出发，嵌入主题进行相关的度假设施配备和度假活动设计，核心要素为"住＋娱"，同时又衍生出"吃、游、学、行、养、奇、闲、情、购"等众多需求要素（袁志超、程晨阳，2020）。而主题娱乐、时尚休闲以及度假成为微度假目的地必不可少的构成要素，微度假实际上属于度假消费的多要素组合和产品构成。例如，杭州开元森泊度假乐园以其特色的自然树屋酒店为核心，配置了室内水乐园、儿童乐园及餐厅等系列设施。每一个清晨，每一个日暮，清新的风、闪烁的星星和清越的鸟鸣，陪伴着亲子家庭度过属于他们的美好时光。

（六）从市场的角度提供了一种全新的度假产品

微度假旅游产品能够得以发展是因为它能抓住当今社会人们的需求，帮助人们在生活工作之余放松身心。微度假旅游产品因环境优美、远离城市、儿童游玩设施齐全,正好能满足亲子游的度假需求。但从产品的角度去分析微度假可以发现,微度假产品是一种全新的度假产品,有着与众不同的特征。一是极野,即微度假依托地理环境上的生态美景优势,叠加个性化的设计理念,形成与原生态环境融为一体的度假体验,无限亲近大自然。二是轻奢,即在原生态环境中通过高品质、特色的住宿以及文化体验活动,人们能够享受到一种低调"奢华"的度假体验。三是原味,微度假在建设中不会大动干戈,而是采用轻度开发的策略,注重挖掘项目地文化,包括乡村文化、民俗文化、历史人文、建筑文化、美食文化等,嫁接项目地原生态美景,给人一种"原汁原味"的度假体验。四是多元,微度假的核心是食宿和度假活动的体验,在实践中逐渐形成以"一个特色住宿+一个景区+N个休闲体验项目"的产品组合,即构建"1+1+N"的多元化微度假组合。五是生活认同,微度假说到底是一种重体验的经济形态,因此,产品业态只是最基础的载体,需在产品之上构建一种生活方式。这种生活方式有可能成为一种刚需,之后再形成并传递一种价值观,打造出文化价值,从而保证复购率,获得稳定客源。

二、微度假目的地选址要求

微度假的崛起和微度假项目的选址是分不开的,选址直接关系到微度假项目能否成功与盈利。在选址方面必须遵循以下四个要求。

(一)具有良好的生态环境和旅游资源

良好的生态环境和旅游资源可以打造更优质的度假产品。

(二)靠近大城市

靠近大城市是为了保障充足的客源市场,以及方便抵达。

(三)环境的隐秘性和完整性

隐秘性要求环境较为安静,不受外界干扰;完整性是指开发环境的独立和完整,有利于度假区的景观整体品质打造。

(四)当地的基础设施和营商环境

基础设施可以提高规划建设的效率,并降低投资成本;营商环境是指地方政府的支持程度和配合程度,直接关系项目的进展和运营。比如提升自驾公路、公共交通站点、停车场、无线网络等基础设施水平;同时做好安防、导引、紧急救援等保障和服务,通过软硬件配套设施的提升,保障高品质的度假体验。

比如以莫干山代表性的微度假目的地——裸心堡度假村为例,总结其选址条件有以下三点原则:一是"Nobody Can Ruin My Resort"(没人能破坏我的度假村),意思是保持度假村的完整性和隔离性;二是要安静,即旁边不能有公路等噪声源;三是离重要城市不超过2.5小时车程。

另外,具有"旅游+金融"产业背景的博雅金融在研究、考察、借鉴欧洲流行的家庭短期度假目的地"Center Parcs"(中央公园)模式的基础上,自主研发的"度假吧"项目就是一个典型的微度假目的地。"度假吧"的选址条件主要有六点:一是要有成熟的度假大环境。区域一般以一线、二线城市周边地区或知名旅游目的地为主,距离一线、二线城市3小时车程以内,依托相对成熟的旅游环境,比如位于4A级以上旅游景区、省级以上度假区内或周边,目的是保证充足的客源;距高速公路出口半小时以内车程,方便自驾游客进入。二是相对私密的小环境。特色住宿区域要相对隐秘,保证微度假的幽静品质。三是文化与生态特色鲜明。具有绝美自然旅游资源,同时可以挖掘文化体验、健康养生等深度资源。四是较易开发的场地肌理。场地的形态与肌理保持完整,具有完善的市政基础配套。五是完善的市政基础配套。要求选址地至少"三通一平"①,有市政基础。六是多方支持的力度较强。当地、居民支持,政府支持。

第三节 微度假产品类型

从近三个五年规划来看,我国的旅游主题呈现了从风景名胜游到主题公园游,然后到红色文化游,再到休闲度假游的变化,旅游产品逐渐由单一观光产品向复合型旅游产品转变。随着大众旅游向休闲度假转型升级。文旅消费出现微度假的新型业态,它出现在城市周边,符合城市人群周末和小长假的出游需求,具备文化、商业、旅游等多种业态,可以与地产和商业联动,并且投资体量不用很大。微度假模式一经推出便很快进入井喷期,成为文旅产业的一个细分领域,引领城市周边游市场步入新的发展阶段。

微度假是周边游在度假维度的升级,是针对减压、亲子、旅居等需求,提供出行更加便利、形式更加灵活、活动更加自由、环境更加优美、体验更加优良的产品和服务,故而对目的地需要承载的功能提出了更高要求。单一的住宿度假功能或游乐功能已不能满足游客需求,复合化、多功能化的产品才符合全龄化、家庭出行的休闲度假属性。从目前市场较成熟的项目来看,根据其核心驱动产品,微度假目的地主要可分为四种类型。

一、民宿与民宿集群型

(一)民宿

民宿一词的起源,一种观点认为是源自日语的民宿(Minshuku),这种说法更多是基于音译的角度以及日本家庭旅馆的业态;另一种观点认为是源自欧洲的B&B(Bed and Breakfast),即由提供住宿和早餐的家庭旅馆模式演变而来,这种提供食宿的家庭式招待模式即为英国最早的民宿。

民宿是指利用居民自用住宅空闲房间,结合当地人文、自然景观和生态环境资源以及农林渔牧生产活动,为外出郊游或远行的游客提供个性化住宿场所。民宿也许没有高级奢华的设施,但它能让人体验当地原真性的风情、感受民宿主人的热情与服务、体验有别于以往的生活。民宿这一概念的提出实际上是为了区别商业化和产业化的酒店等住宿形式,因此,民宿通常包括民宅、农庄、农舍、牧场等。

有观点认为民宿是自日本传入我国台湾地区,实际上民宿这种业态并不偶发于日本或

---

① 三通一平,即水通、电通、道路通和场地平整。

我国台湾地区,世界各地都可看到类似性质的服务。民宿在世界各地会因环境与文化生活不同而略有差异,欧洲地区多为农庄式民宿(Accommodation in the Farm),让人们能够舒适地享受农庄式田园生活环境,体验农庄生活;加拿大多为假日农庄(Vacation Farm),也存在一种以工换宿的农场;美国多为居家式民宿(Homestay)或青年旅舍(Hostel),不刻意布置的居家住宿,价格比酒店更便宜;英国的民宿形式则为 Bed and Breakfast(BNB),按字面解释,意为提供睡觉的地区以及简单早餐,价格一般低于商业化酒店。

我国文化和旅游部于 2019 年 7 月 19 日发布《旅游民宿基本要求与评价》(LB/T 065—2019),并于 2021 年 2 月 25 日发布第 1 号修改单。该标准规定了旅游民宿是指,利用当地民居等相关闲置资源,经营用客房不超过 4 层、建筑面积不超过 800 平方米,主人参与接待,为游客提供体验当地自然、文化与生产生活方式的小型住宿设施。并将旅游民宿分为甲、乙、丙三个级别。该标准明确适用范围为正式营业的小型旅游住宿设施,包括但不限于客栈、庄园、宅院、驿站、山庄等。该标准还明确了旅游民宿的基本要求包括规范经营、安全卫生、生态环保,以及无违法违规、无卫生消防安全等责任事故、无重大有效投诉、无侵犯游客隐私等方面内容。该标准还详细规定了不同级别民宿的环境和建筑、设施和设备、服务和接待,以及特色和其他等方面的标准。

(二)民宿集群

民宿集群是指在同一区域范围内出现诸多民宿共存发展的局面,这一现象的出现实际上是民宿商业化革命的结果。随着民宿的渐热,民宿创造出来的商机越来越大,原本被定义成家庭副业的经营模式,逐渐向商业投资方向演变,这种商业演变极大地推动了民宿的产业化发展,其标志是大量资本和文创设计的干预。商业化的民宿运动直接催生了民宿产业集群现象,民宿产业集群实际上是一种区域竞争策略,从以往单个民宿的市场运营,升级到以民宿集群为单位的区域间的竞争。

案例教学　　莫干山民宿与民宿群

二、户外营地型

(一)户外营地开发模式

户外营地开发模式由于不受用地性质的限制,以及具有集成安装的方便性,是近年来最新兴起的一种微度假形式,即选择自然景观优美和生态环境良好的地方,实施轻度开发。这种开发基于人们亲近自然的野奢消费体验趋势和轻度开发的实施。

（二）轻开发模式

1. 轻开发的概念

轻开发模式是一种以充分尊重地方原始生态环境为开发前提，统筹协调地方具有开发利用潜在价值的资源，在最大限度保护原生态的基础上，以极为轻度的开发形式在原本的生产、生活、生态系统中嵌入休闲旅游和度假功能，以较少的投入、较生态的环境改造，打造一个旅居结合、游赏并行的较高层次的休闲度假业态。具体来讲，就是利用地方良好的生产生活秩序与生态环境，以轻投入、轻干扰、轻破坏的旅游功能嵌入方式，打造一个以原生态为主要吸引物和消费物的微度假形态。轻开发模式不以土地开发为对象，而是以保护和呈现完整生态环境的方式实现轻度开发，总体上严格遵循绿色、低碳的开发原则。

轻开发模式追求的是一种"清境"，主要体现在环境舒适度、整洁度、原真度三方面，即追求优美的自然山水风光、舒适的气候条件、干净的空气环境，以及地方文化的独特性与包容性，为生态宜居奠定良好的文化基础，是实现主客共享的重要前提。

2. 轻开发的特征

一是轻"资源"。轻开发模式在资源选择上通常会选择可再生性强、易于开发利用的资源要素，尤其重视环境要素，如清新的空气、良好的山水格局、宁静的生态氛围等具有一定特色的资源。这些资源比著名风景名胜区数量多，且开发力度和成本要远远低于大景区的开发。减轻经济产业对原本生态环境的冲击，有序维持开发地的原有生产、生活和生态秩序。

二是轻"资产"。轻资产开发实际上是相对于需要大量资金投入、强调规模效应的"重资产"开发模式而提出的，是一种资金投入不大、开发强度低、开发周期短、强调特色定位和替代性的小众旅游度假开发模式。在这种模式下，开发者牢牢把握自身长期积累形成的核心和关键性的轻资产，利用轻资产固有的杠杆效应充分整合外界各种有限资源，以形成能够帮助企业实现价值创造的竞争优势，提高企业的盈利能力（黄婧涵、李奉书，2017）。这种轻资产包括开发中对各种基础接待设施、内部与外部交通设施、娱乐设施、休憩设施、康体设施等实体资产的轻开发，以及贯穿这些资产的度假服务的轻表现形式等。

三是轻"干扰"。这里的轻"干扰"主要指的是对地方生态及社会环境的影响。在生态环境方面，轻开发指的是尽可能少地改造生态景观，使其以自然的面貌为度假旅游者提供一种原始的度假环境，因此通常采用临时建筑、集成建筑和预制建筑为主要建设形式，零散布局。在社会环境方面，轻开发意味着通过盘活地方原有资产，就地取材，对社会生产生活氛围产生较少的干扰与破坏。轻开发以新型建筑理念、建筑方式、建筑材料为基础，在实现地方闲置资源盘活的同时，就势在旷野地带打造具有"轻"结构的休闲度假设施。这些"轻"结构的休闲度假设施能使生态敏感地带在不进行大规模干预与破坏的前提下实现品质的提升，同时自身也具有可移动性、可重组性、可重复利用性、生态性等优点。

案例教学　　　云奢树屋酒店

湖南省郴州市北湖区仰天湖草原风景旅游区海拔1350米，总面积约40平方千米，是中国最南端的高山草原，也是离粤港澳地区最近、面积最大的草原湿地景观，被誉为"江南的呼伦贝尔"。云奢树屋酒店就位于景区的东侧山麓，将湖南省高山草原优质的生态环境作为资源地，采用集成建筑方式，将工厂已经预制好的度假小屋以临时建筑的方式，通过在植被上方直接采用吊脚的方式，分散布点在仰天湖草原，以极佳的视角欣赏景区的全景。该酒店营造"以自然为灵感，让艺术融于生活"的氛围，打造"轻度假·慢生活"的新生活方式。

云奢树屋酒店在植被上方直接打桩吊脚的方式撑起度假小屋，不破坏任何一块草皮，最大限度地保持了原生态。同时，开发者在开发过程中实施"还你一片可看的青草绿"环境修复工程。以前的仰天湖草原地表裸露、沙漠化的情况非常严重，到处都是牛马粪便，严重影响草原生态，针对之前不科学的管理建设，开发者制订科学管理计划，统一化、标准化管理马匹，科学化修复维护草原环境，经过不懈努力，复绿面积达到13万平方米，对于无法修复的边坡断面，利用霍比特小屋、下沉式建筑进行美化。现在的仰天湖草原风景旅游区，蓝天白云、风车云海、绿草清香。

云奢树屋酒店是在自然生态基础上进行轻度开发和改造，为最大限度地保护地表生态植被的完整性，就连道路都是架空在植被的上方，打造的以舒适、野奢为主的云集、云奢、云居等酒店民宿，大大小小13间度假小屋星罗棋布在山脉上。远远望去，只见一片密林簇拥着一座座美丽的小屋，它们错落地隐藏在丛林里，就好像隐秘在世外桃源里一般。沿着树林里的木栈道，便可直达云奢树屋酒店的门口。每间客房都有独立的栈道，保证每一位客人都能享受相对的私人空间。

在这里，心中有光、慢食三餐、美景相伴才是有滋有味的生活。走饿了，择一处草地，铺上野餐垫，即可享受一场完美的草原下午茶，不负假日好时光。在仰天湖与身边的伴侣或朋友一起划着小船，欣赏美景之余畅谈人生。阳光倾洒在湖面，波光粼粼，蓝天白云映照在湖面上，形成水天一色的画卷，令人沉醉其中，让游客与大自然产生共情的双向奔赴。藏匿于丛林，栖息于树上，看夕阳西下，伴月亮入眠，这里没有高楼大厦，没有拥挤喧嚣的人群，有的是开阔的高山草原风光和自由的空气，住在这里，不管大人还是孩子，都将释放天性、回归自然、享受假期。

云奢树屋酒店的集成度假小屋，形态各异（见图9-1至图9-4），屋内都有星级酒店的配套设施，一张超大号的床、一个步入式淋浴间、一扇看星星的落地窗、一个可以看到草原日落的阳台。人们可以躺在高高的树屋上，数着漫天繁星入睡，享受不被打扰的避世生活、全天的Wi-Fi陪伴及惬意的度假时光。周遭大片的草原体现"野"与"奢"的极致碰撞，在这里，人们可以做个真正的"隐居者"，尽情享受度假的自由与内心的回归。

图 9-1 云奢树屋酒店度假小屋——归巢系列

图 9-2 云奢树屋酒店度假小屋——玲珑系列

图 9-3 云奢树屋酒店度假小屋——林宿系列

图 9-4 云奢树屋酒店度假小屋——途语系列

（资料来源：整理自云奢树屋酒店公众号。）

三、乡村度假型

（一）乡村度假开发概念

本书在第六章人文度假资源及其业态的第四节城乡风貌类度假资源与度假业态中，详细介绍了乡村度假资源的分类和特征，其中重点指出乡村有山有水、有树有花、鸡鸣犬吠，营造出一个世外桃源般的生态村落景象。这与现代城市景观中的高楼林立、人嚷车喧的景象形成鲜明的反差，城市居民回归乡里，可放松身心、寄情山水。因此，乡村度假开发以乡村风貌为基础，依托乡土空间与文化，整合乡村生态环境资源和田园风光，发展建设适宜短时间度假旅游、具有复合功能的综合建筑空间。乡村度假业态是为度假者提供平静、田园诗般自由自在的生活体验,可以让度假者在令人愉悦的环境中呼吸着新鲜的空气,体验着自然的韵律,并与当地居民和谐相处。乡村度假是从喧闹都市和商业化的度假地中逃离的一种生活方式。

(二)新时期乡村度假产业开发背景与模式

1. 新时期乡村度假产业开发背景

乡村度假是在乡村旅游资源的基础上,随着旅游业态向度假业态升级,而被业界关注和投资的度假形式。乡村度假开发是在当前疫情防控背景下和以国内循环为主的经济格局下,为满足人们微度假需求而进行的开发。由于人们更多选择环城市短途度假,乡村度假已成为微度假的主要消费形式之一。

同时,随着我国打赢脱贫攻坚战、全面建成小康社会后,要充分认识到实现巩固拓展脱贫攻坚成果同乡村振兴有效衔接的重要性、紧迫性,举全党全国之力,统筹安排、强力推进,让包括脱贫群众在内的广大人民过上更加美好的生活,实现乡村"产业兴旺、生态宜居、乡风文明、治理有效、生活富裕"。乡村振兴战略被提到空前高度,乡村休闲度假一跃成为乡村振兴、产业振兴的重要实现途径。在江浙地区和部分大城市周边有条件的乡村,已率先实施乡村度假产业开发,并产生了一批优秀案例。

十九大报告指出,"经过长期努力,中国特色社会主义进入了新时代,这是我国发展新的历史方位",并明确了"我国社会主要矛盾已经转化为人民日益增长的美好生活需要和不平衡不充分的发展之间的矛盾"。因此,追求美好生活成为引领乡村度假产业开发的主要指导思想,并推动乡村度假产业发展进入新时期。

2. 新时期乡村度假产业开发模式

新时期的乡村度假开发追求乡村平静、田园诗般自由自在的生活,以及人与自然和谐共处的美好生活。主要开发聚焦点在于乡村的田园风光、自然生态和悠闲生活。在新时期,乡村度假开发模式表现在以民宿等乡村住宿为突破点,并以此为度假业态中心,进一步开发乡村度假基础设施、餐饮、休闲和活动体验等多种功能载体。

(三)新时期乡村度假产业种类

与传统乡村旅游着重开发农耕旅游和古村落旅游模式有所不同,在新时期和乡村振兴战略背景下,乡村度假开发主要聚焦追求美好生活,因此表现在度假住宿设施的审美需求、田园风光的归隐情怀和乡村自然环境的平静需求等方面。在此需求趋势下,乡村微度假目的地开发空间主要分为三类:

一是城郊型乡村微度假目的地,大中城市周边较短车程内的环境优美的乡村,是城市居民周末休闲度假和团队乡村休闲团建的重要选择。

二是依托景区型乡村微度假目的地,本身拥有较大基础客流的景区周边的乡村,在景区产品休闲度假化升级的趋势下,一部分休闲度假功能会外溢到乡村空间,形成与传统景区互为补充的产品形态。

三是独立型乡村微度假目的地,少数资源禀赋极佳,或具有稀缺的自然景观优势,或保存了大量有价值的乡村建筑遗产的村落可以独立成为一个微度假目的地,以与城市空间强烈的差异性吸引度假旅游者。

案例分析 江苏计家墩乡村度假开发

四、文化创意型

(一)文化创意与旅游

文化创意是以文化为元素、融合多元文化、整理相关学科、利用不同载体而构建的再造与创新的文化现象。文化创意产业是指源于文艺创造能力、智慧,融合文化元素,通过艺术设计手段开发的知识的生成和取用,产生高附加值的作品,具有创造财富和就业潜力的产业。

文化创意旅游是基于文化创意产业发展而逐步兴盛起来的旅游领域的文创新业态。文化创意旅游的内涵主要是指在旅游规划和开发中,融入文化创意环节与旅游要素相融合,以达到符合时代审美、蕴含文化内涵和艺术风格等效果,从而使该旅游项目具有更高的审美价值、更多的教育功能和更好的体验品质。我国民宿度假产业的发展就是文化创意产业与旅游休闲产业融合发展的产物。

(二)文化创意旅游开发模式

文化具有渗透性和高附加值性,将文化产业和旅游度假产业相结合并不是简单的一加一,而是相互促进和相互融合,在融合中碰撞出更加完美的效果。好的文化创意运用于旅游度假项目会极大地提升产品档次和品质。由于文化具有地域性、民族性、时代性和继承性,在旅游开发中应加强对目的地所蕴藏的文化内涵的研究和挖掘。

在文化创意与旅游融合的实际应用方面,其主要模式有:一是依托丰富的历史文化资源,经过总结、提炼和创作,把其中一些具有较高艺术价值、受游客喜爱的东西转化为旅游度假产品。二是依托景观特色,深入挖掘文化内涵,不断创造,运用艺术设计手段将旅游或度假项目展示给消费者,把文化资源转化成旅游度假产品。三是围绕某个主题开展节庆活动。节庆可以涉及文化、艺术、科研、美食等专业领域,活动形式多样,文化创意具有新意,互动模式创新,举办方更高端、更有格局和视野。四是以那些被改建的老厂房、老仓库和历史建筑为载体,采用以旧化新的形式而形成的旅游度假产品。艺术家与设计师在原本无人居住的废弃工业厂房区开始自由的现代艺术创作,从而推动整个地区的旅游产业及度假产业的升级。创意产业的聚集带来了思想的碰撞,带动了产品的开发,创意产品与艺术提高了景点的附加值和吸引力。五是依托街道(区)原有的历史文化特色和其在城市功能分区中的作用,赋予一定的文化主题而形成的旅游度假产品。文化街区重在保护外观的整体风貌,即不仅要保护构成历史风貌的文物古迹、历史建筑,还要保存构成整体风貌的所有要素,如道路、街巷、院墙、小桥、溪流、驳岸乃至古树等。文化街区是一个成片的地区,有大量居民在其间生活,是活态的文化遗产,有其特有的社区文化,不能只保护那些历史建筑的躯壳,还应该保护它承载的文化,保护非物质形态的内容,保护文化多样性。这就需要维护社区传统,改善生活环境,从而促进地区经济活力。

(三)文化创意与度假产业

近年来,随着人们消费需求的升级,消费者对旅游和度假产品的要求更高,传统的景区和历史古村镇都纷纷面临游客减少的问题。于是各地开始寻求产品转型升级的策略。一方面,大众旅游业态向休闲度假转型升级;另一方面,许多地方寻求文化创意与旅游度假产业融合,为传统业态增添新的气息和亮点,以吸引更多年轻消费者的兴趣。

民宿作为非标准住宿中的典型代表,因其房型和产品更加符合家庭、情侣、朋友等小型群体休闲度假需求,以及其区别于标准化商业住宿的个性化风格等而深受市场青睐。但是民宿产业发展迅猛的同时,出现了严重的同质化和低水平建设的问题。新一批民宿投资者不再随意盲目跟从,而是选择具有独特资源依托、交通区位优越、适合文化创意改造和进行投资建设的项目。文化创意成为新时期民宿投资建设和客源引流的重要手段,这种融合业态可以给市场带来耳目一新的创造性体验,在满足功能性体验的同时,更加符合新型市场消费者追求"颜值"审美的口味。

案例分析　　广东省肇庆市岩前村文创民宿街

广东肇庆是粤港澳大湾区重要节点城市、广佛肇经济圈城市之一,也是国家历史文化名城。由于坐拥"岭南第一奇观"七星岩和"岭南四大名山"之一的鼎湖山等著名景点,肇庆曾是岭南重要的旅游目的地。但随着旅游产业转型升级,传统旅游景区的发展优势不再,拥有七星岩和鼎湖山两大名胜的星湖旅游景区尽管在2020年被评为5A级旅游景区,但旅游产业发展并未实现良好的市场效益。

肇庆岩前村依傍于肇庆七星岩片区,处于肇庆市中心位置,闹中取静,区位优势明显。从度假资源看,岩前村(见图9-5)一面靠山、三面环湖,有独特的湖岸风光和岭南村落文化,村内至今保留着一批岭南传统建筑。岩前村从村头的牌坊到村尾的彩虹桥有绿道连接,绿道旁是星湖,另一边是岩前村的民宅,对游客而言,既有宽阔的湖面作为风景线,又有纯真朴素的乡村生活可以体验,对当地而言,既体现了肇庆在环境保护方面所做的贡献,又凸显了其作为宜居城市的城市形象,可谓是发展休闲旅游的极佳地点。

但是2010年前后的岩前村曾经是一个充斥着大量大排档的小乡村,隐在深闺人难知。每当夜幕降临,从村头到村尾,一溜食肆次第营业。把小方桌摆到村道上,食客们随意而坐,垃圾随手扔下。人群散尽后,满地垃圾,垃圾多得甚至波及旁

图 9-5　肇庆岩前村鸟瞰图

边的星湖,常见的塑料袋及一次性饭盒漂在湖面上。

随着肇庆旅游产业转型升级,岩前村凭借优越的区位条件和绝美的水岸景观,很快被当地政府选为旅游产业新业态的试验地,实施产业升级工程。主要措施就是深度融合文化创意手段,通过对水岸民宿风情街实施风貌提升和改造,将其打造成文化内涵丰富、生态环境优美、公共服务一流的肇庆旅游度假产业的新名片。

在功能结构方面,文创升级工程构建集民俗民居、文化风情、休闲娱乐、旅游度假于一体的水岸特色综合街区。通过高水平文化创意和设计,提升原有业态风貌和艺术美感,并规划建设旅游接待、度假、精品购物空间。同时围绕肇庆端砚等艺术文化,新增文化作坊、创意市集、茶艺馆等,扩展提升沿湖餐饮功能,包装打造市级酒吧街,规划开发象岗山生态公园,完善观光功能。

在提升文创风貌的同时,改善交通设施和交通秩序。首先,将沿湖道路升级为彩虹休闲道;其次,禁止在道路沿线泊车,通过在道路入口统一建设立体停车场来解决车辆泊放的问题,同时,禁止车辆驶入沿湖道路,让道于游客、让景于游客。

在设计师和工人们的手上,昔日的大排档一条街一步步蜕变成今日的文化创意风情街区。他们在这里用方正的石材砌起围墙,用各种生态和艺术材料装饰建筑,用河滩的石子铺设路面。旧的建筑和格局被完整地保存下来,加以修补和美化。于是,一座以水岸湖景再造为目标的文化街区(见图9-6)就这样诞生了。街区内有装修精致的咖啡厅,有复古的工业主题餐厅,后山有充满艺术气息和设计感的音乐民宿,还有造型时尚的民谣吧,整个文创街区总共包含了艺文展览、特色酒吧、主题餐饮、文艺创作、平面设计、主题时尚酒店、艺术民宿等多种休闲度假新业态。沿着星湖大道转入岩前宝环大道,在绿树花草掩映下,一家家别具一格的店面不经意间闯入眼帘,蜂巢音乐餐吧、Sam's cafe、魔方、漫乐生活、丰收设计馆、老男孩、小悟龟书吧……光看店名就各有特色,或跳脱、或活泼、或灵气、或质朴。这里的餐吧环境幽雅,吃顿晚饭,喝顿小酒,之后再走绿道,美好的夜生活就从这里开始。而这样的休闲文化创意社区让来自粤港澳大湾区的不同人群都能在这里找到自己所需。

图 9-6　肇庆岩前村文创街区湖景

（资料来源：整理自肇庆西江网公众号。）

　推荐阅读

1. 陶晶《轻度假区开发建设理论与实证》，浙江师范大学，2018 年。
2. 李文雅《基于微度假模式下乡村旅游规划研究》，河北工程大学，2017 年。

　本章小结

　　本章总结了微度假的概念，即以城市为中心，周边寻找 3—4 小时车程以内优质度假地的度假旅游方式，其依托于大中型城市或城市群消费市场，主要满足城市中等收入消费群体短期、高频的休闲度假需求。分析了微度假方式产生的时代背景和微度假的特征，以及微度假选址的四个要求。重点介绍了微度假的四种类型，即民宿与民宿集群型、户外营地型、乡村度假型和文化创意型。提出了轻开发模式是一种以充分尊重地方原始生态环境为开发前提，统筹协调地方具有开发利用潜在价值的资源，在最大限度保护原生态的基础上，以极为轻度的开发形式在原本的生产、生活、生态系统中嵌入休闲旅游和度假功能，以较少的投入、较生态的环境改造，打造一个旅居结合、游赏并行的较高层次的休闲度假业态。

关键概念

微度假　民宿集群　户外营地型　轻开发模式　乡村度假型　文化创意型

复习思考

一、复习题

1. 微度假的概念是什么？微度假产生的背景是什么？
2. 微度假具有哪些特征？
3. 微度假有哪些类型？
4. 轻开发模式是怎样的模式？轻开发的主要特征有哪些？
5. 民宿度假与民宿集群的概念分别是什么？

二、思考题

2021年广东省生产总值位居全国第一，能否也打造一个"莫干山"？

分析提示：

①民宿与民宿集群；

②客源地；

③区域消费观念差异。

第十章

休闲度假村选址与规划

学习目标

掌握休闲度假村规划设计的主要理论；掌握休闲度假村的选址要求；掌握休闲度假村的规划设计任务和类型；掌握休闲度假村选址的市场需求原则、资源依托原则和区位交通原则；重点掌握休闲度假村的规划设计流程和内容，能够简单规划设计一家休闲度假村。

休闲度假村选址和规划设计是度假村重要的开端，好的选址和规划设计是休闲度假村成功运营的前提条件。休闲度假村的选址和规划设计延续了旅游景区规划的主要理论和实践方法，并在此基础上兼顾度假业态的特殊性。

第一节 休闲度假村规划设计相关理论

休闲度假村的选址和规划设计是旅游学术研究和产业实践的重要构成部分，并需要依据相关的理论开展实践和理论探究，主要涉及可持续发展理论、区位理论和集聚理论等方面。

一、可持续发展理论

可持续发展理论是指既满足当代人的需要，又不对后代人满足其需要的能力构成危害的发展，以公平性、持续性、共同性为三大基本原则。可持续发展理论的最终目的是达到共同、协调、公平、高效、多维的发展。

随着经济的发展，人类社会对环境的冲击力大大增强，全球范围的环境污染和破坏日益严重，于是环境问题开始作为一个重大的科学技术问题由一些科学家提出。人们运用传统理论研究治理方法和技术的同时，进一步体会到，仅靠科技手段，用工业文明方式去改善环境是不能从根本上解决环境问题的，必须在各个层次上调控人类社会的行为和改变打着工业文明烙印的思想和观念。可持续发展作为一种新发展观悄然兴起,并日益引起国际社会的关注。特别是 20 世纪 90 年代以来,可持续发展以其崭新的价值观和光明的发展前景,被正式列入国际社会议程。1992 年的联合国环境与发展会议、1994 年的国际人口与发展会议,以及 1995 年在哥本哈根举行的联合国社会发展世界首脑会议都以此作为重要议题,提出了可持续发展战略构想。

按照世界环境与发展委员会在《我们共同的未来》中的表述,可持续发展理论即既满足当代人的需要,又对后代人满足其需要的能力不构成危害的发展。具体来说,就是谋求经济、社会与自然环境的协调发展,维持新的平衡,制衡出现的环境恶化和环境污染,控制重大自然灾害的发生。如何实现可持续发展?《中国 21 世纪议程》认为,主要是在保持经济快速增长的同时,依靠科技进步和提高劳动者素质,不断改善发展质量,提倡适度消费和清洁生产,控制环境污染,改善生态环境,保持可持续发展的资源基础,建立"低消耗、高收益、低污染、高效益"的良性循环发展模式。

二、区位理论

区位理论研究的实质是生产的最佳布局问题,即如何通过科学合理的布局使生产能以较少的投入获得较大的收益。在工业化大生产之前,人们从事的是自给自足的小农经济式的生产,产品就地生产并在附近的中心城市销售。德国的经济学家冯·杜能提出了著名的"杜能环"农业区位理论,该理论认为,每个农业区均是以城市为中心,围绕城市呈现同心圆状分布着不同圈层,从城市中心向外分别为自由农作区、林业区、谷物轮作区、草田轮作区、三圃农作区(包括休闲区)和放牧区。

在此基础上,地理学家克里斯塔勒提出了著名的中心地理论。该理论认为不同区域一般会存在一个中心地,这个中心地是负责向其周围地域的居民点提供各种货物和服务的中心城市。

区位理论中有一个距离衰减原理,该原理认为,如果地理现象之间是相互自由作用的,那么其作用力与距离成反比关系,即作用力随着距离的增加而减少。度假区与客源地之间就遵循着距离衰减原理。休闲度假距离衰减原理总体上表现为度假区对客源地的吸引力以度假村为中心向外围逐渐减小,相应的客源数量分布也呈现出以度假区为中心向外围梯度减少的规律。

距离衰减的主要原因有两点:首先,客源地的旅游者到度假区需要支付费用、时间、精力等成本,而且这些成本随着度假区与目的地距离的增加而逐渐增大,所以度假区的吸引力也会随着距离的加大而相应地减少;其次,度假区与客源地之间小幅度的距离变化会引起度假区对旅游者的吸引力大幅度变化。因此,在度假区的开发和经营过程中,区位理论发挥着重要的影响作用。

三、集聚理论

新古典区位理论的奠基者阿尔弗雷德·韦伯在 1929 年出版的《工业区位论》一书中提出,聚集因素主要包括生产或技术集聚、社会集聚两方面。生产或技术集聚是一般集中因素,社会集聚则是特殊集中因素。前者是集聚的固定内在因素,而后者则是偶然的外在因素。

20世纪90年代之后,世界多极化催生了现代区位理论,并提出现代集聚理论,该理论认为区域内各经济实体集聚产生的总体经济效益大于各经济实体单独产生的经济效益之和,超出的部分来源于因集聚而产生的有利环境。该理论同时还提出地区主体(即有意吸引投资的土地所有人,包括政府机构)如何改善投资环境与潜在对手开展积极的区位竞争,力争本地区成为集聚性投资行为的首选地点,以造福当地人民。除上述重要内容外,现代区位理论还在产业支撑、自然资源、运输成本、跨国公司投资、社会文化及政策因素(企业家精神、历史文化传统、体制架构、政府政策)对区位的影响方面开拓出相当丰富的研究成果。现代集聚理论奠定了旅游目的地整体营销和地区竞争的基础。

集聚效应对于度假村来说,在于通过资源与企业集群之间的集聚可以使各个度假村之间相互促进,相互补充,降低开发成本,共用公共基础设施,提升总体度假形象,打造更著名的休闲度假目的地,增强吸引力,产生更大的经济效益;对旅游者来说,集聚效应可以方便旅游者选择同一区域内的不同度假村,从而减少旅游者在大交通方面的费用、时间等成本。

第二节 休闲度假村选址

度假村的选址是一项复杂的系统工程。选址是否具备长远眼光以及是否科学合理将直接左右度假村开发成败。度假村的选址是策划建设度假村的首要任务,对旅游客源市场的准确把握和对拟建度假村的项目用地和周边环境、交通便利程度、优越的自然环境、独特的文化魅力等进行深入分析与挖掘是判定项目用地可否列为度假村的重要依据。

一、度假村选址应遵守各级规划

(一)多部门协调沟通

不同级别的度假村的选址受各级国土、建设、旅游、发改等行业主管部门专项规划的指导和管理。各级主管部门通常依据相关土地规划和旅游总体规划所划定的范围指导选址工作。当然重大项目在充分论证的条件下,如果与相关规划不一致时,可以由地方政府提起规划调整。

(二)服从最新上位规划

为了保持和上级行政主管部门编制的专项规划的一致性,地方职能部门在编制各自的专项规划时很大程度上受限于上级主管部门的上位规划。因为上位规划通常在发展定位或发展目标上研究较多,而在具体地段和具体项目上研究得比较笼统,所以由上级行政主管部门编制的规划往往难以具体指导地方度假村的规划编制,但通过研究省城乡总体规划和近期重点交通和基础设施建设计划,还是不难判别未来数年的发展方向。如高速公路、铁路、机场、码头、供水、供电等基础设施的建设还是会给一些区域的近期发展带来便利和希望,借助宏观规划可以预判度假村选址是否有利于游客的便利参与,对游客量的预测也是判断区域竞争优势的重要因素。在同等定位和旅游资源、服务水平相近的条件下,交通便利的度假

村往往比交通设施不完善的区域游客量更多,发展速度更快。

土地利用总体规划和城市总体规划是决定度假村选址的至关重要的两个规划,这两个规划要解决的是度假村用地和项目布局的问题,并且在旅游发展总体规划对规模的预测下,度假村的选址、规模和用地布局有了探讨的依据。

(三)规避风景名胜区、自然保护区和森林公园等管控范围

此外,为了避免不同部门的交叉管理,度假村的规划选址范围往往需要避让已经确定的风景名胜区、自然保护区、森林公园的管控范围。度假村的具体选址往往要结合市县一级的有关规划进行研究,从而更进一步提高度假村资源利用的针对性,尤其是在建设用地的布局和建设用地指标的分配上,度假村的用地管理更受城市总体规划和土地利用总体规划的指导和制约。

(四)结合生态环境、景观资源、文化特色、政策法规等因素统筹考虑

度假村规划是一项综合性较强的规划,需要结合各方面条件进行考虑,如生态环境资源、景观资源、文化特色、政策法规等。因此,影响旅游度假村规划编制的几个职能部门的作用非常重要,需要对其各自职能特征进行深入分析,以利于理清职责和让各部门切实发挥联合效能的作用。

需对在建的度假村或拟建度假村规划范围内的土地资源、环境资源等内容进行详细的调查,并依据《旅游度假区等级划分》标准对资源条件做出评估,仔细核对土地利用总体规划和城乡总体规划,做好与上位规划相衔接的准备工作;认真分析场地的可利用条件,评估出有条件作为建设用地的土地规模,从度假资源条件、区位条件、市场条件、空间环境条件、核心度假设施及服务条件、支撑性设施及服务条件、管理条件等方面论证度假村的选址可行性。

二、度假村选址必须充分尊重市场需求

(一)坚持市场导向和中心城镇依托

地理学家克里斯塔勒提出的中心地理论对度假村的选址具有理论指导意义,要求度假村在选址上必须坚持市场导向和中心城镇依托的原则,即度假村必须依托大城市的生产要素和市场需求。这有利于节约建设中的原材料成本、运输费用,同时也方便提供人力资源和市场保障,同时为游客的可进入性提供便利。

(二)要充分辨识市场层级

度假村选址在哪里关键还是取决于市场需求。依托市场的辨识选择、准确认定,既影响度假村具体位置、规模的确定,同时又对度假村产品的设计开发、业态定位具有指引作用(马开良,2016)。度假村的投资经营必须有效辨识市场层级。一是要聚焦核心市场。度假村虽不能完全依附某个特定市场、单一客户群体,但又不能没有基本市场的支撑,即可能成为度假村主体消费人群的地方,它可能是一座城市或一个都市圈。因此,过去度假村的规划形成了环都市圈的度假产业空间布局。二是划定二级市场和辐射市场。度假村通常具有较强的地域特征,这种差异化表现会对中远市场形成差异化吸引力,因此,度假村也应根据市场规律划定二级市场和辐射市场,并做好相应的对策。

（三）要研究依托市场人群的价值取向与度假休闲偏好

同一地区或相同阶层的人群，其价值取向、休闲偏好往往具有明显趋同特征，这些特征表现在审美判断和购买决策上常常具有较强的能动性和果断性。比如，浙江千岛湖洲际度假酒店为吸引身在上海的游客，挖掘、开发上海没有而上海人又特别钟情的清新空气、天然的湖岛美景、临湖的室外泳池、原汁原味的农家美食，吸引了上海游客的眼球，抓住了他们的胃口，激发了他们的热情，驱动了千家万户的车轮，使上海游客纷至沓来，占酒店客源的70%以上。

（四）要用发展的眼光关注可依托市场的动态变化

市场是由产品消费者个体组成的总体。构成成分的不定向积累，可能导致市场板块的结构倾斜；局部量的足够积聚，最终会演变为市场的漂移。度假村选址关注所依托市场的发展变化轨迹正是用战略眼光前瞻性地分析、驾驭市场，从而为化解投资风险寻找依托。有的新兴市场会随着经济的协调发展而不断成长壮大；也有的原本颇具规模的市场，由于地方产业结构调整、经济形势严峻，旅游休闲消费产生下降。这些变数对依托其兴建的度假村而言无疑是风助火势或釜底抽薪，漠视、忽视其后果都相当严重。

三、度假村选址要依托稀缺性资源

对度假村而言，其吸引度假者眼球之处主要包括舒适康益的度假环境、丰富多彩的休闲和保健康疗服务，以及优美的风景。随着人们生活质量的提高，度假者对生态环境越来越钟情，包括阳光、海水、沙滩、绿色植被、清新的空气等。一些度假区选择在风景区内或风景区附近，正是出于这样的目的。

（一）度假村选址应首要考虑自然资源条件和环境因素

自然资源条件和生态环境在度假村的建设发展中的地位已经越来越重要了。度假村所在地区必须空气清新、环境僻静、风光秀丽，度假者将假日的闲暇时间消融在山光水色之中（周绍健，2010）。因此，度假村应选址于级别较高的风景区附近。在田园风光、山水湖泊、飞泉瀑布等资源附近建设度假村，可以利用自然资源增加度假项目，有利于吸引度假者。

（二）文化是度假村规划设计的灵魂

度假村建在富有特定文化的风景区域，坐拥自然、人文多种资源，游客在度假村休闲、生活，则将内外兼修，身心俱炼，体验立体而专注，收获放松与感悟。相比自然资源，文化更能凸显个性、彰显唯一。文化是度假村建筑装修设计的灵魂，是开发产品的源头，是打造特色的旗帜。因此，度假村建设选址对文化资源的可挖掘、可开发程度理应全面衡量和充分评估。

安缦度假酒店的创始人艾德里安·泽查指出，安缦营造的是一种对于遥远文化的渴慕，对于感官欢愉的欲求，对于创意及优雅生活的激赏。法云安缦酒店结合佛教文化，整合设计产品，特别建造一面积百余平方米的功能厅，命名为"法云舍"，用以讲传研讨佛经，展示僧人字画；对接寺庙法事活动，组织游客登临灵隐寺，参加寺庙晨课。海内外崇尚佛教文化、喜好静养人士不惧路遥，慕名前往下榻。

（三）充分考虑并详细分析气候条件

在度假村选址时，还要充分考虑并详细分析气候条件，包括度假季节的长短与不适宜的天气（诸如严寒、酷暑、台风、沙暴、阴霾、阴雨等）出现的概率与时长。气候条件直接影响客源，进而影响度假旅游淡旺季的分配与时间长短，最终影响度假村的经济效益，因此，气候是度假村选址需首要考虑的因素。

四、度假村选址要考虑区位和交通状况

区位条件和资源条件全优的地区是度假村的理想选址区位，但实际情况是优势区位条件和优势资源条件在空间上往往是分离的，通常资源优越的地方往往比较偏远，这就造成了度假村的选址往往比较复杂，如果区位选择不当，将直接影响度假村的正常运营。因此，区位的选择既要考虑设施、资源、交通和气候环境等各种因素，还要考虑游客能够实现理想的区位目标和交通便利性。

因此，度假村选址必须关注可依托市场的距离与进出便利程度。新建度假村的知名度还没有形成的时候，比如开业期和成长期通常寄希望于周边市场和有限的人群。随着营销活动的开展和度假村知名度的扩大，尤其是网络营销的渗透、传播，客源市场的边界会发生大幅度的延展、外扩。游客选择度假村、度假目的地时，距离和进出便利性仍是一个不可忽视的优先选择条件，这不仅影响到游客出游的成本和行程的难易程度，而且还关系到游客的休假天数、度假的实际效用。

国际游客首先关注度假目的地、度假村进出的航空条件，国内游客则更多选择自驾、高铁及与之相通的接驳条件和交通成本。对周边城市游客最有吸引力的因素其实是自驾车线路的便捷程度。在当前国内循环为主的经济格局下，1—4小时内的都市圈微度假业态是比较受欢迎的度假形式。

第三节 休闲度假村规划设计任务和类型

一、休闲度假村规划设计的基本任务

休闲度假村规划设计的基本任务包括综合研究度假资源、客源市场，确定规划地性质、环境容量及接待规模；划定度假村的用地范围及空间发展方向；统筹安排度假村内各项建设用地和交通组织；合理配置各项度假服务设施、基础设施、附属设施和管理设施；提出开发实施战略，处理好发展与建设的关系，规划度假村的合理发展。编制度假村规划对更好地推动和实现休闲度假的开发计划和发展目标，确保度假资源的优化配置使其实现最佳利用价值，确保设计的度假产品与实际度假市场需求的统一性，确保度假村与所在区域间有关的各项事业在社会、经济和环境方面的协调发展具有重要的意义。

二、度假村规划设计的类型

为了更好地建设和运营度假村，科学的规划设计是度假村发展的良好开端，并会直接决

定度假村建设的方向和定位。度假村的规划通常包括三种类型：总体规划、控制性详细规划和修建性详细规划。这三种类型的规划各有侧重点。但是现阶段度假村的规划通常主张多规合一，因此，当前的度假村规划出于经济性和实用性的要求，尽可能将三个规划合并为一个规划。

（一）总体规划

总体规划编制以度假村所在地的旅游产业发展规划为依据，综合评价休闲度假的资源条件和基础条件。全面分析目标市场的休闲度假需求，科学测定市场规模，合理确定度假村发展目标；确定度假村发展的指导思想、规划依据和发展战略；明确度假村区域、度假产品重点开发的时间序列、土地利用的空间布局，根据需要划定缓冲区的范围，包括度假服务设施、附属设施、基础设施和管理设施的总体布局；综合平衡休闲度假要素、结构的功能组合，统筹安排资源开发与设施建设的关系，包括住宿设施、结构、功能和布局的确定；确定环境保护的原则，提出科学保护利用景观环境的措施；根据项目投入产出关系和市场开发力度，确定度假村的发展规模和速度；提出实施规划的步骤、措施和方法，研究确定度假村发展的目标战略。

（二）控制性详细规划

在总体规划的基础上较大型的度假村可以增编控制性详细规划，小型度假村可以跳过总体规划直接编制控制性详细规划。控制性详细规划是一个管理型的规划，其目的在于详细规定度假村开发建设用地各项控制性指标和其他规划管理要求，更注重形体和视觉设计，并为度假村修建性详细规划提供指导依据。主要内容包括用地控制指标（用地性质、用地面积、土地与建筑使用相容性）、环境容量控制指标（容积率、建筑密度、绿地率、人口容量）、建筑形态控制指标（建筑高度、建筑间距、建筑物后退红线距离、沿路建筑高度、相邻地段建筑规定）、交通控制内容（外来车辆交通出入口方位、停车位，内部车辆交通出入口方位、停车位），以及对度假村内重点地块的建筑形式、色彩、体量、风格提出设计要求和配套设施建设（度假村生活服务设施布置，市政公用设施、交通设施及其管理要求）等方面的内容。

（三）修建性详细规划

修建性详细规划更加注重度假村形体设计、空间布局。修建性详细规划将为接下来的施工建设提供直接指导和具体方案。主要内容包括建筑设施和绿地的空间布局、景观规划设计、布置总平面图、道路系统规划设计、绿地系统规划设计、工程管线规划设计、竖向规划设计、估算工程量、拆迁量和总造价，以及分析投资效益等方面。

三、规划编制单位与合作流程

度假村规划编制是一件高要求、高智慧、高水平的引领性工作，需要多学科知识的融合交叉，因此通常需要委托国内外科研机构或者专业规划机构开展。

（一）规划编制委托方式

委托方应根据规划设计的预算和实际需要确定旅游规划编制单位。委托流程要求公开透明，通常有公开招标、邀请招标、直接委托等形式。公开招标是委托方以招标公告的方式邀请不特定的规划设计单位投标。邀请招标是委托方以投标邀请书的方式邀请特定的规划设计单位投标。直接委托是委托方直接委托某一特定规划设计单位进行规划的编制工作。

（二）规划编制主要工作阶段

确定规划编制单位后，需要制订项目计划书，并签订规划编制合同。规划编制通常包括前期准备、规划编制、征求意见、规划评审和后期跟进等工作阶段。

1. 前期准备工作阶段

此阶段主要包括现场调研、访谈、市场调查、资料收集和现场测量等前期准备工作。

2. 规划编制工作阶段

在前期工作准备充分后，编制单位开始着手规划文本的编制和图纸编制工作，并以规划文本和图纸的形式作为规划编制的成果。

规划文本主要以文字和各类图表为主要表达形式，分市场分析、资源环境分析、总体定位、空间布局、景观和环境设计、产品与运营设计、硬件设施设计、营销与估算等章节陈述。规划图纸根据图纸内容穿插于规划文本之中，并单独附在文本末尾。规划图纸包括区位图、综合现状图、市场分析图、资源评价图、总体规划图、道路交通规划图、功能分区图、硬件设施平面布局图、近期建设规划图等方面。

3. 征求意见工作阶段

委托方还需要广泛征求对规划文本的意见，征求意见对象包括公司各级各部门代表、政府职能部门、当地政府和社区居民代表等。征求意见完成后，由规划编制组根据征求的意见进行修改、充实和完善。

4. 规划评审工作阶段

在规划组完成规划文本编制和征求意见修改工作后，即可组织专家评审工作。专家评审工作首先需要邀请国内外权威规划机构或高校科研专家组成评审专家组，并组织现场集中评审工作会议。

现场评审工作会议应由专家组选出的组长主持，由编制单位现场提供完整的规划文本并进行现场汇报，专家组各位专家对编制单位的规划成果充分发表意见，然后给出最终评审结果并签字。

评审会结束后，规划编制单位需要根据评审会专家意见再次进行修改完善，并给出修改报告由评审专家组签字确认，此时标志着规划编制正式完成。

5. 后期跟进工作阶段

经过项目评审后的规划文本是度假村开发和建设的指引纲领，委托方在实际施工中若对规划文本存在一定的疑问，就需要规划编制单位提供后期跟进和服务工作，确保规划文本具有更好的实践指导效果。

第四节　休闲度假村规划设计流程与内容

度假村规划设计的主要流程与内容包括市场分析，资源分析，确定总体定位和主题形象，整体空间布局，景观与度假环境设计，产品、运营与商业模式设计，服务与基础设施规划设计,重点工程与建设进度,市场营销规划与投资估算,规划实施的保障措施等方面。度假村规划设计以规划文本和设计图纸为成果形式。

一、市场分析

市场分析是度假村规划设计的首要步骤,主要任务是全面分析市场需求,科学测定市场规模、地域结构、消费结构,从而选定自身的目标市场,并分析本区域的市场竞争形势,以合理确定度假村的发展目标。对于市场需求和竞争分析,度假村规划设计不能仅就宏观市场、客源定位和客源数量预测三方面进行初步研究,而应该就以下三个层面进行深入分析。

(一)市场层面

要分析市场在兴什么、市场有什么、市场还缺什么、市场在不同层面上的竞争形势等内容。

(二)竞争对手层面

要分析竞争对手概况,包括项目的区位、交通可进入性、周边环境、规划布局、建筑风格、项目卖点、项目的配套设施与服务、运营管理等,以及市场反应,包括竞争对手项目的营销策略、广告宣传、实际销售及经营状况、项目的优劣势等,综合分析和评价各种制约因素及机遇。

(三)消费者层面

主要界定客源区域、结构和季节分布,以及度假方式、度假动机、消费偏好、停留时间、消费水平、消费特征等,并预测客源市场未来的总量、结构和水平。

二、资源分析

资源是建设度假村的首要依托,度假村规划建设需要对资源条件和基础条件进行深入分析和综合评价。

(一)界定规划范围

资源分析需要界定度假村规划范围,在该范围内进行现状调查和分析,以便科学地对旅游资源进行评价。

(二)资料收集

资源分析需要规划组收集大量资料,这些资料包括地形图、专业图,以及气象、水文、地质、自然资源、历史文化、人口、行政区划、社会经济、企事业单位、交通运输、旅游设施、基础设施、土地利用和环境等方面。

(三)资源调查

资源分析首先需要对规划区内资源的类别、品位进行全面调查,编制规划区内旅游资源分类明细表,绘制旅游资源分析图,具备条件时可根据需要建立旅游资源数据库,调查方法可参照《旅游资源分类、调查与评价》(GB/T 18972—2017)。

(四)资源评价

在对资源进行科学调查分析的基础上,需要对所开发的资源进行档次、规模、数量的判

定,并进一步论证资源开发的社会、经济和环境效益。资源分析和综合评价主要包括:

(1) 资源的质量特征(如美感度、奇特度、医疗价值、体育价值等)。
(2) 资源的丰度和集聚程度,以及环境容量。
(3) 资源的独特性和差异性。
(4) 多种资源的叠加效果和聚集程度。
(5) 开发利用现状和开发潜力。
(6) 区域的气候条件(表现为旺季和淡季的节律性变化)。
(7) 环境质量现状。
(8) 资源所在的区域距中心城市的距离,铁路、公路及航空交通现状及交通建设的难易程度。
(9) 服务、配套设施建设现状。
(10) 地区经济发展水平及对发展旅游度假业的扶持能力。

三、确定总体定位和主题形象

(一) 确定度假村总体定位

度假村的总体定位是在资源综合评价的基础上,厘定一个高度概括度假资源并结合业态选择的一种呈现方式。总体定位主要包括两个层次的界定,一是度假村的建设层次定位,二是度假村的类型定位。比如,广东长隆集团在广州建设的主题公园度假区的总体定位是野生动物世界,而在珠海横琴的主题公园则定位为长隆国际海洋度假区。珠海横琴长隆国际海洋度假区以海洋文化为主题,全面整合珍稀的海洋动物、顶级的游乐设备和新奇的大型演艺,打造世界顶级、规模最大、游乐设施最丰富、最富于想象力的海洋动物主题度假区,营造梦幻般的海洋王国氛围。

(二) 确定度假村的主题形象

度假村主题形象是人们对基于度假村的资源特征和总体定位的分析,对度假村的总体认识和总体评价,主要表现为对度假村的理念、行为、视觉三个方面进行规划设计和描述。在理念上,根据自身资源特色和市场需求,制定度假村发展方向和目标,明确经营理念,并以此为基础,设定旅游主题和宣传口号;在行为上,通过内部管理制度规范员工行为,确定对外宣传和促销渠道;在视觉上,对具有观赏价值的自然和人文景观加以塑造。度假村的特色决定着对消费者的吸引力,是度假村形象的决定性因素;而度假村形象就是对其自身特色的直接反映。通常度假村主题口号要加以概括,应易于宣传,易于被人们接受,并通过服务、实物和宣传,在公众心目中树立起度假村独特的形象风格和吸引特质。

四、整体空间布局

度假村是升级为旅游度假目的地的酒店群,核心要素和发展基础是土地依托性的资源,其空间范围通常比单一酒店和景区建设更为广泛。度假村的开发建设是投资者投入巨额资金,以一定类型的旅游度假资源和较大范围土地为基础,涉及多个功能,融合丰富业态而进行的土地综合开发。因此,需要通过对土地及其负载的旅游度假资源、度假设施分区划片,对各区进行实地分析,将度假要素在未来不同规划时段的状态,落实到合适的区域,并将空间部署形态进行可视化表达。

(一)功能分区

度假村空间布局与交通线路、服务设施等要素高度相关,应根据度假村发展的需要进行布局和定位,对度假村进行功能分区和项目设置,这些功能分区是开发主题和旅游产品设计的落脚点。

度假村与传统景区相比,其功能已经发生较大的升级转变,即由传统单一的观光旅游产品,升级转化为融合观光、休闲、度假、娱乐、消费等多个功能于一体的度假村。因此,度假村一般分为度假服务区、休闲旅游区和生态保护区。度假服务区是主要的度假设施集聚处,应设计大量的接待设施和休闲娱乐设施;休闲旅游区属于度假消费者活动休闲的区域,应根据地形和资源特点,因地制宜地建设一些轻活动或自助形式的休闲项目;生态保护区则应尽可能维持原生态水平,严格限制开发。各项服务要素和休闲活动应基本集中建设在一个 30 分钟左右的步行覆盖圈内,时间相对固定、空间相对广泛。应尽量使消费者方便地抵达不同的度假区域,并可以配备合适的交通工具如马车,增加休闲度假的乐趣。在服务设施选址上,需注重交通线的相连,交通站点应尽量布局在酒店附近。

(二)空间布局

度假村空间布局即拟规划区块内自然环境的景观布局,包括标志性景观布局和配套景观布局,以及人工建筑布局,包括房屋用途、建筑面积、层数、建筑质量、建筑风格等,还有度假村内服务设施、附属设施、基础设施和管理设施的分布等。

(三)交通系统

交通流线即连接度假村内各个功能分区的连接方式,同时也是度假村生产服务的重要流线走向。交通系统的规划包括对外交通系统的布局和主要交通设施的规模、位置,以及规划区内部的道路系统的走向、断面和交叉形式。

从通过方式来说,交通系统又可表现为车行道和步行道,主要包括步行小道、自行车小道、骑马小道,以及旅游者流动的其他各种通道等。

交通系统除实用功能——简单高效的通行外,还具有其他方面的重要意义。首先通向度假村的道路会给旅游者留下第一印象,第一印象往往具有光环效应,影响后面的度假体验。第二,度假村内部的小道或车行道往往是旅游者活动较多的地方,一方面是连接住宿区与康体休闲活动区的通道,另一方面,它们有时也是旅游者散步或者观景的地方。因此在景观设计时,应注意道路景观的美化及舒适性。如果人行道与道路网主干线不平行,就可以设计出更曲折的游径,以便将引人入胜的自然景色囊括在旅游者视域范围之内。游径通到某些地点时可以适当加宽,从而在游径旁建成康体休憩区,使人们可以在那里欣赏田园景色并得到放松。人行步道一般顺着地形自然铺设,两旁适当进行绿化并设置一些具有特色的活动场地。

以海滨度假村游览步道为例,海滨度假村的游览步道为人们接近海岸提供交通上的便利,同时也提供良好的观景路线,人们漫步海滨游览步道可以欣赏到独特的海岸风光。滨海游览步道多与海滨绿地、小游园、景点等相串联。比如北戴河的西海滩路、中海滩路将众多

大小海水浴场及海滨游园连接起来,不仅交通便利,而且方便游人散步,赏海观景。海滨游览步道尽可能不要靠近海岸,应留出一定的绿化带,并留有游乐、休憩、野营等用地,但也不宜过远,以距潮水线150米左右为宜。海滨游览步道设置应顺应地形变化,尽可能避免对地形的大规模改造,以免造成对自然景观的破坏。游览道两旁应有很好的景观空间,空间或收或放,有步移景异之效。同时应避免晚上灯光四射,影响动物的栖息。

五、景观与度假环境设计

景观和环境本身就是度假的主要构成要素和度假产品,主要包括景观系统和绿地系统,其规划设计水平直接关系度假村的档次和吸引力。

(一)主要内容

景观系统和绿地系统的规划设计包括度假村内的天然环境和人造园林环境的规划设计,以及陆地环境、水域环境和空气环境规划设计。在地形上,需要注意山、川、河、湖、沼泽地、草地等形态,同时还需要兼顾自然景观和人文景观两方面。在具体元素上,需要注意古树名木、形态各异的石头、品种多样的植被和造型多样的人造景观小品等。度假村景观系统和绿地系统具有系统性、整体性、连续性、动态稳定性、多功能性和地域性的特征,以及具有改善生态环境、维持生态平衡和提供游憩活动的场所的功能。

(二)坚持美学原则

景观系统和绿地系统的规划设计需要基于对自然和人文环境的认识,协调人与自然的关系,其与建筑学、城乡规划、环境艺术、园林工艺等学科紧密相连。在规划设计时尽量体现度假资源的美学特征以及自然协调的要求。

景观环境的设计要使场地具有极大的吸引力。实现树木、鲜花、草坪的合理布局,保护具有装饰性的特色水域,如池塘、河流等以及户外活动的其他区域。对旅游度假区中景观不美的地方,要制订树木、花草种植及灌溉计划,使得整个旅游度假区的各种绿地犹如一个大的园林。

(三)体现出舒适性、康益性和安全性

度假型消费者具有逗留时间长,重游率高,以家庭为基本单元的比例大的特点。现代度假旅游的目的逐渐扩大,除传统的健康需求外,亲情回归、社会交往、(消费者)素质提高、会议商务或团队建设、消磨闲暇等也成为度假旅游的目的。因此,具有良好的度假环境应是度假村的基础条件,针对度假环境的消费以及为度假目的而配备的各项设施、服务和其他旅游内容是度假村的吸引物体系。度假环境应包括自然环境、人文环境和心理环境三个方面,良好的度假环境应体现出舒适性、康益性和安全性。

(四)注重人与自然和谐统一

景观系统和绿地系统的规划设计也要注重人工建筑与自然环境的协调和融合。任何建筑物或服务的形式都必须与相应的自然环境和度假气氛融为一体,建筑设计因地制宜、隐逸山水间,建筑体量与周围山体自然协调、山地建筑风格与色调、山水有机融合,体现自然与人工美的和谐统一。同时,由于度假业态属于小众的高端消费,度假村规划设计应严格控制开发容量。

六、产品、运营与商业模式设计

(一) 度假业态和产品设计

度假产业是融度假和休闲等多业态综合聚集的产业,呈现产业综合化、产业规模化、产业齐全化。度假业态形式包括休闲、住宿、餐饮、文化、娱乐、会议、康养、商业等多个产生盈利的独立业务。有些产权式度假项目还会融入房地产项目。度假村配套项目通常由旅游休闲景区、度假酒店、产权式公寓、高端住宅区、高档购物中心、各类游乐场、会议中心、康养中心、休闲娱乐特色街区、各类剧院、综合交通系统和齐备的市政配套设施组成。一般表现为多个产业集中聚集在一个特定空间内,通过各要素的有机结合,相互依存、相互作用而连接成具有价值增值功能的链式产业或服务形式,建设成为一站式旅游休闲度假目的地。

度假村产品是在业态布局基础上,包装成为满足游客需求、面向市场销售和提供服务的度假项目,主要包括各类住宿产品、各类餐饮酒水产品、度假环境和设施类产品、会议招待产品、亲子项目、现场娱乐产品、电动游乐产品、健康养生类产品、文化体验类产品、休闲活动类产品等方面。度假村产品设计必须结合资源禀赋分析、市场需求和竞争分析、投资方的实力和能力分析,以及投入产出分析进行综合考量。度假村产品设计中要首先设计好住宿核心产品,其次要设计好餐饮、度假环境和度假活动等辅助产品。度假村产品设计还需符合度假村规划建设的时序,逐步设计开发,可分期分步实施开发和开放。

(二) 综合运营设计

运营一体化是度假村的内部特征。能够提供全方位、高品质服务,又能满足游客多元化需求是度假村运营的基本体现,也是聚集人气、实现增值和溢价效应的基本要求和保障。度假村经营项目通常包括酒店集群、休闲活动、文体娱乐、商业店铺、房产销售与物业管理等方面。这要求度假村必须对酒店、商铺、文化休闲设施等不同业态实施同步综合运营,确保各项盈利和配套项目均能为度假者提供有效服务。例如,华侨城集团在多个度假项目规划设计、建设和运营管理等方面实现综合运营和有效衔接,从选择旅游度假综合体投资和开发,到旅游产品、度假酒店、休闲地产、投资运营和土地综合开发的有序进行,展现了策划、规划、设计、运营咨询一体化的聚集运营能力和策略,并且在整个项目所有业态实体建设完毕后,让所有项目持续运营、相互配合,使不同实体运营实现聚集效应,营造出一个浓厚的休闲消费氛围,为游客提供综合化消费体验。

(三) 商业模式设计

商业模式设计的核心内容是度假项目盈利模式设计和投入产出分析,解决度假项目需要投哪些钱,投往何处,哪些项目可以由开发商自己建设、自己运作,哪些项目需要建好出租,哪些项目需要引入新的合作伙伴,从哪里赚钱,何时是盈亏平衡点等问题。

常见的度假商业模式包括住宿模式、餐饮模式、产权模式、门票模式、小镇模式、会员模式、乡村采摘模式、研学模式、会议度假模式、康养模式、共享度假模式等。

1. 住宿模式

住宿模式是度假村以住宿为营收点,免费提供其他配套服务或单项收费的度假模式。这种模式是当前休闲度假消费中的主要商业模式,是当前目的地民宿度假、海滨度假、温泉

度假、高星级度假酒店等度假形态的主流商业模式。

2. 餐饮模式

餐饮模式主要是以特色餐饮为主要度假吸引物、住宿等项目为配套的度假商业模式，这种模式的主要代表是陕西袁家村、长沙文和友等休闲度假项目。近年来，短视频推广的"网红"城市大多为这种模式。

3. 产权模式

产权模式主要针对国内"度假文旅＋房地产"的模式，也被称为"产权酒店"模式，是在度假目的地开发房地产项目，面向客源市场进行度假房地产的销售。这种模式在房产销售基础上，提供产权式酒店统一经营、业主享有一定天数免费度假的物业托管模式。

还有一种产权模式是直接在度假目的地开发和销售商品房，即直接打造高档度假住宅社区，这种模式在21世纪初就见于深圳东部华侨城打造的"天麓"高档社区，后来多个著名度假区在商业开发中均采用这一商业模式。

4. 门票模式

门票模式是通过售票准入的度假模式。这种模式主要用于主题公园度假区和一些传统旅游景区内的度假项目。随着全域旅游时代的来临，休闲度假向综合消费升级转型，门票模式越来越少用于度假村。

5. 小镇模式

小镇模式是利用综合生活和综合商业服务聚集的形式，吸引度假旅游者前来度假和消费的商业模式。这种模式主要用于传统古城镇，比如丽江古城、阳朔、婺源江湾、乌镇、凤凰古城、黄姚古镇、周庄等目的地。自2016年以来，住房和城乡建设部、国家发改委和财政部联合开展特色小镇培育工作，第一批公布了127个全国特色小镇，第二批公布了276个全国特色小镇。特色小镇工程打造了一批各具特色的新型旅游度假小镇，这些小城成为近年来满足市场个性化和多样化需求的重要供给。

6. 会员模式

会员模式主要是通过会员年费的形式作为收费项目，消费者获得会员资格后，可以享受VIP接待服务和消费。这种会员模式通常用于高端俱乐部的运营，会员制能够一定程度上限制消费者的数量，保证服务接待的高品质和私密性。

7. 乡村采摘模式

乡村采摘模式是为消费者提供免费或收费的农产品和水果采摘的体验性商业模式，这种模式通常用于乡村度假业态，充满了浓浓的乡村田园风味。

8. 研学模式

研学旅行是近年来新兴的一种旅游和度假形式。主要针对由官方组织的中小学在校生，这种研学模式会在目的地实景中完成实践和劳动类的课程，这些课程按照项目设置，并配备相应的导师指导。收费标准通常按照课程项目数量和学生数量计费。

9. 会议度假模式

会议度假模式是著名旅游目的地常见的一种商业模式。这种模式在著名的旅游目的地召开各类会议和培训活动，并在会议空隙中安排休闲旅游和度假活动，每年的寒暑假是这种模式较为集中的采用时间。

10. 康养模式

这种模式主要针对健康养生类消费市场,推出温泉疗养、气候和空气负离子疗养、特色食疗、中医药疗养、养老度假、精神静修等业态和产品。

11. 共享度假模式

共享度假模式主要针对供给方,是度假目的地居民将个人剩余房产投放到度假市场,为度假者提供度假住宿并收取费用的商业模式。这种模式具有更大性价比和更贴近生活化的优势,近年来广受市场欢迎。

七、服务与基础设施规划设计

(一)服务与基础设施功能和规划范围

服务与基础设施规划设计统称为硬件设施规划设计。硬件设施规划建设在度假村前期规划开发工作中占有相当重要的地位。度假村的硬件设施指为游客的游憩、休闲活动提供服务所须凭借的物质条件,是保证游客在度假村中所需的食、住、行、游等方面的基础。度假村硬件设施通常在项目开发投资中占很大的比重,规划建设不当会浪费巨额资金,并且对生态环境和视觉环境造成严重污染。

合理的硬件设施规划安排,有利于优化产品、保护环境。世界旅游组织的专家将度假村综合开发的成功归结为,提供便利、畅通的交通基础设施(包括连接度假村和度假村内部的交通);建筑设计的风格要与周围环境相吻合,能反映当地传统特色,应尽量使用当地的建筑材料;应保护好一些自然景观,并尽可能使自然景观与度假村融为一体;应提供完善的公用设施,如水电供应系统、通信设施、污水及固体废物处理系统(刘俊,2007)。除此之外,度假村硬件设施规划设计还包括环境绿化工程、园林工程、给水工程、污水工程、水利工程、供电工程、供热工程、燃气工程,以及防灾系统、安全系统、环境卫生系统、客房餐饮服务设施、停车场等方面。

因此,硬件设施主要包括基础设施和服务设施两大类别。其中基础设施包括水电供应系统、通信设施、污水及固体废物处理系统、环境绿化工程、园林工程、供热工程、燃气工程,以及防灾系统、安全系统、环境卫生系统等。服务设施主要包括度假酒店、职工住所、餐馆、商店及其他建筑物周围的园林景观美化区,以及户外康体休闲社区中的高尔夫球场、滑雪场、网球场、游艇码头、游泳池、野营地及其他户外康体休闲场所等。

(二)硬件设施规划设计的内容

1. 确定硬件设施空间布局和等级

硬件设施规划设计应确定相应硬件设施的位置和用地,确定硬件设施的等级与空间布局。例如,住宿设施要从度假村规划和整体布局的角度研究房屋选址、容积率、高度、级别、类型。

2. 服务设施规划设计

首先,要估算服务设施(旅馆、餐厅、购物商店、会议室、医疗保健室、银行等)的建筑面积、用地规模。比如度假村、公寓、旅馆要根据游客量测算床位数。

其次,要做好餐饮设施(餐厅、酒吧、快餐厅、冷饮部、野炊地)规划设计。要考虑基于文化风格的餐饮类型配置(中餐、西餐),基于地域的餐饮类型配置(菜系、菜谱),基于消费档次的类型配置(中、高、低),基于功能的餐饮类型的配置,以及餐饮设施与风景区的协调配置。

3. 确定旅游服务设施的风格、特色、色彩

硬件设施的规划设计,必须坚持特色原则与和谐统一原则。一般主要控制好大型服务设施和标准型接待建筑。

另外,小型服务设施通常经营灵活性和流变性高,但它事关度假村的整体形象,应通过规划采取必要的引导、控制措施,以确保整个度假村特色鲜明、和谐统一。

(三)建筑规划设计要求

1. 建筑与环境的契合

现代度假村建筑环境设计要求建筑与环境共生,建筑除满足自身的主要功能外,其本身也应成为一景,为人所欣赏,为环境增色,与环境相契合。因此,要把建筑作为一种风景要素来考虑,使之与周围的地形地貌相适应,与山海、岩石、草木、古迹和远景等融为一体,构成优美的景色,同时满足各种功能的要求。度假村设计中的风景是主体,建筑的风格、尺度、轮廓、层次、色彩等都要加以精心推敲,使之与自然环境结合得贴切、完美。比如与海相邻的楼台,建筑群以海面为背景,空间向海面延伸,创造波影相连、亲近自然的环境氛围。北戴河的建筑就具有错落有致、疏密得当、层次丰富的特点,殿廊台榭置于水间,形成多种水体景观相互交融,色彩明朗,白壁丹楹影于碧波之上,同四周明丽的风光交相辉映,如同海市蜃楼,达到了一种愉悦心灵的境界。

2. 人工建筑物高度、面积和密度的控制

旅游度假村景观同城市景观明显的不同之处在于旅游度假村内的绿地(含户外康体休闲活动所占的地方)所占的比例要大一些,房屋之间的建筑密度以及总建筑面积占整个区域面积的比例要比城市小得多。一般在规划旅游度假村时都强调将建筑面积控制在一定的比例之下,以便保持良好的环境。为了同自然景观相协调,有时对建筑物的高度也做出明确的规定。

广东肇庆七星岩景区由七座喀斯特地貌的山峰按照北斗七星的排列布局自然形成,曾被誉为"岭南第一奇观",该景区交通区位非常便利,坐落于广东肇庆的市中心,当地为了保护七星岩景区风光不被城市建筑遮挡和破坏,要求城市最高建筑不得高于景区内的山峰。采取同样举措的还有著名的国际旅游胜地广西桂林。

另外,印度尼西亚巴厘岛在进行旅游度假区开发建设时,也曾规定全楼房高度不得超过15米,这是为了使楼房顶层低于树木顶端,有助于楼层同自然环境的融合。度假区还对每家酒店的客房制定了最高密度标准,建筑物最高覆盖率不能超过度假区总面积的25%。韩国庆州普门湖旅游度假区在开发建设时,规定主要酒店限高45米(12—15层),建筑物占土地面积不得超过20%,酒店建筑离湖边最少10米,户外广告牌被禁止,只允许挂标示牌及法律和建筑方面的标牌。建筑设计必须考虑到气候特点和传统的建筑风格,如韩式庭院布局;选择建筑点也必须考虑到每个点的特殊性,并为游客欣赏户外景致设计观光走廊,建筑物的外部颜色以淡暖色调为主,环境美化的条款十分具体和严格。

3. 建筑物的设计形式

建筑物的设计形式应有一定程度的统一和规范，这样才能显得井井有条，但也应允许和鼓励一定程度的差异，这些差异应足以吸引人们的注意和兴趣，而又不会造成人们视觉上的混乱。主导的建筑形式不仅要形成规模，而且要具有优雅的、一致的风格，以一种主导的特色驾驭全局，完全消除杂乱之感。这种主导特色可能是全部使用相同的铺面材料、相同的屋顶形状，建筑群中各个部分的相对比例或开口与墙面成一定的比例，总之，要给人一种平衡的感觉。这些要素可以向一个特定的地方和环境赋予独特的景观特色，因此往往具有象征价值，并且这些特色与周围环境保持和谐。

广东清远狮子湖喜来登度假酒店所有建筑统一按照阿拉伯风格规划设计，酒店还在诸多接待环节聘请了阿拉伯员工，将整个酒店打造成为具有浓郁的中东阿拉伯风情的临湖度假区。该度假酒店不仅是著名的度假酒店，也因为其独特的阿拉伯风情成为人们打卡和婚纱摄影的热门之地。

4. 建筑物的规划与内部设计

在做度假村的规划时，首先要提出建筑规划和内部设计的初步构思，因为建筑及其内部的设计不仅具有实用功能，还是整个度假村产品中的一部分，它们将给旅游者留下深刻印象。与众不同的建筑风格，轮廓清晰和优雅的内部装修有助于产生高级的情感体验。度假村的各个组成部分必须协调一致，相互补充和强化。户外标志必须与户外用具和建筑特点相一致，建筑物内部的色彩、气质和布置必须烘托建筑设计风格。而酒店前厅、客房、餐厅以及内部的活动和服务都必须补充和强化旅游者所希望得到的体验。

美国加利福尼亚大学社会生态学教授哈纳·阿亚拉对度假村的景观规划提出了很有见地的"景观产品"概念，他指出度假村的宾馆饭店应该与周围的环境文脉协调一致，共同组成完整的景观产品。为了挖掘度假村对旅游者的潜在吸引力，度假村中的住宿设施通过建筑技术和内部设计而促进当地文化艺术和传统的复兴与进步。注重当地文脉的度假村景观规划设计强调在景观规划中反映当地值得保护和加强的自然或历史特点，在这一点上，安缦度假酒店集团在全球各地的度假酒店的规划设计上贯彻得非常到位。

八、重点工程与建设进度

（一）建设分期规划

近年来，度假村的开发正呈现投资规模越来越大、建设周期越来越长的趋势。因此，度假村规划设计中必须提出总体规划的实施步骤、措施和方法，科学把控开发节奏，明确度假村近期、中期和长期建设规划，并进行重点项目策划。

（二）重点启动项目规划

规划设计中必须对建设项目进行分期，不仅提出短期、中期、长期建设项目，还必须更加明确地指出重点启动项目是哪一个。重点启动项目必须：①能马上有盈利；②能快速形成市场的示范效应；③对后续项目具有明显的带动作用，即要有"连环炮"的效果。寻找重点启动项目就是策划上经常提到的寻找项目引爆点。

寻找重点启动项目是项目规划设计中最关键的内容，其规划设计决定着项目的成败。

重点启动项目规划越科学，度假村前景就会越光明、盈利的可能性就越大。开发商要想走过最艰苦的开发初期，就必须找好重点启动项目。

（三）规划设计项目重点节点的衔接

度假村规划设计中，必须明确阶段性项目的节点如何有效衔接，要求规划设计对重点项目必须做到更加细致和具有可操作性，分解出重点项目的建设程序和时序要求，否则项目开发延续性容易发生断层。

九、市场营销规划与投资估算

（一）营销策划

市场营销规划属于度假村规划中的策划部分。本部分的内容通常需要根据市场营销主要理论和模型做好度假村的市场营销策划内容。一般主要依据4P营销理论从产品、价格、渠道和推广四个方面进行策划。

（二）投资估算

市场营销规划中通过估算设计主要产品的价格，同时预测市场的销售规模，从而计算出近期市场收益及中长期收益，以此为基础对项目投资进行收益分析，从而得出项目的投资估算。

十、规划实施的保障措施

（一）规划实施的保障措施的主要内容

规划的最后需要提出本规划设计实施的保障措施。保障措施的主要内容和要素是人力、财力和筹建机构等方面，同时要明确如何处理与项目相关利益者的关系，比如当地政府主管部门和项目所在地的社区与居民等。

（二）如何处理与项目所在地社区居民的关系

度假村和项目所在地社区之间的关系在每个成功的度假村开发中都得到了规划者的重视。首先，从空间关系上看，综合型度假村要求相对封闭、自成一体，在选址时应尽量选择人烟稀少的僻静之地。如果选址区域内有自然村落，则需要将村落搬迁，实现度假村与社区的空间隔离。

其次，规划者重视通过度假村开发使当地社区受益。应明确项目规划建设需大力改善当地社区交通、水、电等基础设施；如何在当地政府部门的支持下组织社区培训，鼓励开办小型周边产业，如开设手工艺品商店和餐馆为游客提供多元化体验和服务，提高社区参与接待程度；鼓励充分利用本地资源，推进原料供应本地化，如酒店直接采购当地渔民提供的海鲜和蔬菜。

最后，跟踪监控度假村对本地社会文化生活方面的潜在消极影响，最大限度地合理利用和保护现有人文和自然资源。

第十章 休闲度假村选址与规划

案例教学　亚龙湾国家旅游度假区的选址和规划管理

推荐阅读

1. 吴必虎、黄潇婷《休闲度假城市旅游规划》，中国旅游出版社，2010年版。
2. 陈一峰《精品度假酒店规划与设计》，清华大学出版社，2019年版。

本章小结

本章首先介绍了可持续发展理论、区位理论和集聚理论等度假村规划设计相关理论，提出了休闲度假村选址的四个要求，即应遵守各级规划、尊重市场需求、依托稀缺性资源和考虑区位和交通状况。本章重点分析了休闲度假村规划设计的主要流程与内容，包括市场分析，资源分析，确定总体定位和主题形象，整体空间布局，景观与度假环境设计，产品、运营与商业模式设计，服务与基础设施规划设计，重点工程与建设进度，市场营销规划与投资估算，规划实施的保障措施等方面。重点介绍了度假资源评价的十个指标、商业模式设计的十一种类型等。

关键概念

可持续发展理论　区位理论　集聚理论　度假村选址　度假村规划设计　整体空间布局　度假村商业模式

 复习思考

一、复习题

1. 可持续发展观的概念是什么？
2. 区位理论的概念是什么？
3. 聚集理论的概念是什么？
4. 度假村选址应注意哪些原则？
5. 度假村规划设计的主要任务是什么？
6. 度假村规划设计包括哪些流程和内容？

二、思考题

选择本地区比较有特色的度假资源地，尝试规划设计一家度假村？

分析提示：

① 度假村选址原则；
② 度假村规划设计流程。

第十一章

休闲度假产品管理

学习目标

掌握度假产品的概念、形态和类型;掌握度假产品的构成与层次;掌握度假产品的主要特点;重点掌握温泉度假产品、海滨度假产品、乡村度假产品、湖泊度假产品和冰雪度假产品的特征。

随着我国全面建成小康社会,人们的可支配收入显著增加,人们物质生活水平得以提升,精神需求进一步增强。公休假日的增加、带薪假期的普及和奖励旅游的发展为人们休闲度假旅游提供了空闲时间的保证。人们的消费观念已经开始从传统大众观光旅游体验转变为更高品质的休闲度假体验,从而造就了庞大的度假旅游市场需求。

第一节 休闲度假产品概念与形态

一、度假产品概念

(一)总体概念

1. 概念

度假产品属于旅游产品的范畴,是指度假旅游者利用公休假期或奖励假期而进行休闲和消遣所购买的度假旅游产品。度假旅游产品区别于传统的观光旅游产品,它除了能满足旅游者观光的需求,更主要的是强调旅游者在某一地区获得身心的放松、康体和休闲娱乐方面的满足。其主要载体以各类度假村的形式呈现。具体表现为度假村中吸引旅游者的住宿、餐饮、游乐、康养、休闲、活动等形态。

2. 三个角度

从旅游者的角度来看,度假产品是一种经历与体验;从社会的角度来看,度假产品代表着一种形象,尤其是高级别度假村,更是时尚、豪华、高消费的代名词;从度假村自身的角度来看,度假产品就是度假村赖以生存的基本条件,是经营者精心设计的待售作品。

3. 两种体现

度假产品总体上包括物质和精神两方面的体现。

在物质产品方面,分为基本物质产品和拓展物质产品。基本物质产品是度假村提供的基本的食宿产品;拓展物质产品主要是度假村提供的健身休闲、停车、生活服务等具体功能型产品。

实际上,休闲度假更加注重精神方面的体验。精神产品包括给旅游者提供享受的审美体验,不同于常住地的鲜明的异境感知,而是度假休闲的美好生活和恬适的情感享受,以及与亲人好友相伴的欢乐时光等。

（二）宏观和微观概念

度假产品的概念应从宏观和微观两方面理解。

1. 宏观概念

从宏观方面来说,度假产品主要是按照度假资源类型进行分类,这个角度的度假产品可以理解为温泉度假产品、海滨度假产品、滑雪度假产品、主题公园度假产品、森林度假产品、湖泊度假产品、乡村度假产品等。宏观视角理解的度假产品可以清晰辨别出度假产品的类型,但这种按照资源类型定义的度假产品实际上也是度假村的类别。

2. 微观概念

为了区别度假产品与度假村类型,近年来对于度假村的产品定义更趋向于微观视角,即深入度假村,挖掘度假村的产品。从微观视角理解的度假村产品主要是指度假村内部给旅游者提供度假体验的具体产品内容。主要分为服务产品、硬件设施、环境产品和活动产品等。服务产品主要是指无形的人员、程序和系统服务方面的产品;硬件设施主要是指度假村的住宿、餐饮等主要消费内容的硬件设施的档次和等级;环境产品是度假村独有的产品类型,主要是因为度假村是综合型休闲放松产品,环境本身就是度假产品的内容之一,环境产品包括度假村景观、绿化系统、空气和水体质量等方面;活动产品主要是旅游者在度假村休闲度假时所参与的休闲、游憩、游乐和康养活动,是度假中的重要体验内容。

二、度假产品形态

度假产品包含三方面形态。

（一）物质形态的产品

物质形态的产品又称为核心产品,比如住宿房间内的易耗品、餐厅的菜品、酒水饮料等。其特点是随着人们的购买,其所有权发生转移。

（二）显性的非实体利益产品

这类产品又被称为核心产品的辅助品或包装物,比如餐具、家具、棉织品等,是度假村的主要硬件产品。它们是通过物质形态表现出来的,但其在服务或销售过程中的所有权不发生变化。显性的非实体利益产品是度假村提供服务的基本物质保障,它对服务质量的影响是巨大的,也是酒店产品服务中最需要下功夫的部分。

(三)隐性的非实体利益产品

它主要是指人们只能通过到现场接触后才能体验、体察或感知的,满足人们心理需要的产品。隐性的非实体利益产品的特点是无所有权或所有权不明确,是无形的,一般不可触摸到,但它能被感知或体察到。比如空气是否清新,温度、湿度是否合适,环境是否舒适,色彩与光线是否协调,空间是否宽敞,服务态度是否具有亲和力等。

三、度假产品类型

(一)景观型度假产品

观光景观是休闲度假中的重要因素。景观型度假产品主要包括自然风光、地形地貌、气候景观、名胜古迹等,由于度假旅游产品注重享受,此类度假产品要注重人性化设计,注重慢节奏的休闲驻足,同时要注意保护自然旅游资源和名胜古迹,实现度假村的可持续发展。

(二)文化体验型度假产品

开发文化内涵丰富的度假产品,能够凸显度假村自身特色,提升度假村的竞争力和生命力。文化体验型度假产品主要包括民俗风情体验、旅游节庆、演艺活动、博物展览等,深度挖掘当地民俗风情资源,培养具有地方特色的旅游节庆产品,开设与度假村主题相符的博物展览,能够增加度假者的文化体验。

(三)运动健身型度假产品

度假村应完善运动健身型度假产品的类型和档次,满足不同年龄、不同喜好的游客需求。此类产品包括室内和户外产品,户外产品更容易打造出特色,带给游客不同于城市的休闲体验。运动健身类产品一般包括台球、网球、羽毛球、乒乓球、足球、篮球、排球、高尔夫球、登山、攀岩、射击、骑马、山地车、自行车、游泳、漂流、滑雪、旱冰、跳伞、慢跑等运动项目,度假村应根据自身环境、主题设置相应的项目。运动健身型度假产品应注意季节性问题,做好淡季产品的开发;针对不同的消费水平,开发高、中、低档产品,满足不同层次的游客,也可申请举办大型体育活动,吸引游客并提高度假村知名度。

(四)康体疗养型度假产品

度假村应针对不同的度假者推出不同的康体疗养型度假产品,例如针对女性度假者推出矿泉SPA(温泉、冷泉)、美容美体、芳香疗法、森林浴等产品;针对男性度假者推出按摩推拿、保健体检等产品;针对老年度假者推出中医药疗养、药膳食疗等产品。

(五)休闲娱乐型度假产品

与传统旅游相比,度假者的主要目的是休闲娱乐,得到身心的放松,因此对度假村休闲娱乐产品的要求较高,娱乐项目需体现人性化、体验化、舒适性的特点。休闲娱乐度假产品一般包括歌舞表演、卡拉OK、棋牌、图书阅览、手工艺制作、戏剧音乐、垂钓、农事活动、主题公园、军事游戏、探险、狩猎等项目。度假村要根据主要客源消费水平,开发不同档次的娱乐产品,注重娱乐项目的参与性,增加游客的娱乐体验。

（六）商务会议和团建型度假产品

在风景优美、配备齐全的度假村召开会议或者开展团建活动，可以使人们放松心情，开拓思维，提高会议效率，因此，商务会议和团建型度假产品已成为一种流行趋势，被越来越多的企业和团体所接受。此类产品一般包括公司年会、奖励会议、专题讨论会、培训、文化交流会、专业学术会议、招商推介会、贸易博览会等各类展会和团体活动。度假村应提升会议接待设施的硬件质量，建设不同类型的会议室，配备先进的放映、音频和多媒体设备；提升会议接待和团建服务的质量，提高会务现场工作人员的综合素质，引进专业性会议服务机构，满足商务客人的需求；扩大会议接待的规模，增加会议室容纳的人数，承接大中型会议。

（七）夜间游乐型度假产品

夜间游乐型度假产品能够延长游客在度假村的停留时间，是实现度假村可持续发展的重要方式。然而目前大多数度假村缺乏夜间游乐产品，迫切需要开发多样化的游乐产品，既有运动健身类又有休闲娱乐类，既有繁华喧闹类又有安静舒缓类。夜间游乐型度假产品主要包括夜游观光产品、夜游美食产品、夜游娱乐产品、夜游购物产品等类型。夜游观光产品主要依托于照明系统，度假村的灯光色彩应形成整体的格局，给人舒适、柔和，充满文化气息和历史底蕴的感觉。夜游美食产品以相对集中的美食街区为吸引物，为游客提供各种地方美食。夜游娱乐产品主要是指酒吧、KTV、剧场演艺活动等，度假村可以建设酒吧一条街或者美食特色街、小型夜市，成为夜游产品的代表，为夜间休闲的游客提供便利，丰富其夜间游乐活动。

第二节　度假产品构成与层次

一、度假产品构成

度假产品是度假村有形设施和无形服务的综合。只有优质的产品及其服务保证和运行良好的设施设备的有机结合，才能使度假产品的品质得到体现。度假产品的构成主要有以下几点。

（一）度假村的位置

它包括与大城市的距离，与机场、高铁站的距离，以及自驾的距离，还有周围的风景分布等，这些是人们选择度假村的重要因素。度假村位置的好坏还与经营成本密切相关。

（二）度假村的设施

度假村设施指度假村的建筑规模，即度假村的各类客房、各类别具特点的餐厅、康养游乐中心等；度假村的设施还包括度假村提供服务与管理所必要的其他设施设备，如电梯、扶梯、自动消防系统、自动报警系统、备用发电机、监控系统、必要的停车场等。设施是度假村提供服务、提高游客满意度的基础保证。

（三）度假村的服务

服务是度假产品中重要的组成部分之一，是人们选择度假村的主要依据之一。度假村服务通常包括服务项目、服务内容、服务方式、服务速度、服务效率、服务态度等方面。

(四)度假村的形象

度假村形象是社会及大众对度假村的一种评价或看法。度假村首先通过自身的资源类型和设施水平建立第一印象,并通过销售与公关活动在公众心目中塑造良好的企业形象。它包含度假村的历史、知名度,度假村的档次、经营思想、经营作风、服务质量与信誉度等诸多因素,是较有影响的活广告。

(五)度假村的价格

度假村的价格不仅体现度假产品的价值,还是度假村形象与产品质量的客观反映。随着人们消费水平的提升,人们往往更加重视产品的质量。

(六)度假村的气氛

气氛是人们对度假村的一种感受。气氛取决于度假村的设施条件和设计建设水平,取决于度假村的空间与距离感,更取决于工作人员的服务态度与行为。合理的布局结构、优美的环境、悦耳的音乐、热情的服务等都会使人们形成对度假村气氛的最佳感受。

二、度假产品层次

度假产品应由核心产品、形式产品、期望产品、延伸产品和潜在产品五个层面构成。

(一)核心产品

核心产品是指旅游者购买一种度假产品时所获得的核心利益或基本效用。这是度假村整体产品概念中最基本、最主要的部分。例如,旅游者选择一家度假村度假,主要是为了得到优质的休闲和度假体验,因此要求度假村具备高品质的食宿和休闲游乐产品。

(二)形式产品

形式产品是核心产品借以实现的形式,即产品实体和服务的形象。例如,度假村的建筑特色与风格,地理位置,客房、餐厅、游泳池等各种服务设施及服务质量等。度假产品的基本效用必须通过某些具体的形式才能实现,形式产品的设计必须以度假村核心产品为指向。

(三)期望产品

期望产品是指旅游者在购买某一度假产品时随之产生的种种期望。例如,优质干净的客房和床上用品、优美的自然环境、安全感、得到关心、受人尊重等。

(四)延伸产品

延伸产品是指旅游者购买度假产品时所获得的全部附加服务和利益。延伸产品是一个度假村能同其他度假村区别开来,形成特色,保持竞争优势的重心所在。度假村的游乐设施、免费停车场、质量保证、具有良好 Wi-Fi 信号的客房等均属于此范畴。尤其是儿童和老人的配套设施与服务等。

(五)潜在产品

潜在产品是指包括现有度假产品的所有延伸和演进部分,可能发展成为未来产品的潜在状态的产品,也可指为个别旅游者提供的个性化服务。

度假产品在上述五个层面既相互独立、各具特点，又紧密相连，共同构成整体产品的全部内容。在五个层面上，确保核心产品、形式产品和期望产品的质量，是使旅游者满意的前提条件。延伸产品和潜在产品是产品灵活性的具体表现，同时也是产品在现有价值之外的附加价值，它们能使旅游者提高满意程度。度假村整体产品的五个层次，十分清晰地体现了以旅游者为中心的度假村现代营销观念，它说明没有旅游者的需求就没有度假产品，度假产品就是满足旅游者需求的载体。

度假产品以度假村旅游者利益的实现和需求的满足为核心，指导度假村营销组合策略的制定和实施，指导度假村整个营销管理活动的进行。度假产品只有在五个层次上进行最佳的组合，才能形成产品的竞争优势，才能确立本度假村的产品的市场地位。围绕核心产品，度假村可以在其他四个层面上进行产品的差异化，创造度假村的产品特色。随着现代市场经济的发展和度假村市场竞争的加剧，度假村为旅游者提供的延伸产品和潜在产品在市场竞争中显得越来越重要。

第三节　度假产品的特点

度假旅游以多功能、多需求、高档次、高消费为特征而区别于其他旅游形式。它虽具有观光游览的性质，却偏重休闲、娱乐、康养、健身、体验等功能特征。

一、度假产品强调休闲和放松的心理需求

度假产品关注旅游者休闲、消遣、度假、求放松、求安逸的心理需求，为其提供了一个舒适、优雅、安静、私密的空间。度假产品追求与旅游者互相融入的目标，产品符合旅游者的心理感觉，旅游者投身其中，享受度假产品的各项服务。度假旅游持续的时间比较长，是旅游者在一段时间内的一种生活方式。度假旅游的突出特点是强调身心感受，为旅游者提供紧张生活之外的闲适。

二、自然景色优美、气候宜人

成功的度假村一般都具备优美的环境、适宜的气候条件和良好的地理位置。度假村的环境为自然环境和人文环境形成的综合的游憩环境。旅游者对环境质量等要求相对较高。环境优美、生态良好、气候舒适、空气清新、水体质量好、森林覆盖率大、空气负离子高等是旅游者对度假地的基本要求。

世界各地的度假村大多选址于生态环境好、民族风情浓的地方，如海滨、湖畔、山区和林间空地等生态系统保存完好的地方。它们与当地文化环境相结合，或以空气洁净、环境清新、原始幽静为特点，或以大面积水域构成粗犷、开朗的游憩空间，这是建设度假村的理想场所。

三、高品质高投资和深度体验性

度假产品以面向休闲度假、健康疗养、亲子研学型旅游者为主，他们与一般的观光游客

和商务游客不同。一般地说,旅游者停留时间长、消费水平高,他们对物质生活要求高,对度假村的设施水平和食、住、游乐等接待服务的设计和建设水平要求也比较高,同时还需要配套完善的康养、文体、娱乐设施,以及良好的环境设施。度假村在依托独特稀有资源的同时,应为他们提供优雅而独特的环境,方便、舒适的高质量服务,只有拥有高品质的设施和环境才能吸引旅游者在目的地长时间停留,拉升旅游者的整体消费水平,体现度假产品的优势,获取良好的社会、经济效益。因此,度假村开发建设除大规模的房地产工程外,还有相关地区基础设施、环境设施、公用设施的建设,故耗资巨大。

旅游者追求品质化的度假生活的同时,还追求身心合一的深度体验,以康体娱乐配套设施为核心产品和核心吸引力,因此,度假村要为旅游者提供专业化的产品、装备和技术服务,将度假体验引向深入,如高尔夫场地需要提供专业装备和技术指导等,这些专业化的产品和服务有利于培养旅游者的忠诚度,吸引更多的回头客。

四、场景氛围的休闲性和时尚性

场景氛围的休闲性是休闲度假村不可或缺的重要元素。要坚持"情景合一、心景互动"的原则。通过独特的空间、环境、色彩及声音等要素来营造休闲度假村的氛围。

舒适的环境、专业化的设施、特色的餐饮和购物等时尚化的度假元素,是度假产品能够持续发展,保持吸引力、生命力的关键所在。通过美化生态环境、营造文化氛围,提供活动体验、休闲娱乐、绿色餐饮、特色住宿、康体服务以及专业设施等,为人们构建一个令人流连忘返的时尚度假乐园。

五、度假产品具有综合性和季节性

度假产品是一种新型、高品质的综合性旅游产品,一般集健身、休闲、康养、游憩、娱乐功能于一体,通常应具备住宿、餐饮、酒吧、茶座、咖啡厅等生活服务设施,以及游泳池、健身房、游乐园等健身娱乐设施。度假村内还应具有观赏价值的自然景观、人文景观。因此,为了满足人们吃、住、行、购、娱等多种需要,一方面,度假产品往往同时具有生存、享受和发展三种功能,必须能够满足人们多层次消费的综合性商品。另一方面,因旅游受季节、气候等自然条件和各国休假制度的影响,度假产品的消费具有明显的季节性。

六、度假产品具有服务产品的共同特征

(一)度假产品的价值不能储存

一般商品的买卖活动会发生商品所有权的转移,而度假产品中的客房、餐饮和其他综合服务设施,在提供服务的同时,并不发生实物转让。人们买到的只是某一段时间的使用权,而不是所有权。以每晚收费800元的度假村客房为例,如果此房当天售不出去,那么这800元的价值就无法实现,也就是说,度假村的产品价值具有不可储存性。这就要求度假村应尽可能提高入住率。

(二)度假产品的生产与消费同步

一般商品从生产到消费要经过商业流通环节才能到达人们手中。商品的生产过程与人

们的消费过程是分离的,一般商品是先生产后消费,而度假产品却不存在这样独立的生产过程,其生产过程和消费过程几乎是同步进行的。只有当人们购买并在现场消费时,度假村的服务和设施相结合才能成为度假产品。

（三）受突发因素影响很大,具有不可预见性

休闲度假产业是服务行业的一种,旅游者聚集在度假目的地,产生人员的集聚现象,加上旅游者需要从居住地移动到度假目的地,产生人员流动现象。度假产业的人员聚集和人员流动在疫情发生时,均会纳入疾病防控的范围而被叫停。因此,当重大流行疾病发生时,度假产业将会被按下"暂停"键。另外,休闲度假消费是一种在社会稳定、人们安居乐业的环境下衍生的幸福产业,当社会出现动乱或者经济发展出现困难时,休闲度假产业将会受到严重打击。比如,澳门作为博彩娱乐型度假城市,在2003年非典疫情和近年的新冠肺炎疫情的冲击下,其度假产业受到空前的打击。

（四）高度依赖信息营销

度假村建好后需要吸引旅游者前来度假,需要面向市场推广度假产品,因此,只有事先向人们提供各种准确、及时的度假产品信息,才有可能促进产品销售。这就要求度假村从业人员能够及时了解各种度假村信息,并通过一定的渠道找到潜在旅游者并给予适当的介绍和推荐,即要求度假村能够找到适合的信息传播途径和传播对象。同时,度假村还应加强服务和宣传工作,通过提高自己的声誉和形象,给每位来消费的人留下美好的回忆,创造良好的口碑。

（五）生产与服务质量不稳定

度假服务是无形的,服务质量的好坏不能像其他商品那样用机械或物理的性能指标来衡量。相对于一般产品,度假产品的质量具有不稳定性。度假产品的质量很大程度上取决于服务人员为旅游者提供面对面服务的优劣,而人的个体差别很大,同一项服务,由不同的人提供就会有不同的服务质量。度假服务也不像其他产品那样,做得不好可以重新返工,度假村里的任何一位服务人员出了问题,对度假村所造成的损失常常是难以弥补的。度假村管理者应通过制定并执行严格的质量标准,对员工进行职业培训,推行以人为中心的管理方式,培养良好的企业精神和激励员工士气等,通过这些途径提高和稳定度假产品服务质量。

同时,不同地域的旅游者所处的社会经济环境不同,民族习惯、经历、消费水平和结构不同,对服务接待的要求也不尽相同,度假村提供的服务质量的好坏在一定程度上取决于旅游者各自的需要和自身的特点。这就要求度假村的服务人员和管理人员不能以自己的想象或自己的服务质量标准来对待不同的旅游者,而应完善人性化和个性化的服务细节。

第四节　不同类型的度假产品特征

度假产品除具有共同的特征外,不同类型的度假产品也具有自身独有的特征和要求。

一、温泉度假产品特征

温泉度假是以康养消费理念为特色,集休闲度假、康养娱乐、商务会议、特色餐饮于一体的度假业态,近两年已变成旅游投资的风潮,温泉度假产品成为度假业态中较为活跃的产品类型之一。温泉度假产品通常具备以下几种特点。

（一）高品质的温泉水质

高品质的温泉水是温泉度假村的第一要素,不同温泉的矿物质和元素含量各具特点,其疗养功能也有所不同。大多数温泉度假村都会基于温泉原质水推出多种功能的泡池,以满足人们的多种选择。

（二）高品质的配套设施

温泉度假村除温泉产品外,还会营造出优美独特的景观。景观与温泉泡池相互映衬,形成独特的意境。温泉景观通常会结合自然要素和人文要素,打造不同场景的温泉环境。其在建筑、景观、装饰等方面均很有设计感,从而突出温泉度假产品的文化功能。

（三）配套特色饮食和茶点

温泉度假村中的饮食配套是产品体系中的重点之一,通常泡温泉会使人产生饥饿和口渴之感,因此在温泉区还会提供特色水果、茶饮或者点心,为客人提供及时的补给。另外,温泉度假村的早餐和正餐都是比较有特色的,是温泉产品之外的重要配套。

（四）综合配套较为完整

为了给人们提供更多综合的体验,同时为了弥补淡季的不足,很多度假村会在温泉产品的基础上,开发出更多的休闲度假产品,比如主题街区、森林度假、禅修度假、亲子活动、理疗养生等。

二、海滨度假产品特征

"3S"（阳光、海水、沙滩）曾是度假旅游的代名词,催生了一批海滨度假胜地。海滨度假产品的特征主要包括以下几个方面。

（一）海水和海景是主要吸引物

人们选择海滨度假的主要吸引因素是海水的质量和海景的广阔美丽。海水一是要观赏起来赏心悦目,二是要适合海水浴、冲浪和近水水上运动;海景则主要是景色的观赏价值,海水的一望无际会给人一种辽阔的感觉。

（二）海滨度假季节性较强

海滨度假适合夏天,主要是因为海滨度假以海水浴为主要体验活动,天冷的时候,气温和水温不适合下水活动,因此冬季前后,海滨度假便进入淡季。

（三）沙滩是海滨度假村的重要资源

海滨度假除海水、海景、季节因素外,沙滩也是影响海滨度假的重要因素。沙滩活动是海水浴和海边冲浪活动的重要构成,也是儿童玩耍的主要场所,因此,沙滩上的沙子的细腻程度、干净程度,以及沙滩的长度、面积都是海滨度假的重要条件。

（四）海滨度假产品趋向多样化

海滨度假随着海滨度假需求多样化呈现越来越多的产品形态。第一，公共海滩和海水浴场成为大众度假的主要产品，这类产品要求消费者的住宿与海滨活动分开，消费者通常住在公共沙滩和海水浴场附近的酒店，这类酒店通常建设在海边的小村镇中，价格比高星级度假酒店实惠，此类海滨度假可以依托海滨小村镇，向周围地区的进行延伸，度假活动范围和活动半径要大一些。第二，高端海滨度假酒店不断崛起，这类高端海滨度假酒店通常配有私家海滩和海水浴场，主要海滨度假活动均可以在本度假酒店中实现，这类海滨度假酒店的价格相对较高。第三，近年来，海滨资源丰富的海滨城市度假也成为近年来度假的热门选择。第四，受到海滨度假高端市场需求的刺激，各海滨度假区通常汇集各种业态。例如，海南三亚亚特兰蒂斯度假区汇集了高端酒店、水族馆、国际会展、餐饮、娱乐、购物、演艺等业态。

三、乡村度假产品特征

乡村度假是指在乡村地区，以特有的乡村文化和生态环境为基础开展的休闲度假活动。即以滞留性的休闲、度假为主，在水乡、山村或民俗园中小住数日，亲身体验乡村度假地的衣、食、住、行，同时对当地的民间艺术、民间技艺、方言等加以了解。

（一）注重原生的乡村环境

乡村度假旅游有别于其他度假形式的核心特征在于乡村性，具体而言就是原生的乡村环境。因此，具有乡村特征的环境是发展乡村度假旅游的先决条件。优美的田园风光、浓郁的乡村风情、原生的自然环境，既是开发乡村度假的旅游背景，也是构建乡村度假活动的主体资源。环境的自然性、原生性和优美度是乡村度假旅游的核心吸引力。乡村性在于原生性，它包括原生的自然环境和原真的人文环境，是基于未被大规模开发而保持的自然状态。

（二）乡村度假活动以乡村体验活动为主

旅游者在住宿的基础上，可以品尝到乡村小吃和当地果蔬，并适当参与农事活动、体验乡村生活，比如果蔬采摘、垂钓休闲、山花摄影、鱼虾捕捉等，在亲自参与中感受乡野的欢乐，从而加深与乡村生活的接触程度。

（三）带动一系列特色产品的销售

在乡村中，干净的特色蔬菜、成片的油菜花和桃花、放养的禽畜、鲜活的水产、新鲜的水果、别致的盆景、风味独特的土特产、工艺精湛的手工艺品都可成为乡村度假资源。旅游者在乡村度假地能够看到真实的当地农产品的种植、生长、生产的过程，这会促进他们购买当地的农产品。

四、湖泊型度假产品特征

湖泊休闲度假是以湖泊及相关资源为依托，以消磨闲暇、健身康体、放松度假为主要目的，在具有良好环境的湖泊地区进行的一系列休闲度假活动。其核心需求是在湖泊地区达到放松、体验、娱乐、健康和自我完善等目的。

（一）通过打造优质生态环境以获得生理愉悦和身心健康

湖泊型度假区拥有良好的环境，包括自然、人文环境，具有舒适性、康益性和安全性的特点,非常适合居住。现有湖泊型度假区大都建立在风景优美、环境僻静、气候温暖、空气清新的地区,大多沿湖滨而建,以湖区为中心的滨湖带状或环形的布局,湖面宽广,视野开阔,营造出优越的居住环境,为旅游者在心理、身体上创造一种对健康有益的生态型度假环境。

（二）通常辅以水上运动以及滨水娱乐的休闲游乐功能

国内外湖泊旅游都经历着从观光型到休闲度假型的过程,进入休闲度假阶段后,产品拓展出一系列的近水休闲和游乐项目,从平面型地面活动逐渐向水、陆、空立体方式转变,利用湖泊的湖面、湖上、湖下、湖边,开展旅游者所钟爱的各类体育和休闲运动项目。从而将湖泊旅游从单一的观光旅游转变为以度假为主体,集观光、休闲、会议、体育运动于一体的综合性旅游目的地。

（三）水质是湖泊度假的生命线

良好的生态环境是湖泊旅游度假地赖以生存和发展的基础,因为休闲度假旅游以获得生理愉悦为主要目的,非常注重生态环境质量,以达到身心健康和身心恢复。若湖泊水质受到污染、动植物生长遭到破坏,对于旅游者是不具有吸引力的。湖泊生态系统在自然界中是非常脆弱的,随着工业化和城镇化进程的不断发展,人类活动对湖泊的影响日益加剧,污染和富营养化严重,生态功能退化萎缩,直接影响着湖泊水质。湖泊水质是最具有吸引力的环境因子,即生态环境资源。旅游者对湖水透明度高、水生和陆生物种丰富的湖泊旅游地格外青睐。湖泊水体敏感性很强,若要成功开发湖泊度假,人们就必须重视对湖泊及其周边生态环境的保护,以实现可持续利用。

五、冰雪度假产品特征

（一）冰雪度假具有鲜明的季节性和地域性特点

冰雪度假具有鲜明的季节性特点,冬季为旺季,人满为患,夏季则运营困难。这主要是由冰雪资源的季节性造成的。只有在冬季才会出现大范围、大幅度的降雪,因此,四季变化造成了冰雪资源明显的季节性和周期性。与冰雪有关的项目,如雪景观赏、滑冰及滑雪等都具有明显的季节性,其可持续时间一般只有三个月左右。我国真正的冰雪旅游度假高峰期在每年的元旦、春节期间。

冰雪资源受到气候条件的制约,主要存在于寒冷地区,因此,世界范围内的冰雪景观主要集中在中高纬度的部分国家和地区,具有明显的地域性。正是由于这种地域性,冰雪资源变成了一种地域优势资源。在我国,冰雪资源主要分布在黑龙江、辽宁、吉林和新疆等地区,特别是在新疆地区分布得非常广泛,由于天山、阿尔泰山和昆仑山的存在,新疆高山冰雪资源丰富,为开发冰雪旅游度假创造了很好的资源条件。

（二）冰雪度假蕴含着浓厚的冰雪文化

在冰雪中生活的人们,通过日常的生活习惯进而创造出一种能相互交流的符号,采用这种符号记录下来的文化,就是冰雪文化。如今随着时代的进步,逐渐形成了以冰雪生态环境为基础的独特冰雪文化资源。冰雪文化资源包括冰雪建筑文化,皮毛制品的服饰文化,冰雪装饰文化,冰雪饮食文化,冰雪运动文化,以冰雪文学、冰雪运动等形式体现的冰雪精神文化等。

(三)冰雪文化推动了室外活动和冰雪互动

除此之外,冰雪精神的传承在寒冷地区推动着人们进行室外活动和室外体验,增加与冰雪的互动。冰雪世界以冰雕、冰灯为主要景观,辅以冰雪活动,如实景演出、互动游戏、狗拉雪橇、冰灯冰雕、打雪仗、堆雪人、焰火燃放等地域性雪上体验活动,同时还提供冻梨、冰糖葫芦、冰糖球等冰雪地区特有的地域性美食。冰雪精神有利于推动人对空间和自然进行认识和改造的能动性,将创造性融于自然生态之中。在冰雪大世界中,人可以主观能动地参与冰雪文化活动并产生良性互动。目前,越来越多的人喜欢上了冰雪运动,甚至有些学校也举行这样的活动,冰雪目的地每年还组织一些青少年冰雪项目集训,培养优秀的运动员参加大型比赛,每年举办大型冰雪运动会,不断开展各种弘扬冰雪文化的运动。

(四)产品延伸业态的复合化

随着冰雪度假的发展,冰雪度假的业态逐渐由单一化布局向复合化转变。冰雪度假业态开始转变为公共休憩空间、酒店购物内街、文化娱乐设施和旅游服务中心的集合。为了能进一步巩固客源,吸引更多的旅游者,每一栋建筑中都聚集了不同的业态,给旅游者也带来了良好的服务体验。因此,冰雪旅游区度假酒店在设计中应将各种因素结合起来,设置滑雪用品商店、餐饮店等多种业态。

推荐阅读

1. 中国房产信息集团、克而瑞(中国)信息技术有限公司《度假酒店操作图文全解》,中国物资出版社,2011年版。
2. 余源鹏《旅游度假区开发宝典——七大类型旅游度假区的百种产品开发与选择》,化学工业出版社,2020年版。

本章小结

本章首先总结归纳了度假产品的概念与形态,度假产品属于旅游产品的范畴,是指度假旅游者利用公休假期或奖励假期而进行休闲和消遣所购买的度假旅游产品。度假产品包含物质形态产品、显性的非实体利益产品和隐性的非实体利益产品三方面形态。度假产品包括景观型、文化体验型、运动健身型、康体疗养型、休闲娱乐型、商务会议和团建型、夜间游乐型等多种产品类型。其次,本章介绍了度假产品的六个构成和五个层次,其中五个层次包括核心产品、形式产品、期望产品、延伸产品和潜在产品等方面。最后,本章重点分析了温泉度假产品、海滨度假产品、乡村度假产品、湖泊型度假村产品和冰雪度假产品的主要特征。

关键概念

度假产品　度假产品类型　度假产品构成　度假产品特点　海滨度假产品　乡村度假产品　湖泊型度假村产品　冰雪度假产品

复习思考

一、复习题

1. 度假产品的概念是什么，可以从哪几个角度理解？
2. 度假产品的形态有哪些方面？
3. 度假产品有哪些类型？
4. 度假产品由哪些因素构成，度假产品有哪几个层次？
5. 度假产品有哪些主要特点？
6. 温泉度假产品、海滨度假产品、乡村度假产品、湖泊型度假村产品和冰雪度假产品分别有哪些主要特征？

二、思考题

选择本地区比较有特色的度假村，分析该度假村的产品体系和特征。

分析提示：

①度假产品的三种形态；
②度假产品的六个构成；
③度假产品的五个层次。

第十二章

休闲度假服务与活动管理

学习目标

掌握服务营销理论的内涵；了解服务营销与传统营销理论的差异；掌握服务营销的主要要素；掌握服务质量理论；掌握全面质量管理体系的概念和要求；了解服务质量的前置影响因素；掌握服务接触理论内涵与测量；掌握服务质量后置影响因素的理论内涵与测量；重点掌握度假活动的概念和气氛理论；重点掌握现场娱乐理论。

休闲度假作为高层次的旅游业态，人们休闲度假的主要目的是放松身心和享受生活，要求服务互动性强、服务质量高，度假区应提供多样化和人性化的服务措施，满足不同类型的顾客需求。

第一节 服务营销

服务营销是随着世界服务产业的崛起，而提出的区别于传统有形产品营销理论专门研究服务行业的营销理论。

一、服务营销的内涵

（一）基本内涵

服务营销是指服务商在与顾客充分交流后，在了解、分析和认识顾客需求的情况下，为充分满足顾客的需求而在营销过程中所开展的一系列活动。

（二）理论创新

20世纪六七十年代开始，西方国家第三产业迅猛发展，人们逐渐发现适用于传统制造业的4P营销理论与服务产业的契合度不高，学术界便开始探索和研究针对无形的服务产品的营销理论,并逐渐形成服务营销理论体系。服务营销与传统营销的首要不同之处是营销的对象从有形第三实物产品转移到无形的服务产品上,是针对第三产业的营销服务。

服务营销理论在长期的理论研究中逐渐形成了消费者行为、服务质量、服务接触、关系营销等理论。

二、服务营销与传统营销理论的差异

服务营销在营销对象、顾客管理、质量管理、营销互动、分销渠道、供需平衡等方面均存在较大的差异。

(一)营销对象

传统市场营销的对象是具体的有形的产品,是一种销售,而服务营销的对象是服务本身,是无形的,更是一种营销理念。

(二)顾客管理

服务营销不仅需要满足已购买者的实时需求,而且需要考虑到潜在顾客的需求,力争最大满意度。同时,服务供应商在落实服务营销和顾客管理时,往往会在满足顾客基本要求的同时为顾客提供意外的服务体验,引导顾客消费和购买服务以提高营收。

(三)质量管理

服务性产品和一般的产品大有不同,其在生产销售和使用的同时性决定了一旦出现质量问题将直接暴露,顾客参与的强度也使得服务产品的不确定性更加突出,因此,服务营销的质量管理和传统的市场营销相比更加难以控制。

(四)营销的互动性

在服务营销中,服务商和顾客之间是相互作用的,顾客直接参与营销活动。实施一项服务活动,不仅需要考虑设施设备是否准备完善,还需要根据顾客的需求情况,以权衡服务供应的体力和脑力劳动强度,这些都是需要顾客参与其中的。

(五)分销渠道

服务营销提供的服务具有不可储存和不可转移的特征,所以在选择分销渠道时,需要重点考虑时间和地点两项要素,而无须考虑运输和储存等因素。

(六)供求平衡

服务产品的市场需求有着较大的周期性,其存在明显的淡旺季区分,而且每日的营收客流等均会受不稳定因素影响,因此在追求供求平衡方面具有一定困难,常会出现产能不足或需求不足的不平衡现象。

三、度假产品服务营销的特征

度假产品是酒店产品和旅游产品的综合,因此具有更加独特的服务营销特征。

(一)营销对象复杂性和要求较高

首先,度假消费服务市场的营销对象往往来自不同的地区,具有不同的职业、年龄、受教育程度、收入水平、婚姻层次等特征,他们的消费动机和需求习惯等都会有较大的差异,因此

要求度假村针对不同顾客的实际特征做出针对性和人性化服务。

其次,度假产品是普通旅游产品和酒店产品的升级产品,消费水平和质量要求要高于普通酒店和旅游产品,因此需要服务方提供高品质的服务。

最后,度假产品服务对象的复杂性和要求较高,对服务人员综合素质也要求较高。一般情况下,一线服务人员的技能水平会直接影响服务品质,所以顾客在选择服务产品的同时,也是在选择服务人员的技能,这必然决定了对服务人员的高要求。度假产品定位高,高端顾客较多,这也要求服务人员的素质应较高。

(二)服务产品外延扩大为综合服务

度假消费是融食宿、休闲、游乐、康养和亲子活动等多种产品于一体的产品,其服务的外延比普通的旅游和酒店产品外延要扩大很多。顾客在选择度假产品的同时也会要求获得一系列密切相关的其他产品和服务,这些将满足顾客的预期和非预期的需求。

(三)服务产品的时间价值与互动要求高

首先,度假服务属于高消费产品,度假产品的计价方式大多是以时间为单位进行的计价方式,因此,顾客对度假服务产品的需求具有时间要求。如何在顾客最需要的时候恰到好处地提供某项服务,或者预测到客人的某项需求,是服务方需要研究的重点。

其次,度假消费的休闲和心理需求的特征,会提高顾客对度假村产品和服务的期望,即对度假产品和服务的心理期望标准较高,尤其是在服务互动中有较高的受尊重期望。这就要求度假村服务人员在提供服务时,应注重互动性、程序性、公平性和补偿性。

四、度假产品服务营销的要素

服务营销在传统的4P营销理论的基础上,提出"人"的地位和作用是很大的,并由此衍生出关系营销和服务系统设计两方面的研究内容。在这一阶段的研究后,服务营销理论认为,除原来的产品、价格、渠道和促销因素外,还应当增加人、服务过程和有形展示,形成产品、价格、渠道、促销、人、服务过程和有形展示的组合,从而丰富服务营销理论。

(一)人本策略

人本策略可以分为两层,一是以客人为本,即以客为先。顾客是度假村生存发展的根本,度假村间的竞争就是吸引顾客的竞争,因此,营销行为的目的就是培养更多的忠实顾客。忠实的顾客是相信和认可企业的,是企业利润的主要来源。二是以员工为本,具体来说就是以酒店内部员工为本,运用完善的培训和激励政策正确激励、培育员工,调动员工的创造力和积极性。

(二)有形展示策略

度假村内有形展示可以分为物质环境和信息沟通。其中,物质环境可以划分为周边环境、空气质量、环境清洁、员工形象、企业形象标识等,一切顾客可以看见和感受到的都可以称作物质环境的一种。信息沟通主要是指服务过程中的信息交流的载体。

(三)过程控制策略

在服务营销实施过程中,因为服务过程存在偶然和不可控性,所以度假村只有做好全程监督、调节和控制,才能达到最佳效果。

第二节 服务质量管理

度假产品是一种服务行业产品,适用于服务营销理论。该理论通过全面服务质量体系提升服务的质量,并以顾客满意度、忠诚度和行为意向作为直接衡量标准,实际上服务质量也会受到服务接触等前置影响因素的影响,服务质量也会通过感知价值和关系质量等中介变量影响满意度和行为意向等结果变量。

一、服务质量

(一)服务质量概念

质量(Quality)概念很早就被提出,但早期对质量的描述和研究主要集中在有形产品中,Juran、Gryna 和 Bingham(1974)首先将外部顾客的需求纳入质量中考虑,使得以顾客使用来衡量质量渐渐受到重视,而研究服务质量的先驱 Sasser、Olsen 和 Wyckoff(1978)根据服务业的特性,以材料、人员及设备等三个维度来定义服务质量。由此,"服务质量"的概念在与有形产品质量的对比下被正式提出。Goetsch 和 Davis(1994)提出质量不只是有形产品的质量,还包含了无形的服务、人员、流程及环境等。由于质量为某一产品满足某个顾客的程度,质量的优劣由顾客来判断(Garvin,1988;Garvin,1988)。因此,服务质量被认为是满足顾客的需求和期望的程度。

(二)服务质量的评价与衡量

Parasuraman、Zeithaml 和 Berry(1988)认为服务质量是顾客对某一服务产品整体性的认知与评价,也就是一种认知上的质量,他们提出了服务质量量表,将服务质量分为有形性、可靠性、反应性、保证性、关怀性五个维度,成为研究服务质量的经典量表。其中,可靠性是指服务人员能够准确地提供所允诺的服务的能力;反应性是指对顾客的要求能够迅速回应,且能妥善处理;保证性是指服务人员具备专业的知识、礼貌和赢得顾客信赖的能力;关怀性也被称为同理心,是指服务人员对顾客的关心与个别性的照料;便利性是指提供充分的资讯让顾客了解活动,有清楚的指示,比如停车场足够顾客停车并指引清晰。尽管其他学者在研究中对服务质量量表有所改动,但大都是基于此量表进行细微修改。

(三)度假村服务质量

度假村服务质量是指度假村以其所拥有的设施设备为依托,为顾客所提供的服务在使用价值上适合和满足顾客物质和精神需要的程度,主要由设施设备质量、服务产品质量、实物产品质量、环境氛围质量、安全卫生质量等部分组成。

(四)度假村全面服务质量管理的含义

全面服务质量管理是服务商用来提高服务质量的主要战略举措,是以无形服务为中心、以顾客满意为目的、重视人的作用和强调环境因素的影响,所开展的服务质量全面全过程建设的管理体系。

度假村全面服务质量管理就是以提高服务质量为宗旨,组织全店员工共同参与,综合运用现代管理手段,建立完善的服务质量标准和体系,在全过程中控制影响服务质量的各种因素而开展的系统的质量管理活动。

二、服务接触

在全面服务质量管理中,要统筹考虑服务质量的影响因素,主要包括前置影响因素和后置影响因素两个方面。前置影响因素主要是指有哪些因素会影响服务质量。前置影响因素以服务接触为代表,还包括企业的品牌、形象和声誉等方面,这里主要介绍服务接触。

(一)服务接触的概念

服务接触(Service Encounter)最早出现在20世纪80年代初,属于服务营销理论之一。Bateson(1983)提出服务接触是顾客与服务人员和服务组织间的互动,三者之间相互影响和制约。他同时认为高质量的服务接触必须是三者间达到均衡状态,任何一方出现问题都会影响服务接触的质量。服务接触过程的控制要做到满足顾客需求、符合员工个性与利益、保障组织效率、提高组织产出。

Carlzon(1987)从"关键时刻"的角度对服务接触进行定义,即顾客和员工互动的时刻,顾客的每一次关键时刻都会形成对服务的感知,从而影响顾客满意和顾客忠诚。

(二)服务接触的三个维度

服务接触主要包括服务组织、人员接触和服务系统三个维度。

1. 服务组织

服务组织提供一切顾客所需要的资源,确保服务能够顺利展开,服务组织作为后台控制者,制定服务流程、进行服务设计,提高企业的整体服务水平。

2. 人员接触

人员接触是指服务人员与顾客接触的过程。接触员工是指在服务中与顾客直接接触的员工,这些员工将服务一对一地提供给顾客,是顾客信息的来源,员工的服务行为将直接影响顾客对服务和企业的评价。

顾客是服务接触中的核心因素,也是最为活跃的因素。服务是为了满足顾客的需求,在买方市场的背景下,如何满足顾客需求、提高顾客满意、维持顾客忠诚已经成为所有企业关注的重点。Solomon、Surprenant、Czepiel和Gutman(1985)以社会心理的观点来探讨在服务传递时人与人之间的互动,即服务接触指服务人员与顾客间所发生的面对面的互动,而服务接触就存在于双方的互动过程中,在这一互动中,服务人员的态度、行为和服务技能将决定顾客感知的质量。

Shostack(1985)将服务分为有形和无形服务,并提出了服务接触中"服务蓝图"的概念,他认为应该正确地描绘服务系统的图片,整体的服务蓝图应该包括服务传递的过程与机制、员工角色、顾客的角色、服务过程中设施设备等有形成分、环境等。

3. 服务系统

Bitner(1990)根据前人研究,认为服务接触并非只是顾客与员工间的互动,服务接触是抽象的且具有集体性的事件或行为,是顾客与服务系统间的交互,这一研究将传统意义上仅限于服务人员与顾客之间的互动接触扩展为服务系统与顾客之间的互动,扩展了服务接触内容的广度,即顾客与服务组织、服务硬件、服务环境等有形因素间的交互也属于服务接触的范畴。

Lovelock(2001)进一步研究认为,服务接触应包含核心技术和实体设施两部分,服务的产品需要两部分的结合,实体设施与核心技术共同组成了服务传递系统,通过系统顾客才能够全面接受企业提供的服务。他还将服务分为服务人员、服务设施、非人员沟通、其他人员四部分,服务人员在一定程度上被认为是企业和服务的直接代表;顾客与服务设施间的接触载体包括建筑、环境、车辆、自助设备等;顾客与非人员接触载体包括宣传册、广告、新闻等;顾客与其他人员的接触载体包括服务中碰到的其他顾客等。

综上所述,尽管在服务接触的学术研究中,有学者将服务接触的范围从人员接触延伸到服务系统、服务组织和有形环境等多个方面。但关键时刻的存在不能否认,加上硬件环境往往是固定不能改变的,而人员服务接触是不断变化的,因此在服务接触对服务质量影响的研究中,人员服务是关键和核心。

(三) 人员接触的测量

Solomonl、Surprenant 和 Czepiel(1985)在研究服务人员与顾客互动接触中,提出服务人员的态度、行为和服务技能将决定顾客感知的质量,并依此提出了服务接触量表,成为研究服务接触量表的基本雏形。Brady 和 Cronin(2001)进一步指出影响员工与顾客间接触质量的因素有三个方面,包括服务人员的服务态度、行为方式和专业能力。其中,服务态度是指员工的友好性、礼貌性等;行为方式是指员工服务过程中主观的行为意向和意愿,包括员工的主动程度、行为的积极性等;专业能力是指员工知识的丰富程度、服务的熟悉程度和技巧的娴熟程度等。

Lemmink 和 Marrsson(2002)从服务接触中员工的语言表达、面部表情和行为方式三部分测量其接触质量。Mikyoung 和 Giri(2007)研究了员工在服务接触过程中的表现对顾客满意度的影响,研究结果显示影响顾客满意度的四个维度分别是礼貌、对客服务态度、个人化程度和对顾客的关心。有关服务人员的表达、表情和礼貌等维度逐渐演变成服务形象,即服务人员有整洁的服装和仪表,仪态大方、精神饱满,服务语言恰当、清晰。

三、服务质量的后置影响因素

在全面服务质量管理中,还要考虑服务质量的后置影响因素,后置影响因素主要是指服务质量会影响哪些因素。服务质量的后置影响因素包括顾客满意度和行为意图等方面,实际上服务营销理论认为,服务质量还会通过感知价值、关系质量等中介变量影响结果变量。

(一) 顾客满意度

顾客满意度是指顾客对其明示的、隐含的或必须履行的需求或期望已被满足的程度的感受。满意度是顾客满足情况的反馈。它是对产品或服务性能,以及产品或服务本身的评价;给出(或者正在给出)一个与消费的满足感有关的快乐水平,包括低于或超过满足感的水平,是一种心理体验。满意度是一种顾客对消费体验的主观评价,其衡量标准主要包括总体满意度和分项满意度。

（二）行为意向

顾客在进行消费活动后所产生的态度、认知与情感，会因过往经验影响他们是否再度回流消费，而对于企业来说行为意向是可以预测顾客的重要指标。

1. 行为意向的概念研究

行为意向是指顾客对于从事某些行为的可能性。Ajzen 和 Fishbein(1969)提出，行为意向是一种可测量清楚的服务成果，行为意向常被用来衡量未来行为的指标。顾客会从过往的经验，对商品或是服务产生态度认知，进而影响下一次的购买行为。Zeithaml、Berry 与 Parasuraman(1996)指出，消费者的行为意向可以用来评估顾客留下或离开的可能性，行为意向可以视为企业是否能成功留住顾客的指标。企业只有了解顾客的需求、预测顾客的行为意向，才能够维持且建立长期的顾客关系。

2. 行为意向的测量

对行为意向进行适当的测量，所得的数据会与实际行为意向较为相符，因此要预测一个人的行为，行为意向是较可靠的衡量变量。

Cronin、Brady 和 Hult(2000)指出，若顾客的正面的行为意向包含愿意向他人诉说公司的优良表现、愿意推荐给其他人、愿意对公司忠诚、愿意购买更多产品及愿意支付更高价格。当个人对于行为的态度越正向，则行为意向越高；反之，当个人行为的态度越负向，则行为意向越低。所以当顾客对公司有正向行为意向，则会称赞公司并对公司产生偏好；反之，若顾客对公司有负向行为意向，则会减少与该公司的交易或转向其他公司。

行为意向的概念应用到休闲领域的研究中，就是指游客愿意再次参与和推荐他人参与某种活动，即探讨游客的重游意愿与推荐意愿，其中，重游意愿为是指游客在满意的状态下愿意再次前往同一个旅游目的地(Kozak,2001)。

（三）感知价值

1. 感知价值的概念

感知价值的概念最初由 Thaler(1985)提出，他认为感知价值是获得效用和交易效用的差值，即感知利益与实际货币付出的比较结果。顾客感知价值指的是顾客评估一个供应品所感知的价值和成本之差(陈海明,2017)。Zeithaml(1988)认为顾客感知价值就是顾客对获得产品或服务后感知到的利益与所付出的成本进行衡量与比较对产品或服务做出的总体评价。由此可见，顾客感知价值存在于产品或服务的交换中，是顾客对产品或服务的一种认知和评价，来源于对所接触产品或服务的感觉和知觉。顾客对感知价值的判断都是主观的，价值的感知基于顾客的个人层面，由顾客决定而非企业决定。顾客感知价值的核心是顾客从所获得产品或服务的正、负两方面感受进行权衡与判断，最终得出实际效用的评价，即顾客在消费时收获与成本之差。

2. 感知价值的衡量

Anderson、Jain 和 Chintagunta(1992)认为顾客感知价值是顾客对产品或服务相较价格而言的实际感知效用，他们还提出了这种效用的几个方面，主要包括经济效用、技术效用、服务效用和社会效用等，这四个方面的效用成为顾客感知价值维度和量表的基本依据。Sanchez、Callarisa、Rodriguez 和 Moliner(2006)对旅游业进行了研究并指出，旅游者的感知价值维度由旅游企业的功能价值、旅游企业服务人员的功能价值、价格价值、情感价值，旅游产品的功能价值、社会价值六个部分组成。Sweeney 和 Soutar(2001)基于耐用品行业对顾客感知价值进行了研究，并且归纳了四种感知价值维度，即质量价值、价格价值、情感价值和社会价值。

（四）关系质量

1. 关系质量的概念

关系质量是源自关系营销(Berry,1983)观念而发展出来的新概念，即在吸引、维持并提升顾客关系的营销中，强调与个别顾客间建立长期互惠的关系，强调双方关系的"质量"，从中塑造顾客忠诚度以获取顾客终生价值，以便增加将来交易的确定性并能够降低交易成本，而获取持续的效益。由于公司开发新顾客所花费的成本是维护旧客户的五倍，使得提高企业与顾客间的关系质量和建立长期的交易关系成为企业经营的重要策略(陈海明，2017)。此特性在度假业等人员服务突出的行业更为明显。因此，度假村在与顾客的服务接触中必须积极主动地了解顾客的需求，提供良好的服务质量，提高顾客的感知价值，以建立长久的顾客关系质量(Oberoi 和 Hales,1990)。

基于以上研究，关系质量可以定义为企业与顾客双方关系强度的整体衡量，此衡量同时符合双方的需求和期望，从而形成买卖双方将来合作的基础和动力。关系质量是一个包含各种正面关系结果的高阶构建，反映出企业与顾客关系的总体强度与质量。良好的关系质量是指顾客对酒店服务产生信任，并对酒店未来的表现也有信心，因为顾客在其过去的交易经历中已有较高的满意程度。

2. 关系质量的衡量

Crosby、Evans 和 Cowles(1990)最早提出关系质量模式时，认为关系质量应包括满意与信任两个维度，Dorsch、Swanson 和 Kelley(1998)在信任和满意两个维度的基础上增加了承诺维度。满意是顾客对于企业服务的响应，是顾客对于交易或接触经历的评价和判断。由于顾客通常会根据过去的消费感受来决断其未来的消费行为，顾客的满意与否成为影响建立良好关系的重要因素。信任的意义是指愿意相信贸易伙伴的信心，信任是使顾客成为忠诚顾客的前提，由于信任有助于减少不确定性，当不确定性及风险的程度越高时，顾客信任的培养就更显重要。承诺是想要持续维持良好关系的意向，基于保持关系并由此获得较高利益的现实考虑，承诺代表一种对于未来继续合作的期望，是成功的长期关系之必要因素。Chuang(2013)以满意、信任及承诺三个维度在酒店行业进行了成功的实证研究。

四、心理契约理论与知觉公平理论

（一）心理契约理论

1. 心理契约的概念与影响

心理契约源自社会交换中双方基于各自需要所进行的交换，而这种交换的需求多来自所期望的回报(Hai-Ming 等，2021)。Roehling 和 Mark (1996)指出，可将心理契约扩展至企业与外部顾客的关系中，用来描述服务人员与顾客之间的关系，前提是只要双方存在基于信任和承诺的互惠信念，双方就会在感知自己义务的同时，产生对另一方义务的期望，即心

理契约的存在。Paul 和 David(2005)将心理契约违反定义为顾客对企业没有履行交易条款的感知。这也就是说,心理契约违反是指交易关系中的一方感知另一方没有对自己履行承诺,因而产生自己被欺骗的负面情绪,甚至会产生背叛、生气,以及不公平的感知(Suazo,2009)。

2. 心理契约中的公平知觉

Kingshott(2006)提出,顾客心理契约包含顾客感知企业承诺的信任与公平对待。根据 Morrison 和 Robinson(1997)的研究可知,顾客在消费的时候,就已经对服务商的规模、服务和产品承诺等因素在内心产生了程序公平、分配公平和互动公平的认知,即在此消费中即将获得的服务与产品的期望已经产生。因此在实际消费中,顾客会自觉地将实际体验到的服务和产品与原先的期望进行比较。若实际体验质量等于或者大于期望,顾客就会接受或者感到满意;但若实际消费体验质量低于预期,顾客则会认为被商家欺骗而感到心理契约违反。

(二)知觉公平理论

1. 知觉公平的概念

公平原则是指一方当事人在公平交易中所承担的交换后果和相应的付出(Hai-Ming 等,2020)。Adams(1965)首先提出了公平理论,该理论研究报酬的相对数量,即当一个人感觉自己的回报与投资的比率比别人低时,他就会感到不公平。相反,当一个人认为自己的回报与投资的比率等于或大于其他人时,他则会感到公平。公平理论在组织行为学和服务营销等多个学科和领域得到了应用和证实。服务公平理论强调知觉公平在服务接触中与顾客互动过程及人际沟通中的重要性,其核心问题是顾客对服务提供商所提供的补偿的公平感(Su 等,2019)。度假服务产品需要与顾客高频率的服务互动,知觉公平理论为度假服务中的互动服务提供针对性的理论指导。

2. 知觉公平的衡量

知觉公平有三种范畴,分别是分配、程序与互动公平(Hoffman 和 Kelley,2000)。

其中,分配公平是指顾客在服务互动的过程中,所获得的成果和补偿。在互动服务中,给予顾客投入成本相当的回报,或者给予顾客其心理期待的回报,可以提高顾客的公平感知,且提高顾客的再购意图。

程序公平是指由程序、政策和方法来处理顾客的互动服务,即根据公司既有标准、规定流程和惠客政策为顾客提供标准化服务。Mirani 等人(2015)研究发现程序公平正向影响积极情绪,进而影响顾客信任、积极口碑和再购意图。

互动公平是指在互动服务中员工的态度(Grégoire 和 Fisher,2007)。Blodgett 等人(1997)认为在服务接触过程中,人际的互动沟通是重要影响因素,实验后证实,互动公平中员工对顾客的态度是影响顾客再购意图和产生负面口碑的主要因素。

当顾客在服务接触中感受到自己不被公平对待时,就会感受到企业违反心理契约,此时顾客就会产生消极且负面的情绪(Hai-Ming 等,2020),并且会引发顾客重新评价自己与企业的关系。长此以往,顾客就会流向购买别家企业的产品和服务。

结合以上理论分析可知,由于顾客购买企业的产品和服务时的买卖关系构成了双方经济上的契约关系,此时,买卖双方会对彼此生成一种微妙而潜在的期待,希望对方会满足自己的某些需要或表现出自己所盼望的那种行为。Eddleston、Kidder 和 Litzky 等人(2002)指出在基本的服务接触中,服务人员和顾客之间会轻易形成交易契约,顾客期望从他们那里得到某种层次的效用和服务,如礼貌和友好的服务。这些期待并没有特别的书面表达,是需要对方在服务过程中去观察、捉摸和领悟的。企业若未及时认真看待顾客的反应,顾客就会降低满意度、信赖、承诺(Sels、Janssens 和 Brande,2004)。

尽管目前休闲度假村的客源中,团体和会议客人占很大比例,但随着人们收入水平的提高和闲暇时间的增多,散客度假将取代团体度假而成为人们主要的度假方式。散客休闲度假具有灵活、自由的特点,游客希望充分表现人的个性,在度假活动中享受充分的自由,自由地选择度假的时间、方式,并根据自己的兴趣、爱好选择度假项目和活动内容等,因此要想使服务质量上一个台阶,就必须满足游客的个性化需求,为游客提供个性化服务。特别是在休闲度假村的经营中,更应注重对游客服务的个性化,这是休闲度假村有别于酒店的一个重要方面。

在为游客提供个性化服务的同时,休闲度假村还要充分理解和尊重游客作为人的各种基本需求,在服务中突出人性化。同时,还要充分理解度假游客的愿望,创造条件,为游客提供回归自然的度假项目和充满人情味的度假服务,强调针对性、灵活性,不排除为个别游客提供超常服务、特殊服务和心理需求服务。

第三节　休闲度假村活动管理

顾客度假消费行为除满足住宿、餐饮的基本要求外,还包括游乐、康养、休闲等活动形态。活动管理是度假体验的主要因素,因此对度假消费十分重要。

一、度假活动

活动参与和体验是休闲度假的重要内容,度假生活常伴随康乐、养身、户外运动、社交等密不可分的带有体验性和参与性的活动,以放松心情、修养身心、享受惬意的生活为目的。在活动内容方面,度假的休闲活动往往多为丰富的自助活动项目,这些活动往往与健身、养生、户外运动等密不可分。

度假活动管理需要学习和掌握活动管理的理论依据,即气氛理论。

二、气氛理论

(一)气氛的概念与构成

Kotler(1973)针对消费环境研究认为,消费者会透过感官知觉的空间环境给情绪带来影响,这种影响会提高消费者获利与气氛。气氛包括周遭因子、设计因子与社会因子等方面(Ryu 和 Jang,2007),其中,周遭因子包括温度、噪声、气味、颜色与音乐,以及用来与使用者沟通的外在或内在信号的任何实体元素;设计因子包括环境设计、布景、灯光、装饰等;社会因子包括顾客类型、职员的外表等。Heung 和 Gu(2012)参考以往研究餐厅气氛的理论,将其分为几个方面来探讨,包括设施美学(如内部设计、装饰)、周遭因素(如餐厅的背景音乐、灯光、香气与气温)、空间配置(如家具的摆设)、员工因素(如服务人员)、餐厅窗外视野景观。

(二)气氛影响顾客的感知质量和情绪

顾客常会透过服务环境气氛来推断服务情境的质量(Sukhu 等,2017)。这也就是说服务环境气氛会影响顾客的知觉质量,即影响顾客对服务质量与产品质量的认知。现场环境布置、灯光、音乐和职员的表现都可以提升顾客对环境气氛的认知。正确使用灯光会提升餐厅用餐的持久性与舒适性,相反,不当的灯光会降低顾客的停留时间,而舒适的灯光则会刺激顾客多吃一些点心或多喝一些饮料。

气氛刺激效果在消费者行为上会受到个人情绪与认知状态的影响(Bitner,1992)。餐厅内部环境会影响顾客对餐厅用餐气氛的认知并引起欢愉情绪,即便是餐厅中不同的内部颜色也会导致不同的情绪反应。Mattila 和 Wirtz(2001)发现愉悦和兴奋情绪的组合会受到气氛的诱发而产生较高水平与冲动购买的行为。这些理论与实证显示,在消费情境中,良好的环境气氛会导致正向的情绪,从而诱发有利于厂商的消费者行为意图(Ryu、Lee 和 Kim,2012)。

三、现场娱乐理论

(一)现场娱乐理论

根据气氛理论可知,消费者周围的香气、音乐、灯光、布景、装饰等因素会刺激消费者的个人情绪与认知状态,从而引起消费者的欢愉情绪。现场娱乐作为融合音乐、灯光、舞台演出布景和演职人员的表演,会极大地刺激现场观众的欢愉情绪,这种效果也被称为现场娱乐的温情,即现场娱乐活动所引起的参与者的欢愉温情。

现场温情是休闲度假活动所追求的主要目标,也是设计休闲度假活动的指导方向。越来越多的人愈发重视精神文化消费,度假村作为新型的一站式旅游休闲目的地,除提供传统接待服务外,还需要制造快乐和温情的活动和氛围。以演艺为核心的现场娱乐消费将继影视之后迎来新一轮的爆发。现场娱乐将成为消费升级带来的各路资本押注的新风口。

(二)活动组织考虑的因素

度假村的活动要根据气氛理论的指引,度假活动组织要考虑设计因子、周遭因子、社会因子和周围景观等要素。需要完善活动的环境设计、布景、灯光、装饰等,考虑活动组织的背景音乐、灯光、香气与气温,安排好演员职员角色,以及布置好周围的景观。当然活动的组织也需要考虑顾客的层次和类别,比如针对儿童的活动应尽可能选择梦幻的主题,或者动漫和各类生物的主题。

以温泉度假为例,客人在此度假期间,天天泡温泉,哪怕温泉产品再丰富,既有花卉温泉,又有咖啡温泉,都无济于事。这就要求度假村、度假酒店在活动开发上要下些功夫,要把相应的活动组织起来,让度假者有丰富多样的体验。海南有些度假区上午基本看不见人,因为上午大家都在睡懒觉,但是到下午开始有人了,满大街都是穿着花衬衫、大裤衩到处闲逛的人,可是一到晚上,就可能一身晚礼服去参加活动了,如正式的宴会、酒会或者舞会活动,这类活动一般来说都是酒店组织的,给客人发一个通知,注明"着正装"。当然活动还有另一类,比如在酒吧狂欢。

(三) 注重活动的生活形态设计

度假村只有既满足了人们休闲度假和身心康养的需求,同时又使得人们的出行内容变得生活化、多样化,这样才能延长人们的度假时长。每个人最适应的是自己的家和自己的日常生活,度假村应该在设施齐备、便利和舒适基础上超越度假者自己的家,在活动设计安排上又要考虑度假者的正常生活节奏。因此,贴近人们日常生活场景和便利的城市功能是度假村打造活动的目标之一。比如娱乐、健身运动、商品消费、娱乐购物、休闲美食等生活功能,是度假者的重要需求,度假村只有满足其常规化的生活需求,才能使得度假者乐不思蜀。

(四) 活动设计的主要特性

1. 欢乐感

度假村概念的中心原则就是创造出一种能够促进并提高愉悦感的环境。在实践中,它是通过提供娱乐设施及服务项目,创造愉快、宁静(或兴奋)的环境,尤其是以亲切、友好的态度,根据客人的不同情况提供高水平的服务来实现的。度假村是以闲暇为导向、自给自足的设施与服务有机组合体,为游客创造一种特殊的愉快的环境与经历。

2. 舒适性

度假环境和度假活动的舒适性是度假村设立的最基础的条件,迄今国内外学者都将此作为确定度假环境好坏的唯一指标,一方面强调自然环境的舒适性,国际上目前主要的度假地大多位于环境舒适的海滨与山地,如美国的夏威夷、西班牙的加那利群岛、韩国庆州普门湖度假区等。度假环境除自然环境外,还应该包括人文环境和活动设计。人文环境和活动设计即通过优美舒适的自然环境的营造,以及现代化(信息化、科技化)、宜人化的设施建设、节奏适宜的活动设计与优质的服务,为度假者提供一个舒适宜人的人文度假环境。

3. 康益性

从度假旅游的主要目的看,早期的度假旅游主要以保健康疗为目的,即使现代度假旅游目的多样化,但康养仍是重要目的,度假环境和活动的康益性成了度假村吸引游客的主要因素之一。与舒适性一样,度假环境的康益性也包括自然环境和人文环境两方面。前者包括良好的绿化、优美的景观、无(或轻)污染、无(或轻)公害、保持生态平衡和良性循环。比如国家有关部门提出,度假村地面水应达到一级标准,大气达到一级(优),固体废弃物的处置率达到100%,噪声白天小于55分贝,晚上小于30分贝,绿化覆盖率要达到50%以上,建筑容积率一般小于0.3等。后者的人文环境的康益性是指度假村在完善各种康体设施的同时要注重休闲娱乐活动的康益,即通过健身娱乐场活动的设计,度假者在参与其中时在心理、身体上获得一种健康有益的活动体验。

4. 安全性

安全性是度假村存在和发展的基础。即使是以追求惊险刺激为主要目的的探险活动,现今也以"软性"探险为时尚,即在度假者体验惊险刺激的同时,保证其生命的绝对安全是度假村和地方政府有关部门批准其经营的基本前提。安全性对于度假村的重要性更高于舒适性和康益性。对度假村而言,其安全性除自然环境条件的安全性外,使游客在度假村内的度假活动的体验上具备较好的安全条件也是其中的重要内容。

推荐阅读

1. 桑杰夫·波多洛伊、詹姆斯·A.菲茨西蒙斯、莫娜·J.菲茨西蒙斯《服务管理：运作、战略与信息技术（原书第9版）》，机械工业出版社，2020年版。
2. 张立中《现代服务管理——价值共创的典范》，电子工业出版社，2018年版。

本章小结

本章首先总结归纳了服务营销的概念，服务营销是指服务商在与顾客充分交流后，在了解、分析和认识顾客需求的情况下，为充分满足顾客的需求而在营销过程中所开展的一系列活动，是区别于传统有形产品营销理论专门研究服务行业的营销理论。其次，提出了服务质量的概念，即满足顾客的需求和期望的程度，总结了服务质量有形性、可靠性、反应性、保证性、关怀性五个维度，提出全面服务质量管理是服务商用来提高服务质量的主要战略举措，是以无形服务为中心、以顾客满意为目的、重视人的作用和强调环境因素的影响，所开展的服务质量全面全过程建设的管理体系。然后分析了服务质量的前置影响因素和后置影响因素。本章还介绍了度假活动管理及其理论依据。重点介绍了气氛理论，该理论认为消费者周围的香气、音乐、灯光、布景、装饰等因素会刺激消费者的个人情绪与认知状态，从而引起消费者的欢愉情绪。现场娱乐作为融合音乐、灯光、舞台演出布景和演职人员的表演，会极大地刺激现场观众的欢愉情绪，这种效果也被称为现场娱乐的温情，即现场娱乐活动所引起的参与者的欢愉温情。

关键概念

服务营销　服务质量　全面服务质量　服务接触　心理契约理论　知觉公平　气氛理论　现场娱乐理论

复习思考

一、复习题

1. 服务营销与传统营销理论的区别是什么？
2. 服务质量的概念是什么？服务质量有哪几个维度？
3. 服务接触的概念是什么？服务质量有哪几个维度？
4. 服务质量的前置影响因素和后置影响因素分别有哪些？
5. 度假活动包括哪些方面？
6. 度假活动的理论依据是什么？
7. 组织度假活动要考虑哪些方面的因素？

二、思考题

传统商务酒店和度假酒店在服务接触和活动组织方面存在哪些差异？

分析提示：

①度假产品服务营销的特征；

②服务接触；

③气氛理论和现场娱乐理论。

第十三章

休闲度假村市场营销

学习目标

掌握市场调查的概念和主要任务，掌握市场调查的主要内容；掌握市场环境分析的概念和分类，掌握宏观环境分析的方法和工具；能够使用PEST工具分析宏观环境；掌握微观环境分析的方法和工具；能够使用五力模型和平衡计分卡工具分析微观环境；掌握并熟练运用STP战略工具；掌握营销组合理论；重点掌握数字化营销的概念、渠道；重点掌握自媒体时代的传媒整合营销理论；重点掌握新媒体营销渠道及其方法。

市场导向是度假村项目立项的基本原则，这一原则要求度假村必须紧密结合市场的需求，找准目标市场，才能准确地做好项目定位。休闲度假村的市场营销贯穿于整个项目的选址、规划、建设和运营的全过程。

第一节 市场调查

度假项目投资和规划需要开展详细的市场调查，以寻找市场空缺，使所投资度假项目适合市场需求，这样才能顺利收回投资成本并获得盈利。

一、市场调查的概念与任务

市场调查是度假村制订市场计划的基础。度假村项目投资需要开展详细的市场调查，以寻找市场空缺，只有使所投资项目适合市场需求，才能顺利收回投资成本并获得盈利。

市场调查是指用科学的方法，有目的且系统地收集、整理、记录和分析市场情况，了解市场的现状及其发展趋势，为项目决策者制定政策、进行市场预测、做出经营决策、制订计划提供客观、正确的依据。

度假村市场调查主要是指针对度假村服务产品市场现状和一段历史时期内的市场情况

进行的调查。其目的是获得各类相关数据或资料,为度假村投资决策分析打下基础。

二、市场调查的主要内容

市场调查的内容主要包括度假村市场环境、市场容量、价格以及市场竞争力的现状,各个部分调查结果都应附有相应的表格。

(一)市场环境调查

市场环境调查主要包括经济环境、政治环境、社会文化环境、科学技术环境和自然地理环境等。具体的调查内容可以是市场的购买力水平、经济结构、国家的方针政策和法律法规、风俗习惯、科学发展动态、气候等各种影响市场营销的因素。

(二)市场容量调查

市场容量调查包括供应状况调查和需求状况调查。

1. 供应状况调查

供应状况调查主要包括产品生产能力调查、产品实体调查等。具体为某一产品市场可以提供的产品数量、质量、功能、型号、品牌等,生产服务供应企业的情况等。对度假村项目而言,主要是调查拟投资区域市场的度假村数量、度假村所在的地理位置,度假村档次与类型、经营项目、度假村客房数量。

2. 需求状况调查

需求状况调查主要是调查拟投资区域市场的消费者需求量调查、消费者收入调查、消费结构调查、消费者行为调查,包括消费者为什么购买、购买什么、购买数量、购买频率、购买时间、购买方式、购买习惯、购买偏好和购买后的评价等,还包括度假村消费者细分市场、消费构成等。

度假村投资的市场需求主要表现为该地区的度假消费市场规模、度假消费的现实需求和潜在需求。现实需求是指顾客有支付能力的需求,潜在需求是指处于潜伏状态的、由于某些原因不能马上实现的需求。现实需求决定度假产品目前的市场销量,而潜在需求则决定度假产品未来的市场。市场需求还需要考虑的是消费市场的类型、层次和特点,这将直接决定度假村投资项目的规格、档次和定位。

(三)价格状况调查

价格状况调查包括国内及拟投资区域市场各类度假村的最高收费与平均收费价格及变化情况。尤其是同类度假产品的价格和收费情况,以及收费项目和商业模式,还要了解消费者对价格的接受情况,对价格策略的反应等。

(四)其他市场营销因素调查

其他市场营销因素调查主要包括除价格外的产品、销售渠道和促销活动的调查。产品的调查主要有了解市场上新度假产品开发的情况、设计的情况、消费者使用的情况、消费者的评价、产品生命周期阶段、产品的组合情况等。销售渠道调查主要包括了解渠道的结构、中间商或销售平台的情况、消费者对中间商或销售平台的满意情况等。促销活动调查主要包括各种促销政策、活动的效果,如各类广告实施的效果、人员推销的效果、营业推广的效果和对外宣传的市场反应等。

（五）竞争力状况调查

竞争力状况调查主要包括区域市场主要度假企业的产品特性、市场份额、市场地位、主要的竞争手段等的调查。要深入了解同类度假资源的产品、价格等方面的情况，以及同类度假企业采取了什么竞争手段和策略，做到知己知彼，通过调查帮助本度假企业确定竞争策略。

第二节 市场环境分析

市场环境是指与度假企业项目投资建设、生产经营有关的所有因素的总和。市场环境分析是指通过对影响度假村规划建设和经营的各种内外因素和作用的评估、平衡，以辩证、系统的观点，审时度势，趋利避害，综合判断投资地环境是否适合投资，并适时采取对策，做出适应环境的动态抉择，决定投资和建设的规模与阶段。企业必须研究环境，主动适应环境，在环境中求得生存和发展。市场环境分析可以分为宏观环境分析和微观环境分析两大类。

一、宏观环境分析

宏观环境通常是指国家宏观层面的整体环境，宏观环境一般包括四类因素，即政治、经济、技术、社会，这四个因素的英文分别为 Political、Economic、Social、Technological，将这四个英文单词的首字母大写拼在一起，简称 PEST。因此，宏观环境分析通常使用 PEST 分析法。

（一）政治环境

政治环境是指那些影响和制约企业及其投资行为的政治要素和法律系统，以及其运行状态。具体包括一个国家的政治制度、军事形势、方针政策、法律法规及执法体系等因素。

在稳定的政治环境中，企业能够通过公平竞争获取正当权益，得以生存和发展。国家的政策法规对企业生产经营活动具有控制、调节作用。通常一个国家在不同的时期，会重点鼓励和发展某一个或者某几个领域的产业，那么这些被鼓励的产业将会得到重点的支持。近年来，随着中国社会的发展，当前的主要矛盾是人民日益增长的美好生活需要和不平衡、不充分的发展之间的矛盾。即便面对新冠肺炎疫情的全球蔓延，我国发挥超强的国家组织和动员能力，以科学的防疫措施实现动态清零，保证了全社会的稳定和发展，这为旅游度假产业的发展营造了良好环境。作为幸福产业的旅游度假被划入国家重点发展产业，各地政府纷纷将旅游业纳入当地的支柱性产业，旅游度假业获得极大的政策支持，并得以蓬勃发展。在疫情防控期间，远程旅游度假虽然受到了较大的打击和影响，但是环城旅游度假产业逆势而上。

（二）经济环境

经济环境是指构成企业生存和发展的社会经济状况及国家的经济政策。具体包括社会经济制度、经济结构、宏观经济政策、经济发展水平及未来的经济走势等。其中,重点分析的内容有宏观经济形势、宏观层面的行业经济环境、整体市场及其竞争状况。衡量经济环境的指标有国内生产总值、国民收入、就业水平、物价水平、消费支出分配规模、国际收支状况,以及利率、通货供应量、政府支出、汇率等国家财政货币政策。

当前我国 GDP 总量位居全球第二,人均 GDP 超过 1 万美元,国民可支配收入持续增加,人民安居乐业。在宏观经济制度方面,我国实行的是"坚持公有制为主体、多种所有制经济共同发展;增强微观主体活力"。《中共中央 国务院关于新时代加快完善社会主义市场经济体制的意见》指出了增强微观主体活力的方向:"毫不动摇巩固和发展公有制经济,毫不动摇鼓励、支持、引导非公有制经济发展,探索公有制多种实现形式,支持民营企业改革发展,培育更多充满活力的市场主体。"由于当前度假村的主要投资主题是私有企业,我国当前的宏观经济制度和微观主体活力政策非常有利于度假产业的投资与发展。

(三) 社会环境

社会环境是指企业所处地区的社会结构、风俗习惯、宗教信仰、价值观念、行为规范、生活方式、文化水平、人口规模与地理分布等因素的形成与变动。社会环境对企业的生产经营有着潜移默化的影响。例如,文化水平会影响人们的需求层次,风俗习惯和宗教信仰可能抵制或禁止企业某些活动的进行,人口规模与地理分布会影响产品的社会需求与消费等。

社会环境对度假产业经营有着潜移默化的影响,当前人们的文化水平得以显著提升,消费水平的升级要求度假产品从传统观光旅游产品不断向高品质的休闲度假和康养产品升级。各地区不同的风俗习惯和宗教信仰可能会影响度假村的产品风格的设计,不同宗教的饮食习惯和禁忌则会直接影响度假村的饮食产品。人口规模与地理分布也会影响度假产品的社会需求与消费,人口聚集的东部沿海地区度假消费更有市场。

(四) 技术环境

技术环境是指与本企业有关的科学技术现有水平、发展趋势和发展速度,以及国家科技体制、科技政策等。例如,科技研究的领域、科技成果的门类分布及先进程度、科技研究与开发的实力等。在知识经济兴起和科技迅速发展的情况下,技术环境对企业的影响可能是创造性的,也可能是破坏性的,企业必须预见这些新技术带来的变化,并采取相应的措施。近年来,我国各行各业的技术飞速发展,以终端智能化和可移动支付为代表的技术,颠覆了传统的经济发展形式,给人们生活带来了便利。比如随着共享经济的发展,其也被应用到住宿业,衍生了 Airbnb 等国际住宿业共享平台,据相关机构统计,共享住宿占据的全球住宿业30%的市场份额。

传统度假村产业的发展在很长一段时间内,应该说从 20 世纪初开始到 21 世纪初的长达上百年的时间中,技术革新对度假产业的影响较小,度假村的运营和经营模式相对较为稳定。但近年来,短时间内的技术革新给传统度假产业的发展带来了颠覆性的变化,影响最大的技术革新表现为智能化、移动支付、电子商务和共享经济。

人们通过智能化的技术产生更深入的度假村入住的体验,比如刷脸入住、房间智能控制等会给客人带来新奇的入住体验。度假业的电子商务化程度很高,消费者通过 OTA 完成的预订量占总预订量一半以上,尤其是中小度假村,对电子商务运营平台的依赖性非常高。近

年来的短视频技术的大众化,使得直播以及短视频营销成为时代风口。

二、微观环境分析

微观环境是企业生存与发展的具体环境,通常是指局部市场和本地区市场的具体市场环境、竞争环境和资源环境,涉及行业性质、竞争者状况、消费者、供应商、中间商及其他社会利益集团等多种因素,这些因素会直接影响企业的投资与生产经营活动。微观环境可以从外部和内部两个方面进行分析。

(一)外部微观环境

外部环境是影响企业投资及所投资项目生存和发展的各种外部因素的总和。外部微观环境可以通过借助波特五力模型进行分析。

波特五力模型是迈克尔·波特(Michael Porter)于20世纪80年代初提出的。他认为行业中存在着决定竞争规模和程度的五种力量(Five Forces),这五种力量综合起来影响着产业的吸引力以及现有企业的竞争战略决策。

五种力量分别是供应商的议价能力、购买者的议价能力、潜在竞争者进入的能力、替代品的替代能力、同行业竞争者的竞争能力。

1. 供应商的议价能力

企业从事生产经营所需的各种资源一般都要从供应商处获得,供应商一般都要从价格、质量、服务等方面入手,以谋取更多的盈利,从而给企业带来压力。供应商对企业发展的威胁主要来源于其不断提高要素价格与降低单位价值质量的能力。

努力增加产品供应的买主,以致每一单个买主都不可能成为其重要客户;努力做到自身供应的产品具有一定特色,以致买主难以转换或转换成本太高,或者很难找到可与其产品相竞争的替代品;能够方便地实行前向联合或一体化,是供应商增加议价能力的主要方法。

度假村供应商主要包括住宿布草供应、餐饮原材料供应、设施设备维修供应和能源水电供应等方面。供应商的议价能力取决于度假村的需求量、结款方式和结款期限。

2. 购买者的议价能力

购买者的议价能力表现为其压价与更高要求的产品或服务质量的能力,如要求价低、高质、优服务等;还表现为购买者利用现有企业之间的竞争对服务商施加压力。

影响购买者议价的基本因素包括购买批量、对产品的依赖程度、度假淡季、改变服务商时的成本高低以及掌握信息的多少等。购买者的总数较少,而每个购买者的购买量较大,占了卖方销售量的很大比例,则议价能力强,此逻辑就是批发商和中间商能够低价代理的原因。购买者有能力实现后向一体化,而卖方不可能前向一体化。

3. 潜在竞争者进入的能力

潜在竞争者进入后,在给行业带来新生产服务能力、新资源的同时,将通过与现有企业瓜分原材料、原有市场份额而激发新一轮竞争,对现有企业形成巨大的威胁。

这种进入威胁主要取决于行业的吸引力和进入障碍的大小。如果行业发展快、利润高、进入障碍小,潜在竞争的威胁就大。新企业进入一个行业的可能性大小,取决于进入者主观估计进入所能带来的潜在利益、所需花费的代价与所要承担的风险这三者的相对大小情况。

进入障碍主要包括规模经济、产品差异、资本需要、转换成本、销售渠道开拓、政府行为与政策、不受规模支配的成本劣势、自然资源、地理环境等方面。

由于度假村及其服务产品是人们生活消费的重要构成，度假业在不同时期均具有加强的吸引力，且度假村投资项目可大可小，技术壁垒较低，对于建筑、休闲、娱乐、零售商业等行业的转换成本较低，容易出现新的竞争者。实际上，度假村硬件设施水平能显著影响度假村的经营与竞争。新开的度假村进入市场后，因其硬件和设计风格更加符合新时期市场消费需求，能够获得消费者的青睐和满足消费者求新求奇的需求，从而对现有度假村形成巨大的威胁。

近年来由民宿群或度假群共同形成的目的地成为新的竞争形势，这种竞争形势将单纯的企业间的竞争上升到度假目的地之间的竞争。

4. 替代品的替代能力

替代品是指与本行业产品具有相同或相似功能的其他产品，比如共享住宿可以部分代替标准住宿或者度假住宿，产权式度假房地产对度假产品的替代等。替代品产生威胁的根本原因往往是它在某些方面具有超过原产品的优势，如价格低、质量高、性能好、功能新等。若替代品的盈利能力强，现有产品的压力就大，从而会使本行业的企业在竞争中处于不利地位。

由于替代品生产者的侵入，使得现有企业必须提高产品质量，或者通过降低成本来降低售价，又或者使其产品具有特色，否则其销量与利润增长的目标就有可能受挫。

因此，替代品价格越低、质量越好、用户转换成本越低，其所能产生的竞争压力就越强。而这种来自替代品生产者的竞争压力的强度，取决于替代品销售增长率、替代品服务商生产能力与盈利扩张情况。在娱乐康体产品方面，传统度假村也逐渐受到游艇会、高级会所、高尔夫俱乐部等各类业态的替代性威胁。

5. 同业竞争者的竞争能力

同业竞争就是通常意义下的竞争，主要竞争方式为价格竞争、广告宣传、新产品引进和售后服务等。

作为企业整体战略一部分的企业竞争战略，其目标在于使自己的企业获得相对于竞争对手的优势，因此，在实施中就必然会产生冲突与对抗现象，这些冲突与对抗就构成了现有企业之间的竞争。

由于度假行业的资金和技术壁垒较低，度假村投资成为资本角逐的重点行业，随着各类各级度假村不断进入市场，度假行业的竞争日益激烈。同一区域的度假村企业在消费需求相对固定的区域市场中，一定程度上会通过价格、广告、新产品引进和售后服务等形式加强竞争。近年来，国际度假村集团纷纷加大在我国的扩张力度，尤其在高端度假村领域，因其相对小型度假村而言具有较强的品牌、管理、采购、会员顾客等方面的竞争优势，所以对各地小型度假村形成较大的竞争冲击。

（二）内部环境

内部环境又称企业的内部条件，是企业内部物质、资源和文化因素的总和。内部环境分析可以使用平衡计分卡（Balanced Score Card，BSC）这一战略工具进行分析。

平衡计分卡是由 Kaplan 和 Norton 提出的一种业绩评价方法。1996 年,他们提出平衡计分卡是一个战略管理系统,并提出从四个角度来实现战略管理,即财务、客户与市场、操作、学习与发展四个层面,且这四个层面是具备内在因果逻辑关系的一种业绩管理和战略执行工具(陈海明等,2014)。

平衡计分卡认为未来的企业组织除了要注重短期目标,也要能兼顾长期发展;除了要关注财务表现,必须同样重视非财务方面的组织运作能力,如产品创新、客户关系、内部流程、人员的学习与成长等。平衡计分卡已经逐渐发展成为一个真正的战略管理系统,使其从狭义的企业绩效测评工具上升为一种战略管理工具。

传统的绩效测评方法和工具通常过分关注财务指标,忽视了导致财务指标结果的问题和因素,而平衡计分卡正好克服了这些常规技术的不足。平衡计分卡把战略和愿景置于中心位置,它确定了企业战略,并把战略层层分解为各维度的具体指标,从而增强了对战略的理解和战略实施的一贯性,实现短期利益和长期利益,局部利益和整体利益的均衡。除此之外,平衡计分卡不仅仅是财务指标与非财务指标的随机组合,更为重要的是它们之间具备因果逻辑。因此,平衡计分卡被认为是构建高绩效组织和战略的出色工具。

1. 财务方面

公司财务性绩效指标能够综合地反映公司业绩,可以直接体现股东的利益,因此,财务指标一直被广泛地用来对公司的业绩进行控制和评价,并在平衡计分卡方法中予以保留。常用的财务性绩效指标主要有利润和投资回报率。

度假村财务性绩效指标主要反映在度假村营业额、毛利润、净利润、接待量、收入增长率、成本降低率、能源消耗降低率、销售计划达成率等方面。财务指标可以显示度假村战略及实施是否对改善度假村盈利状况做出贡献。

2. 客户方面

以客户为核心的思想应该在企业业绩的考核中有所体现,即强调客户造就企业。平衡计分卡方法中客户方面的指标主要有顾客满意程度、顾客保持程度、新顾客的获得、顾客行为意向、各细分市场所占的份额等。

度假村客户指标主要体现在度假村服务质量、顾客满意度、顾客重新消费意愿、净推荐值、顾客行为意图等方面。度假村在经营管理中应坚持定期开展相关顾客服务指标的测量和监控,持续改善度假村服务质量,提升度假村顾客满意度。

3. 内部经营方面

公司财务业绩的实现、客户各种需求的满足和股东价值的追求,都需要靠其企业内部的良好经营来支持。内部经营过程又可细分为创新、生产经营和售后服务三个具体环节。

(1) 创新环节。

企业创新主要表现为确立和开拓新市场,发现和培育新客户,开发和创造新产品与服务,以及创立新的生产工艺技术和经营管理方法等。永无止境的创新是保证企业在激烈的市场竞争中制胜的法宝。平衡计分卡方法中用来衡量创新能力的指标有新产品开发所用的时间、新产品销售收入占总收入的比例、损益平衡时间、一次设计就能完全达到客户对产品性能要求的产品百分比、设计交付生产前需要被修改的次数等。

度假村新产品开发效率主要体现在休闲康养产品方面的活动设计与创新,餐饮产品菜式的创新,住宿产品的个性化、亲情化和差异化,营销推广方面结合市场形势变化积极做好节事和活动营销,顾客开发方面重视度假村新市场和新客户的开发等。

(2) 生产经营环节。

生产经营环节是指从接受客户订单开始到把现有产品和服务生产出来并提供给客户的过程。实现优质经营是这一过程的重要目标,评价其业绩的指标主要有时间、质量和成本,可以进一步细分为产品生产时间、经营周转时间、产品质量、服务质量、产品成本和服务成本等指标。

度假村生产经营过程中的主要考核指标体现在提升服务质量和服务效率等方面,比如入住、退房和结账等程序的简化及办理效率的提升。同时,度假村设施设备的完好率也是重要考量标准之一。度假村生产经营过程非常重视后台流线的顺畅和高效,要持续优化"采购—供货—验收—初加工—深加工—出品"的后台生产流程,保证后台流线配套设备的完好和便捷。

(3) 售后服务环节。

售后服务环节是指在售出产品之后,为客户提供后续服务的过程。度假村售后服务包括顾客关系维度、顾客消费体验和跟踪评价、顾客会员管理系统和服务,顾客投诉和后续服务跟踪处理等。

4. 学习与成长方面

企业的学习和成长主要依赖三个方面的资源,即人员、信息系统和企业流程。前述的财务、顾客和内部经营目标通常显示出企业现有的人员、信息系统和流程能力与企业实现其期望业绩目标所需能力之间的差距,为了弥补这些差距,企业需要开展员工培训、改进与提升信息系统,以及优化企业流程。从本质上来看,企业的学习与成长是基于员工的学习与成长,因此可以考虑采用如下的评价指标:员工培训支出、员工满意程度、员工的稳定性、员工的生产率等。

近年来,随着我国人口红利的逐渐消失,低薪人力资源时代已经过去,度假村面临人力资源成本和员工流失率不断升高的压力,提升学习与成长因素的重要程度对未来度假村经营而言举足轻重。

平衡计分卡的四个方面既包含结果指标,也包含促成这些结果的先导性指标,并且这些指标之间存在着因果关系。因为平衡计分卡的构成要素选择和评价过程设计都考虑了上述的因果逻辑关系链,所以它的四个评价维度是相互依赖、支持和平衡的,能够形成一个有机统一的企业战略保障和绩效评价体系。

内部环境分析工具除平衡计分卡外,4PS 营销组合战略和关键成功要素(Key Success Factors, KSF)分析法都是较好的内部环境分析战略工具。

平衡计分卡适用于大多数企业管理,但是度假村有一点不同于其他企业,它容易让人忽视的还有自然环境,即一个度假村所在地区或市场的地理、气候、资源分布、生态环境等因素。通常度假产业投资对自然环境依赖性较强,尤其是对旅游资源的依赖。

第三节 STP 战略

STP 战略中的 S、T、P 三个字母分别是 Segmenting、Targeting、Positioning 三个英文单词的缩写,分别代表市场细分、目标市场选择和市场定位的意思。STP 战略是整个营销建设的基础,对各自的市场进行了细分,并选择了自己的目标市场,传达出各自不同的定位。

一、目标市场营销

STP 即目标市场营销,STP 战略即目标市场营销战略。

度假企业面对着成千上万的消费者,他们的消费心理、购买习惯、收入水平和所处的地理环境和文化环境等都存在着很大的差别。对于这样复杂多变的大市场,任何一个度假企业,不管它的规模多大、资金实力多雄厚,都不可能满足整个市场上全部消费者的所有需求。在这种情况下,度假企业只能根据自身的优势和资源特征,开展适合自身资源特色的生产营销活动,选择力所能及的、适合自己经营的目标市场,开展目标市场营销。

二、市场细分

市场细分首先需要确定市场细分因素,然后描述细分市场特征。

市场细分的概念是美国市场学家温德尔·史密斯(Wendell R. Smith)于 20 世纪 50 年代中期提出来的(陈海明,2019)。市场细分是指营销者通过市场调研,依据消费者的需要和欲望、购买行为和购买习惯等方面的差异,把某一产品或服务的市场整体划分为若干消费者群的市场分类过程。每一个消费者群就是一个细分市场,每一个细分市场都是由具有类似需求倾向的消费者构成的群体。

市场细分是以消费者需求的某些特征或变量为依据,将整体市场区分为具有不同需求的消费者群体的过程。经过市场细分,同类产品市场上,就某一细分市场而言,消费者需求具有较多的共同性,而不同细分市场之间的需求具有较多的差异性。

(一)最好途径

营销人员的目标是将一个市场的成员按照某种共同的特性划分成不同的群体。市场细分的方法经历过几个阶段。最初,因为数据是现成的,调研人员采用了基于人口统计学信息的市场细分方法。他们认为不同的人员,因为其年龄、职位、收入和教育的不同,以及消费者的居住地、房屋拥有类型和家庭人口数等因素消费模式也有所不同,所以形成了基于地理人口统计学信息的市场细分方法。

后来,人们又发现基于人口统计学的方法做出的同一个市场细分,还是存在着不同的消费模式。于是调研人员根据消费者的购买意愿、动机和态度,采用了基于行为科学的方法来进行分类。这种方法的一个形式是基于惠益的市场细分方法,划分的依据是消费者从产品中寻求的主要惠益。另一形式是基于心理描述图的市场细分方法,划分依据是消费者生活方式的特征。比如诗莉莉度假酒店是中国第一家提出"深度情感化体验"的精品度假酒店品牌,诗莉莉致力于打造"爱与美的共鸣"的度假形象,这种定位就是基于心理和情感体验的标准。

还有一种基于忠诚度的市场细分,就是把注意力更多地放在那些能够更长时间和使度假企业获得更大利润的客户身上。总之,市场细分是一种对消费者思维的研究。对于营销人员来说,谁能够首先发现新的划分客户的依据,谁就有可能获得丰厚的回报。

(二)利基市场

利基存在于所有市场。营销人员需要研究市场上不同消费者对于产品属性、价格、渠道、送货时间等方面的各种要求。由此,购买者将被分成不同的群体,每一个群体会对某一方面的产品、服务、关系有特定的要求,每一个群体都可以成为一个利基,企业可以根据其特殊性提供服务。

(三)度假村市场细分

由于受年龄、性别、收入、文化程度、地理环境、心理等因素的影响,不同的消费者通常有不同的欲望和需要,从而有不同的购买习惯和行为。因此,度假村投资者可以按照这些因素把整个市场细分为若干不同的子市场。

(1)按地理变量细分度假村市场,即按照来自不同的国家、地区和主要城市来细分市场,这是基本且常用的划分方法之一。

(2)按度假动机变量细分度假村市场,可以分为康养度假、休闲度假、温泉度假、海滨度假、冰雪度假、游乐度假等细分市场。

三、目标市场选择

在市场细分的基础上,需要对各细分市场进行评价,以便选择适合企业发展的目标细分市场。目标市场选择的优点是在产品设计或宣传推销上能有的放矢,分别满足不同地区消费者的需求,既可增加产品的总销售量,又可使公司在细分市场上占有优势,从而提高企业的竞争能力,在消费者心中树立良好的公司形象。但其也有缺点,就是会增加各种费用,如增加产品改良成本、制造成本、管理费用、储存费用。

根据各个细分市场的独特性和公司自身的目标,共有三种市场策略可供选择。

(一)无差异性市场策略

无差异性市场策略是指公司只推出一种产品,或只用一套市场营销办法来招徕消费者,当公司断定各个细分市场之间的差异很小时可考虑采用这种市场营销策略。此策略是企业把整个市场作为自己的目标市场,只考虑市场需求的共性,而不考虑其差异,运用一种产品、一种价格、一种推销方法,吸引尽可能多的消费者。采用无差异性市场策略时,产品在内在质量和外在形体上必须有独特的风格,这样才能得到多数消费者的认可,从而保持相对的稳定性。

这种策略的优点是产品单一,容易保证质量,能大批量生产,从而降低生产和销售成本。但如果同类企业也采用这种策略,那么必然形成激烈竞争。

(二)密集性市场策略

密集性市场策略是指公司将一切市场营销努力集中于一个或少数几个有利的细分市场。在个别少数市场上发挥优势,提高市场占有率。采用这种策略的企业对目标市场有较深入的了解,这是大部分中小型企业应当采用的策略。

此策略能集中优势力量,有利于产品适销对路,降低成本,提高企业和产品的知名度。但有较大的经营风险,因为它的目标市场范围小、品种单一。如果目标市场的消费者需求和爱好发生变化,企业就可能因应变不及时而陷入困境。同时,当强有力的竞争者打入目标市场时,企业则会受到严重影响。因此,许多中小企业为了分散风险,仍应选择一定数量的细分市场为自己的目标市场。

（三）差异性市场策略

差异性市场策略是指公司根据各个细分市场的特点,相应扩大某些产品的等级、式样和品种,或制订不同的营销计划和办法,以充分适应不同消费者的不同需求,吸引各种不同的购买者,从而扩大各种产品的销售量。

针对每个子市场的特点,制定不同的市场营销组合策略。这种策略的优点是能满足不同消费者的不同要求,有利于扩大销售、占领市场、提高企业声誉。其缺点是由于产品差异化、促销方式差异化,增加了管理难度,提高了生产和销售费用。力量雄厚的大公司通常采用这种策略。

四、市场定位

当确定目标市场之后,需要充分剖析目标市场的特点,根据各个目标市场确定对应的市场定位,向目标市场传递市场定位信息。

市场定位是指企业针对潜在顾客的心理需求和需求特征进行营销设计,创立产品、品牌或企业在目标顾客心目中的某种形象或某种个性特征,保留深刻的印象和独特的位置,从而取得竞争优势。

市场定位是 20 世纪 70 年代由美国学者阿尔·赖斯提出的一个重要营销学概念(陈海明,2019)。所谓市场定位就是企业根据目标市场上同类产品竞争状况,针对顾客对该类产品某些特征或属性的重视程度,为本企业产品塑造强有力的、与众不同的鲜明个性,并将其形象生动地传递给顾客,求得顾客认同。市场定位的实质是使本企业与其他企业严格区分开来,使顾客明显感觉和认识到这种差别,从而在顾客心目中占有特殊的位置。

传统观念认为,市场定位就是在每一个细分市场上生产不同的产品,实行产品差异化。事实上,市场定位与产品差异化尽管关系密切,但有着本质的区别。市场定位是通过为自己的产品创立鲜明的个性,从而塑造出独特的市场形象来实现的。一项产品是多个因素的综合反映,包括性能、构造、成分、包装、形状、质量等,市场定位就是要强化或放大某些产品因素,从而形成与众不同的独特形象。产品差异化是实现市场定位的手段,但并不是市场定位的全部内容。市场定位不仅强调产品差异,而且要通过产品差异建立独特的市场形象,赢得顾客的认同。

需要指出的是,市场定位中所指的产品差异化与传统的产品差异化概念有本质区别,它不是从生产者角度出发单纯追求产品变异,而是在对市场分析和细分的基础上,寻求建立某种产品特色,因而它是现代市场营销观念的体现。

第四节 营 销 理 论

麦卡锡在《基础营销》一书中提出的著名的 4P 营销理论,成为市场营销的重要理论基础和操作指南。

一、4P 营销理论

1960 年,麦卡锡认为,企业从事市场营销活动,一方面要考虑企业的各种外部环境,另一方面要制定市场营销组合策略,通过策略的实施,适应环境,满足目标市场的需要,实现企业的目标(陈海明,2019)。

4P 营销理论主要由产品(Product)、价格(Price)、渠道(Place)、促销(Promotion)四个要素组合构成。

(一)产品

产品就是考虑为目标市场开发适当的产品,选择产品线、品牌和包装等。对度假产品而言,一是指度假资源产品,比如温泉度假资源产品、海滨度假资源产品、冰雪度假资源产品等;二是指度假期间所体验的产品类型,比如度假住宿、餐饮、休闲、康养等方面。

(二)价格

价格就是考虑制定适当的价格以及价格竞争战略。制定价格的方式有很多种,比如有成本加成法、撇脂定价法、渗透定价法,还有声望定价法、心理定价法等。价格不单是面向消费者的成本付出,更是应对竞争的一种重要手段。

(三)渠道

渠道就是要通过适当的渠道进行运输、储藏,把产品送到目标市场,是指某种产品从生产者向消费者转移过程中所经过的一切取得所有权(或协助所有权转移)的商业组织和个体。对服务产品而言,渠道不再需要运输和保存,而是以时间和价格为单位,通过代理的方式在市场上销售。随着时代进步和技术的发展,建立在信息差的销售渠道已经逐渐丧失渠道功能,取而代之的是拥有流量规模的在线平台和流量自媒体账号。

(四)促销

促销是指卖方向目标顾客传递其产品及相关的有说服力的信息,引起他们的注意和兴趣,激发其购买动机,并转化为购买行为,从而实现和扩大企业销售的工作而进行的市场营销活动。度假产品的促销关键是要将核心度假吸引要素以极佳的效果传递给潜在顾客。

二、4C 营销理论

美国营销专家劳特朋教授在 1990 年提出 4C 营销理论。与传统营销的 4P 营销理论相对应的 4C 营销理论以消费者需求为导向,重新设定了市场营销组合的四个基本要素,即顾客(Customer)、成本(Cost)、便利(Convenience)和沟通(Communication)。它强调企业或者服务商首先应该把追求顾客满意放在第一位,其次是努力降低顾客的购买成本,再次要充分注意顾客在购买过程或者体验过程中的便利性，而不是从企业的角度来决定销售渠道策略，最后还应以顾客为中心实施有效的营销和服务沟通。

（一）顾客

顾客主要指顾客的需求，是针对 4P 营销理论中的 Product（产品）而提出的。它强调企业必须首先了解和研究顾客，根据顾客的需求来提供产品。同时，企业提供的不仅仅是产品和服务，更重要的是由此产生的顾客价值（Customer Value）。

（二）成本

成本不单是企业的生产成本，是针对 4P 营销理论中的 Price（价格）而提出的。它还包括顾客的购买成本，同时也意味着产品定价的情况，应该既低于顾客的心理价格，亦能够让企业有所盈利。此外，顾客购买成本不仅包括货币支出，还包括其为此耗费的时间、体力和精力，以及购买风险。

顾客在购买商品或者服务时，总希望把有关成本包括货币、时间、精神和体力等降到最低，使自己得到最大限度的满足，因此，企业必须考虑顾客为满足需求而愿意支付的顾客总成本。努力降低顾客购买的总成本，度假旅游企业中应充分考虑度假者的假期时间相当有限而须提供物超所值的度假体验。

（三）便利

便利即为顾客提供最大的购买和使用便利，是针对 4P 营销理论中的 Place（渠道）而提出的。4C 营销理论强调企业在制定分销策略时，要更多地考虑顾客的方便，而不是企业自己方便。要通过好的售前、售中和售后服务让顾客在购买的同时，也享受到便利。如前所述，旅游度假企业在选择地理位置时，应考虑地区抉择、交通便利等因素，尤其应考虑顾客的易接近性，即使是距离较远的顾客，也能通过便利的交通接近度假地。

（四）沟通

沟通是针对 4P 营销理论中的 Promotion（促销）而提出的。4C 营销理论认为，企业应通过同顾客进行积极有效的双向沟通，建立基于共同利益的新型企业和顾客关系。这不再是企业单向促销和劝导顾客，而是在双方的沟通中找到能同时实现双方各自目标的途径。由于服务行业的生产和消费的同步性，充分的沟通和互动成为交易成功的关键因素之一。

三、4C 营销理论与 4P 营销理论关系

（一）升级关系

4C 营销理论是 4P 营销理论的升级版。4C 营销理论的基本原则是以顾客为中心进行企业营销活动的规划设计，从强调产品设计到如何满足顾客的需求，二是从价格到综合权衡顾客购买所愿意支付的成本，三是从促销的单向信息传递到实现与顾客的双向交流与沟通，四是从产品销售渠道到强调顾客购买的便利性。

相对于 4P 营销理论，4C 营销理论就是"四忘掉，四考虑"：

忘掉产品，考虑顾客的需要和欲求；

忘掉定价，考虑顾客为满足其需求愿意付出多少；

忘掉渠道,考虑如何让顾客方便;

忘掉促销,考虑如何同顾客进行双向沟通。

(二) 互补关系

有学者认为在新时期的营销活动中,应当用 4C 营销理论来取代 4P 营销理论。但许多学者仍然认为,4C 营销理论的提出只是进一步明确了企业营销策略的基本前提和指导思想,从操作层面上讲,仍然需要通过以 4P 营销理论为代表的营销活动来具体运作。所以 4C 营销理论只是深化了 4P 营销理论,而不是取代 4P 营销理论。4P 营销理论仍然是目前为止对营销策略组合较为简洁明了的诠释。其实,4P 营销理论与 4C 营销理论是互补而非替代关系。Customer 是指要先研究顾客的需求与欲望,然后去设计、生产和销售顾客确定想要买的服务产品;Cost 是指要先了解顾客要满足其需要与欲求所愿意付出的成本,再去制定定价策略;Convenience 是指在制定分销策略时,要尽可能让顾客方便;Communication 是指沟通是双向的,是对单向促销方式的延伸。

第五节 数字化营销

一、数字化营销

(一) 数字化营销理论

营销大师菲利普·科特勒在其著作《营销革命 4.0:从传统到数字》中,将营销发展时代继续向前推进,认为营销革命 4.0 以大数据、社群、价值观等为基础,让消费者更多地参与营销价值的创造,将消费者作为营销的主体,更多地与消费者开展互动。在数字时代,以价值观、连接、大数据、社区和新一代分析技术为基础,发现和满足消费者的需求,实现其自我价值,就是营销革命 4.0 的目标和任务。

国内有关研究将数字化营销定义为,以互联网等网络数字技术为基础,使用及时、相关、定制化和节省成本的数字传播方式与消费者进行沟通,以客户为中心,深入解析消费者购买行为,传播和挖掘价值,并注重客户社群关系维护,进而来推广产品和服务的商务实践活动(崔世杰,2019)。由数字技术形成的信息传播媒介被称为新媒体,因为这种新媒介的去中心化,所以也被称为自媒体。

(二) 数字化营销渠道

销售渠道是指度假产品从度假村供应向消费者或用户转移的过程中所经过的一切取得所有权的商业组织和个人,即度假村产品所有权转移过程中所经过的各个环节连接起来形成的通道,是产品销售的路线和路径的呈现。

数字化营销渠道包括社会化媒体营销、移动营销、大数据营销、新型分享平台和"网红"营销、电子邮件营销、网站营销、搜索引擎营销、电子商务与在线平台营销等。其中,社会化媒体营销和移动营销是由数字技术形成的信息传播新媒介,因此被誉为新媒体营销的代表。

1. 社会化媒体营销

社交媒体是人们彼此之间用来分享意见、见解、经验和观点的工具和平台,社交媒体产生的基础是传播学、六度分隔理论等。目前,具有的代表性有博客、微博、直播、图片分享、网络论坛等。

社会化媒体营销就是利用社交网络媒体来传播和发布信息,与社群用户良好互动,建立密切联系,进而进行营销、销售、公共关系处理和客户关系维护的商务活动。常见的社会化媒体营销渠道包括微博、微信、论坛、博客等。社交媒体营销中一个重要的部分就是自媒体营销,以微信营销和微博营销为主,微信偏向于半开放式的强关系,微博则更偏向全开放式的弱关系。

(1) 微信营销。

微信作为即时社交应用,建立在熟人网络,可以做到小众传播和精准传播。微信公众号作为"一"对"多"的传播平台,经过多年运营,已有许多个人或企业微信公众号拥有了庞大的粉丝群体,这些公众号内容质量优秀或高度契合目标人群的关注点,具有较高的用户黏性和阅读量,通过微信公众号发布的文章进行植入广告推广,容易得到目标群体的接受和认可。同时,微信公众号还能够便捷地为消费者提供服务,能够实现全程营销。这种个人或团体依托微信公众号,通过各种原始功能和开发小程序来满足用户需求,实现营销目的的过程被称为微信营销。

另外,微信的搜索功能是在微信平台中置入搜索引擎,使其信息传播功能进一步被放大。

(2) 微博营销。

微博是将文字、图片、视频、网络链接等多媒体内容通过微博网站或手机应用进行即时广播式发布的社会化媒体,有别于微信的熟人网络,微博是基于兴趣关注机制而形成的陌生人网络。

微博具有较强的传播性,关注陌生人社交,强调以内容为兴趣点,形成传播效应。因此,善于发现和分析广大用户的共同兴趣点和价值观,有助于营销者发现营销热点,挖掘潜在的营销对象,实现营销的精准传播。

在旅游度假活动中,微博在度假者的社交行为中占有重要的比重。出发前,微博是重要的获取信息、做出决策的工具;度假中,微博是实时分享、在线互动的社交工具;度假后,微博是分享度假经历、传播度假目的地口碑的分享工具。微博可以贯穿在旅游度假行为全过程,因此,营销主体通过微博,观察及跟踪消费者的旅游度假习惯、消费体验、监测度假村评价及网络口碑,能够更便捷地挖掘潜在消费者,提高度假产品的销售和品牌推广效果。

2. 移动营销

在移动互联时代,移动营销集成了网络营销的大部分功能,成为重要的营销手段。数以万计的App应运而生,甚至植入微信小程序。由于移动智能化技术的特点,营销者可以获取消费者的定位信息,在旅游度假服务的过程中,还可以跟踪度假者位置,做到全过程营销。

3. 大数据营销

大数据是指在一段时间内,多平台运营或收集的各类海量数据的合集,具有大量、高速、多样、低价值密度和真实性的特点,需要通过特定的信息工具处理分析才能发现数据背后体现的规律性和价值,分析过后的大数据有利于提升决策力、洞察力和流程优化能力,是现代信息社会一种重要的信息资产。

大数据营销是利用大数据技术,通过收集多平台的海量数据,从而进行互联网广告投放的商务行为。其核心在于通过大数据技术的智能算法分析与预测,使广告更加精准有效,让互联网广告在适合的时间,通过适合的平台,以适合的方式,投放给适合的目标群体,为企业带来更高的投资回报率。营销人员可以从海量的数据中挖掘出消费者个人、流行趋势、细分市场等方面的趋势性预测,从而实现精准营销。就旅游度假企业而言,旅游度假大数据可以帮助企业分析消费者喜好、做出趋势判断、及时调整营销方向、优化营销策略,提高消费者满意度和体验质量。

4. 新型分享平台和"网红"营销

近年来,以抖音、快手为代表的短视频平台,以小红书、简书为代表的原创内容平台,以及以虎牙为代表的直播平台,成为当下非常受年轻人欢迎的应用。

每一个用户都是一个节点,都可能吸引大量的关注者,一个爆款内容能引起巨大的传播效应,而一个"网红"(网络红人,拥有大量粉丝)的带货能力则超过了以往的传统零售商和电商,成为一种新型的经济模式。随着普通用户对于数据及原创内容价值的认知逐渐加深,一场追求数据平权的技术革命正在涌动,在以智能推荐、机器学习和区块链技术为底层技术基础支撑的新型分享型平台上,区别于以往的营销模式,以"网红"带货的形式向粉丝群体实施定向营销的模式兴起。在这种新型营销模式下,湖南长沙、陕西西安、重庆红岩洞等均被营销成为"网红"目的地。

二、自媒体时代传媒营销组合

第三方在线预订平台作为旅游度假业的主流营销渠道,其预订比例逐渐提高并占据一半以上的份额,在线预订平台高昂的佣金提成大大剥夺了企业的利润。因此,对度假村成本管控来说,自有渠道量越大越省钱。随着终端移动互联网和智能化技术的普及,自媒体时代已经来临。

(一)自媒体时代的渠道风口

自媒体时代渠道营销迎来两个风口:一是为企业建设自家媒体平台提供机会,即企业可以投入力量创建出诸如企业微信公众号、短视频账号等,吸引潜在顾客的关注,并获得信息传播的流量,从而形成有效的渠道营销;二是各个新型在线分享平台不断涌现出"大V"博主和"网红"个人,这些账号拥有较大的粉丝群和流量,并有较强的变现能力,从而成为众多商家寻求信息传播和带货销售的重要途径。

企业自媒体平台和新型分享平台的流量博主这两个风口各有优劣势。在优势方面,前者可以极大地降低渠道营销的成本,并建立相对稳定的有价值的顾客关系渠道,使之成为企业与顾客进行沟通的有效途径;后者可以借助流量变现能力,快速获得产品销售的业绩。在劣势方面,前者需要投入新媒体建设团队,经过一定时间的努力和积累才能有所成效,需要较大的人力资源和财力的持久投入;后者在获得快速销售业绩的同时,需要支付较大比例的产品佣金,挤占企业有限的利润空间。

(二)传媒整合营销理论

1. 整合营销概念

整合营销是一种将各种独立的营销手段和工具,如广告、直接营销、促销推销、包装和客户服务等进行结合,产生协同效应,并根据实际现状不停地进行动态调整,使双方在营销活动的过程中实现价值增值的营销理念与方法。整合营销理论产生和流行于20世纪90年代,是由美国西北大学市场营销学教授唐·舒尔茨提出的,即根据企业的目标设计战略,并支配企业各种资源以达到战略目标。

整合营销(Integrated Marketing)理论由Interesting(趣味)、Interests(利益)、Interaction(互动)、Individuality(个性)四个原则组合而成,因此,也称为4I营销理论。

2. 传媒整合营销

传媒整合营销为整合营销的分支应用理论,是近年兴起的,是当代大众传媒呈现出一种新的传播形式,简而言之,就是从"以传者为中心"到"以受众为中心"的传播模式的战略转移。

以互联网技术为基础的数字营销和自媒体营销中,传统的营销经典理论已经难以适用。整合营销倡导更加明确的消费者导向理念,因此,整合营销理论对自媒体营销的发展具有重要指导意义和实用价值。

(1)趣味原则。

自媒体之所以一经诞生就颠覆了传统营销格局,是因为其本质具有娱乐属性。因此,新媒体营销时代的广告和营销活动也必须是娱乐化、趣味性的,趣味性是吸引互联网流量的重要因素。

(2)利益原则。

自媒体是一个信息与服务交融的领域,营销活动不仅要为目标受众提供利益,还需要为潜在的目标提供利益收获并吸引其关注,这样才能创造更大的目标群体。

在网络平台上提供利益的方式包括有用的信息、资讯,实用功能或服务,心理满足,或者荣誉、实际物质、金钱利益等。

(3)互动原则。

自媒体区别于传统媒体的另一个重要的特征是其互动性,区别于传统广告单向性和强制性。只有充分挖掘网络的交互性,充分利用网络的特性与消费者交流,才能扬长避短,让网络营销的功能发挥至极致。

数字媒体技术的进步使消费者参与网络自媒体的营销互动变得容易起来,消费者亲自参与互动与创造的营销过程,会在大脑皮层沟回中刻下更深的品牌印记。把消费者作为一个主体,发起其与品牌之间的平等互动交流,可以为营销带来独特的竞争优势。未来的品牌将是半成品,其中一半由消费者体验、参与来确定,关键是需要营销人员找到能够引领消费者与品牌之间互动的方法。

(4)个性原则。

个性是自媒体营销中的目标主体的重要特征,参与者将个性当作个人专属而乐于表现出来,个性同样意味着精准。个性化的营销会让消费者产生"焦点关注"的满足感,个性化营销更能投消费者所好,个性显然更容易俘获消费者的心,更容易引发互动与购买行为。网络个性化营销相比传统营销而言,其成本要低得多。网络营销中数字流的特征让营销变得简单、便宜,可以细分营销对象,甚至使一对一行销成为可能。

推荐阅读

陈海明、顾良智、演克武《基于 PEST 分析法和平衡计分卡的澳门旅游发展因素测定》,企业经济,2014 年。

本章小结

首先,本章总结归纳了市场调查的概念、任务和主要内容,度假村市场调查主要是指针对度假村服务产品市场现状和一段历史时期内的市场情况进行的调查,市场调查内容主要包括市场环境、市场容量、价格状况、其他市场营销因素以及竞争力状况等。

其次,本章介绍了市场环境分析分为宏观环境分析和微观环境分析,重点介绍了环境分析战略工具 PEST 分析法,微观环境分析战略工具波特五力模型和平衡计分卡,介绍了 STP 战略,即市场细分、目标市场选择和市场定位,以及 4P 营销理论和 4C 营销理论。

最后,本章重点介绍了数字化营销理论。数字化营销是指以互联网等网络数字技术为基础,使用及时、相关、定制化和节省成本的数字传播方式与消费者进行沟通,以客户为中心,深入解析消费者购买行为,传播和挖掘价值,并注重客户社群关系维护,进而来推广产品和服务的商务实践活动。数字化营销渠道包括社会化媒体营销(微信营销和微博营销)、移动营销、大数据营销、新型分享平台和"网红"营销等。提出了自媒体时代的传媒整合营销理论,即在以互联网技术为基础的数字营销和自媒体营销中,强调营销的4I原则,即趣味、利益、互动、个性四个原则。

关键概念

市场调查　市场环境分析　PEST 分析法　波特五力模型　平衡计分卡　STP 战略　4P 营销理论　4C 营销理论　数字化营销　新型分享平台　传媒整合营销理论

 复习思考

一、复习题
1. 市场调查的概念是什么？市场调查的任务和主要内容是什么？
2. 宏观市场环境分析通常采用什么战略工具？
3. 微观市场环境分析通常采用什么战略工具？
4. 市场定位一般采用哪种营销战略？
5. 4C 营销理论与 4P 营销理论存在怎样的关系？
6. 数字化营销包括哪些渠道？
7. 传媒整合营销包括哪些原则？

二、思考题
选择一家熟悉的度假村，制作一条短视频并尝试进行传播，再观察和评估宣传效果。

分析提示：
①数字化营销；
②新型分享平台；
③传媒整合营销理论。

参考文献 Bibliography

[1] 陈海明.高端酒店服务接触、服务质量对关系品质的影响研究——以澳门威尼斯人度假村酒店为例[J].荆楚学刊,2017(3).

[2] 陈海明,顾良智,演克武.基于PEST分析法和平衡计分卡的澳门旅游发展因素测定[J].企业经济,2014(8).

[3] 陈海明.酒店投资与筹建战略[M].武汉:华中科技大学出版社,2019.

[4] 崔世杰.大丰荷兰花海旅游度假区数字化营销策略优化研究[D].兰州:兰州大学,2020.

[5] 菲利普·科特勒.营销革命4.0:从传统到数字[M].北京:机械工业出版社,2018.

[6] 金春姬.延边地区冰雪旅游资源和游客特征研究[D].延吉:延边大学,2010.

[7] 李静.河南省旅游度假区发展模式及策略研究[D].郑州:河南财经政法大学,2013.

[8] 柳诗.海南旅游度假区选址规划管理研究[D].广州:华南理工大学,2014.

[9] 刘俊.中国滨海旅游度假区发展及影响因素[M].北京:科学出版社,2012.

[10] 刘俊,保继刚.国外海滨度假地形态模型研究评介[J].规划师,2007(3).

[11] 刘晓娟.我国湖泊休闲度假旅游的发展研究[D].合肥:安徽大学,2010.

[12] 马开良.旅游度假村建设选址考察要素探析[J].四川旅游学院学报,2016(2).

[13] 牛晨曦.冰雪旅游区度假酒店设计研究[D].哈尔滨:哈尔滨工业大学,2016.

[14] 冉燕.休闲度假旅游概述[J].旅游纵览,2021(2).

[15] 沈杰.野奢型休闲酒店特征与设计策略研究[D].杭州:浙江大学,2015.

[16] 王莹.杭州国内休闲度假旅游市场调查及启示[J].旅游学刊,2006(6).

[17] 王诚顺.山地型温泉度假区生态景观构建研究——以不二门温泉度假区为例[D].长沙:中南林业科技大学,2015.

[18] 王庆生.基层区旅游发展规划修编中的若干问题刍议——以《三门峡市旅游发展总体规划》编制为例[J].天津商学院学报,2007(5).

[19] 吴滕.基于野奢文化的新洲红野谷生态旅游开发研究[D].武汉:华中师范大学,2020.

[20] 吴必虎.区域旅游规划原理[M].北京:中国旅游出版社,2010.

[21] 肖光明.度假旅游及其产品的区域适应性调整——以广东省肇庆市为例[J].人文地理,2005(6).

[22] 徐菊凤.中国休闲度假旅游研究[M].大连:东北财经大学出版社,2008.

[23] 杨振之.度假旅游发展研究[M].成都:四川大学出版社,2012.
[24] 杨振之,齐镨,蔡克信,等.休闲度假研究[M].北京:经济管理出版社,2017.
[25] 杨振之,李枫.度假旅游发展与区域旅游业的转型升级——第十五届全国区域旅游开发学术研讨会暨度假旅游论坛综述[J].旅游学刊,2010(12).
[26] 张辉.BJ酒店的服务营销策略研究[D].苏州:苏州大学,2019.
[27] 周绍健.休闲度假村经营与管理[M].北京:北京大学出版社,2014.
[28] 孔繁嵩.观光旅游向度假旅游过度阶段的旅游消费特征[J].商场现代化,2008(15).
[29] 宋飞.关于度假旅游的研究综述[J].经济研究导刊,2013(15).
[30] 唐继刚.我国旅游度假区的开发现状、问题及发展构想——以苏南地区为例[D].南京:南京师范大学,2002.
[31] 李雪峰.中国国家旅游度假区发展战略研究[D].上海:复旦大学,2010.
[32] 汤雅芬.上海市青浦区度假旅游产品开发研究[D].上海:华东师范大学,2006.
[33] 潘雅芳.浙江休闲度假旅游发展研究[M].杭州:浙江大学出版社,2015.
[34] 杨振之.论度假旅游资源的分类与评价[J].旅游学刊,2005(6).
[35] 孙波莲.帐篷酒店与传统帐篷居住模式的异同[J].安顺学院学报,2018(4).
[36] 温美龄.我国帐篷露营地服务质量评价研究[D].上海:上海体育学院,2018.
[37] 王苏,龙江智.深度休闲:概念内涵、研究现状及展望[J].北京第二外国语学院学报,2011(1).
[38] Strapp J D. The resort cycle and second homes[J]. Annals of Tourism Research,1988(4).
[39] Stebbins R A. Serious leisure:a conceptual statement[J]. Pacific Sociological Review,1982(2).
[40] Sasser W E,Olsen R P,Wyckoff D D. Management of service operations:text,cases,and readings[M]. Boston:Allyn and Bacon,1978.
[41] Parasuraman A,Zeithaml V A,Berry L L. Servqual:a multiple-tem scale for measuring consumer perceptions of service quality[J]. Journal of Retailing,1988(1).
[42] Carlzon J. Moments of Truth[M]. Philadelphia:Ballinger,1987.
[43] Solomon M R,Surprenant C,Czepiel J A,et al. A role theory perspective on dyadic interactions:the service encounter[J]. Journal of Marketing,1985(1).
[44] Bitner M J. Evaluating service encounters:the effects of physical surroundings and employee responses[J]. Journal of Marketing,1990(2).
[45] Brady M K,Cronin J J. Some new thoughts on conceptualizing perceived service quality:a hierarchical approach[J]. Journal of Marketing,2001(3).
[46] Lemmink J,Mattsson J. Employee behavior, feelings of warmth and customer perception in service encounters[J]. International Journal of Retail & Distribution Management,2002(1).
[47] Kong M,Jogaratnam G. The influence of culture on perceptions of service employee behavior[J]. Managing Service Quality,2007(3).

[48] Ajzen I, Fishbein M. The prediction of behavioral intentions in a choice situation[J]. Journal of Experimental Social Psychology, 1969(4).

[49] Zeithaml V A, Berry L L, Parasuraman A. The behavioral consequences of service quality[J]. The Journal of Marketing, 1996(2).

[50] Cronin J J, Brady M K, Hult G T M. Assessing the effects of quality, value, and customer satisfaction on consumer behavioral intentions in service environments[J]. Journal of Retailing, 2000(2).

[51] Kozak M. Repeaters' behavior at two distinct destinations[J]. Annals of Tourism Research, 2001(3).

[52] Thaler R H. Mental accounting and consumer choice[J]. Marketing Science, 1985(3).

[53] Anderson J C, Jain D C, Chintagunta P K. Customer value assessment in business markets: a state-of-practicestudy[J]. Journal of Business-to-Business Marketing, 1993(1).

[54] Sánchez J, Callarisa L, Rodriguez R M, et al. Perceived value of the purchase of a tourism product[J]. Tourism Management, 2006(3).

[55] Jillian C S, Geoffrey N S. Consumer perceived value: the development of a multiple item scale[J]. Journal of Retailing, 2001(2).

[56] Oberoi U, Hales C. Assessing the quality of the conference hotel service product: towards an empirically based model[J]. Service Industries Journal, 1990(4).

[57] Crosby L A, Evans K R, Cowles D. Relationship quality in services selling: an interpersonal influence perspective[J]. Journal of Marketing, 1990(3).

[58] Dorsch M J, Swanson S R, Kelley S W. The role of relationship quality in the stratification of vendors as perceived by customers[J]. Journal of the Academy of Marketing Science, 1998(2).

[59] Pavlou P A, Gefen D. Psychological contract violation in online marketplaces: antecedents, consequences, and moderating role[J]. Information Systems Research, 2005(4).

[60] Suazo M M. The mediating role of psychological contract violationon the relations between psychological contract breach and work-related attitudes and behaviors[J]. Journal of Managerial Psychology, 2009(1-2).

[61] Roehling M V. The origins and early development of the psychological contract construct[J]. Journal of Management History, 1996(2).

[62] Kingshott R. The impact of psychological contracts upon trust and commitment within supplier-buyer relationships: a social exchange view[J]. Industrial Marketing Management, 2006(6).

[63] Robinson M. When employees feel betrayed: a model of how psychological contract violation develops[J]. Academy of Management Review, 1997(1).

[64] Adams J S. Inequity in social exchange[J]. Advances in Experimental Social Psychology,1965(4).

[65] Hoffman K D, Kelley S W. Perceived justice needs and recovery evaluation: a contingency approach[J]. European Journal of Marketing,2000(3/4).

[66] Mirani W, Hanzaee K H, Moghadam M B. The effect of service recovery on customer's post-behavior in the banking industry by using the theory of perceived justice[J]. Journal of Applied Environmental and Biological Sciences,2015(5).

[67] Grégoire Y, Fisher R J. Customer betrayal and retaliation: when your best customers become your worst enemies[J]. Journal of the Academy of Marketing Science,2008(2).

[68] Blodgett J G, Hill D J. The effects of distributive, procedural, and interactional justice on postcomplaint behavior[J]. Journal of Retailing,1997(2).

[69] Kotler P. Atmospherics as a marketing tool [J]. Journal of retailing,1974(4).

[70] Ryu K, Jang S S. The effect of environmental perceptions on behavioral intentions through emotions: the case of upscale restaurants [J]. Journal of Hospitality & Tourism Research,2007(1).

[71] Heung V C S, Gu T. Influence of restaurant atmospherics on patron satisfaction and behavioral intentions [J]. International Journal of Hospitality Management,2012(4).

[72] Sukhu A, Bilgihan A, Seo S. Willingness to pay in negative restaurant service encounters [J]. International Journal of Hospitality Management,2017(6).

[73] Bitner M J. Servicescapes: the impact of physical surroundings on customers and employees [J]. Journal of Marketing,1992(2).

[74] Mattila A S, Wirtz J. Congruency of scent and music as a driver of in-store evaluations and behavior[J]. Journal of Retailing,2001(2).

[75] Ryu K, Lee H, Kim W G. The influence of the quality of the physical environment, food, and service on restaurant image, customer perceived value, customer satisfaction, and behavioral intentions[J]. International Journal of Contemporary Hospitality Management,2012(2).

[76] Wong I A, Lin Z, Kou I E. Restoring hope and optimism through staycation programs: an application of psychological capital theory[J]. Journal of Sustainable Tourism,2021(8).

教学支持说明

高等院校应用型人才培养"十四五"规划旅游管理类系列教材系华中科技大学出版社"十四五"规划重点教材。

为了改善教学效果,提高教材的使用效率,满足高校授课教师的教学需求,本套教材备有与纸质教材配套的教学课件(PPT电子教案)和拓展资源(案例库、习题库视频等)。

为保证本教学课件及相关教学资料仅为教材使用者所得,我们将向使用本套教材的高校授课教师免费赠送教学课件或者相关教学资料,烦请授课教师通过电话、邮件或加入旅游专家俱乐部QQ群等方式与我们联系,获取"电子资源申请表"文档并认真准确填写后发给我们,我们的联系方式如下:

地址:湖北省武汉市东湖新技术开发区华工科技园华工园六路

邮编:430223

电话:027-81321911

传真:027-81321917

E-mail:lyzjjlb@163.com

旅游专家俱乐部QQ群号:306110199

旅游专家俱乐部QQ群二维码:

群名称:旅游专家俱乐部

群　号:306110199

电子资源申请表

填表时间：_____年___月___日

1. 以下内容请教师按实际情况写，★为必填项。
2. 相关内容可以酌情调整提交。

★姓名		★性别		□男 □女	出生年月		★职务	
							★职称	□教授 □副教授 □讲师 □助教

★学校		★院/系	
★教研室		★专业	
★办公电话		家庭电话		★移动电话	
★E-mail（请填写清晰）			★QQ号/微信号	
★联系地址			★邮编	

★现在主授课程情况	学生人数	教材所属出版社	教材满意度
课程一			□满意 □一般 □不满意
课程二			□满意 □一般 □不满意
课程三			□满意 □一般 □不满意
其 他			□满意 □一般 □不满意

教材出版信息

方向一		□准备写 □写作中 □已成稿 □已出版待修订 □有讲义
方向二		□准备写 □写作中 □已成稿 □已出版待修订 □有讲义
方向三		□准备写 □写作中 □已成稿 □已出版待修订 □有讲义

请教师认真填写表格下列内容，提供索取课件配套教材的相关信息，我社根据每位教师/学生填表信息的完整性、授课情况与索取课件的相关性，以及教材使用的情况赠送教材的配套课件及相关教学资源。

ISBN（书号）	书名	作者	索取课件简要说明	学生人数（如选作教材）
			□教学 □参考	
			□教学 □参考	

★您对与课件配套的纸质教材的意见和建议，希望提供哪些配套教学资源：